el arte de tejer

Bebé

EDITORIAL ATLANTIDA
BUENOS AIRES • MEXICO • SANTIAGO DE CHILE

Dirección del proyecto: Marisa Tonezzer

Modelos, explicaciones y supervisión general: Marta Buerba

Diseño, composición y armado: Ana Herrera

Producción fotográfica: Josefina Laurent

Fotografías: Alfredo Nardini y Antonio Pinta

Ilustraciones: Laura Jardón

Supervisión de arte: Claudia Bertucelli

Coordinación industrial: Fernando Diz

Querida lectora:

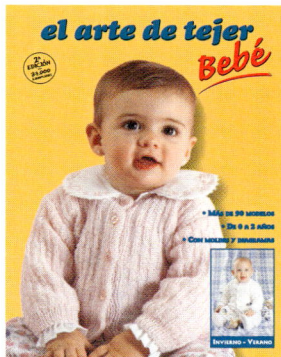

Tejer es una de las tareas más creativas, pero tejer un ajuar es algo muy especial: es un acto de amor. Cuando se anuncia un nuevo bebé en la familia, abuelas, tías y, por supuesto, la mamá, desean agasajarlo con algo creado con sus propias manos. La motivación es tan fuerte, que hasta la que nunca tejió desea aprender...

Este completísimo libro les ofrece todo lo que necesitan para disfrutar de la tarea: modelos muy atractivos, fotografías de alta calidad, esquemas precisos y explicaciones tan detalladas que tanto la principiante como la experta podrán tejer sin correr riesgos.

Si usted recién empieza a tejer, el abecé del tejido que está al final del libro le será de gran ayuda.

Desde los primeros días hasta los dos años, para el frío o el calor, encontrarán en EL ARTE DE TEJER- BEBÉ todos los modelos necesarios para cada ocasión.

Manos a la obra: ¡tejer acorta la espera!

Con afecto,

Monte Buerba

CONTENIDO

EL ABECÉ DEL TEJIDO

EL AJUAR DE VERANO:
FRESQUITOS Y ENCANTADORES

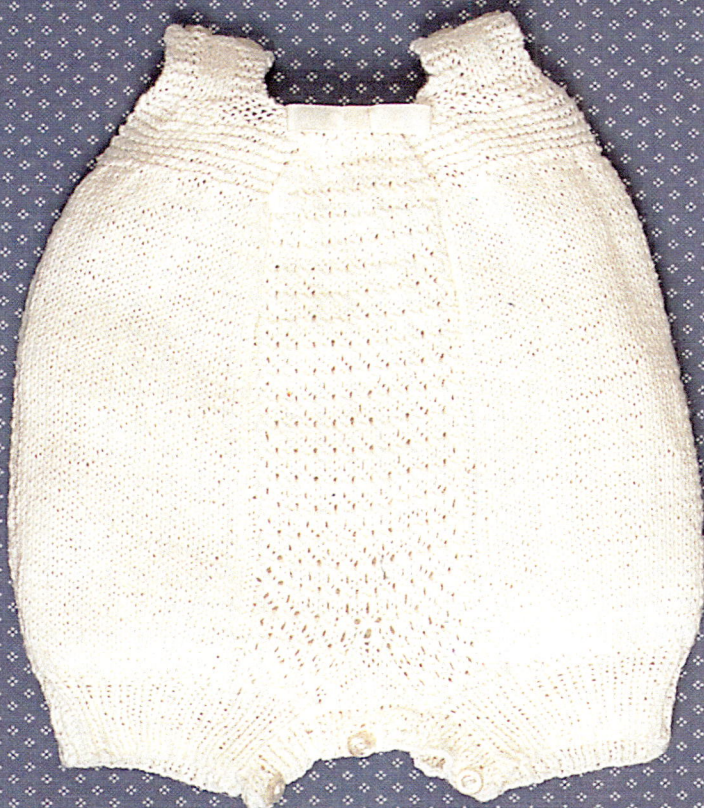

PUNTO ARROZ Y OCHOS

NO TAN FÁCIL

TALLE: 1a. medida.
MATERIALES: Algodón mercerizado tejido en 1 hebra, 150gr. en color blanco. Agujas N°3 y N°3 1/2. 10botones. 1m. de cinta blanca de 1cm. de ancho.

Puntos empleados:
Punto elástico 1y1: 1p.d., 1p.r., repetir todas las hileras.
Punto falso elástico: *tejer 1p.d., subir la hebra, pasar 1p.r. sin tejer, bajar la hebra *, repetir de * a * todas las hileras del derecho y del revés.
Punto arroz: 1h) 1p.d., 1p.r., toda la hilera.
2h) 1p.r., 1p.d., o sea contrariando toda la hilera.
Repetir siempre estas 2 hileras.
Punto ocho: sobre 4p.
1h y 3h) 4p. derecho.
2h y 4h) 4p. revés.
5h) introducir la aguja en el 4º p. por delante

de los otros 3p. y tejer al derecho, a continuación, tejer los tres primeros puntos al derecho, soltar.
6h) 4p.revés.
Repetir desde la primera hilera.
Muestra: 10cm. = 27p. en p. arroz y ochos con ag. N°3 1/2.

JARDINERO

Delantera: Poner para cada pierna 34p. en ag. N°3 1/2 y tejer 5cm. en p. elástico 1y1.
Para la pierna derecha, tejer: 6p. arroz, 4p. ocho, 6p. arroz, 4p. ocho, 6p. arroz, 4p. ocho y 4p. arroz.
Para la pierna izquierda: 4p. arroz, 4p. ocho,

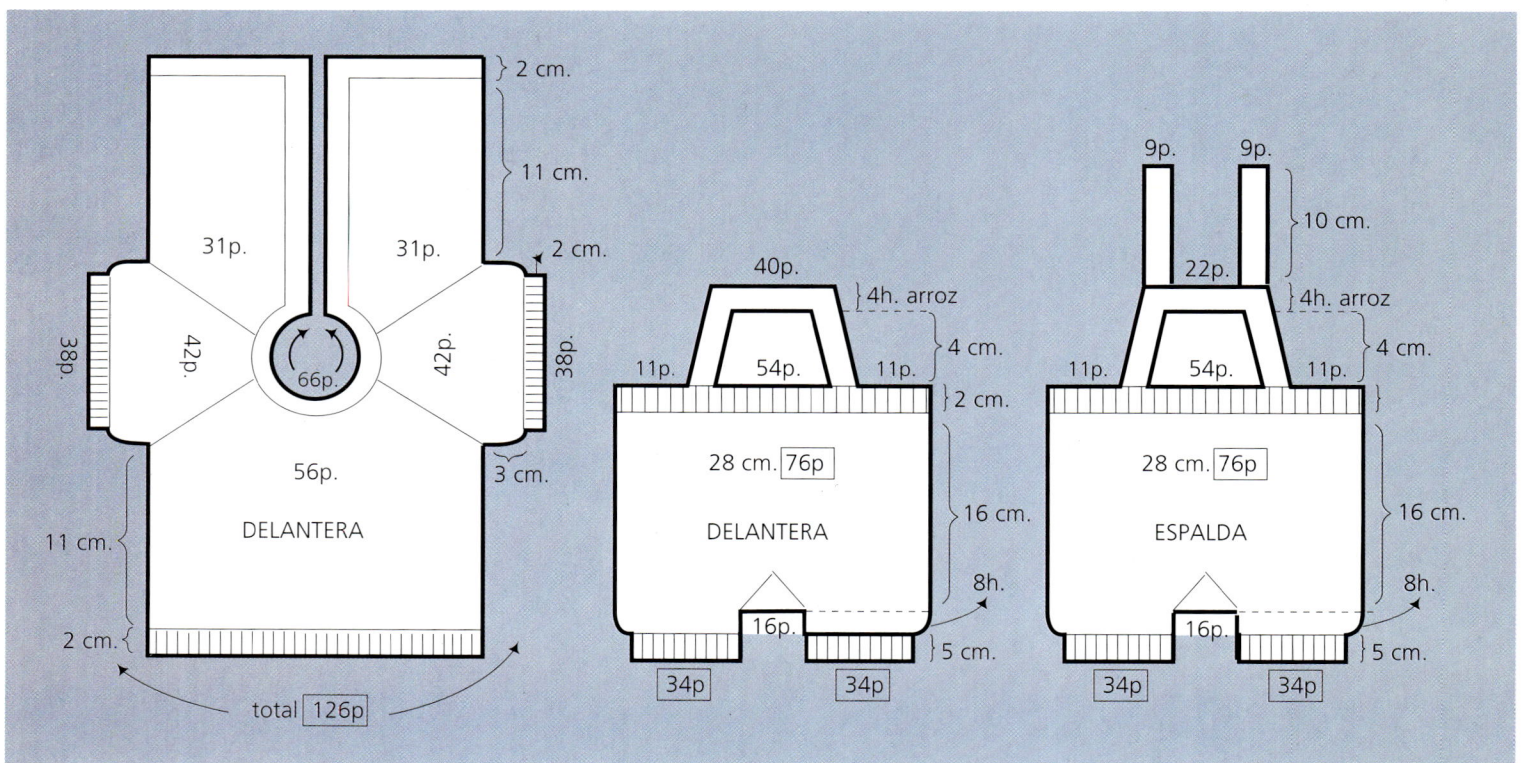

6p. arroz, 4p. ocho, 6p. arroz, 4p. ocho y 6p. arroz. Aumentar en cada una 1p. cada 4 hileras, 2 veces en el lado interno. Al tener 2cm. desde el elástico, colocar ambas en una aguja, agregando en el centro 16p. para el triángulo de entrepiernas.
Tejer entonces: 6p. arroz, 4p. ocho, 6p. arroz, 4p. ocho, 6p. arroz, 4p. ocho, 6p. arroz, 1 disminución simple (ver páginas finales), 12p.d., 2p. juntos derechos, 6p. arroz, 4p. ocho, 6p. arroz, 4p. ocho, 6 p. arroz, 4p. ocho y 6p. arroz.
Continuar disminuyendo los puntos del triángulo hasta tener 4p. en el centro, para crear un nuevo ocho; quedan 76p.
Al tener 16cm. desde la entrepiernas, tejer 2cm. en p. falso elástico.
Cerrar de cada lado 11p. como se presentan y continuar sobre los 54p. centrales para la pechera de la siguiente manera: 10p. arroz,

4p.d., 6p. arroz, 4p. ocho, 6p. arroz, 4p. ocho, 6p. arroz, 4p.d. y 10p. arroz.
En todas las hileras del derecho, hacer 1 disminución simple (ver páginas finales) a 10p. del comienzo y 2p. juntos derechos a 10p. del final, 7 veces; quedan 40p.
Tejer 4h. en p. arroz sobre todos los puntos y cerrar como se presentan.
Espalda: Se hace igual que la delantera, pero en lugar de cerrar todos los puntos de la pechera, se sigue en p. arroz sobre los 9p. de cada extremo, para los breteles.
Al tener 10cm. de largo, cerrar los puntos.

Armado: Coser los costados y la parte interna de las piernas, teniendo en cuenta que los bordes van doblados hacia afuera.
En la delantera, abrir 4 ojales (ver páginas finales).
En cada bretel, pegar 2 botones y pasar la cinta por dentro de la cintura.

BATITA

Ejecución: Poner 66p. en las ag. N°3, tejer 6 hileras en falso elástico y 2 hileras en p. elástico 1y1.
Cambiar a las ag. N°3 1/2 y distribuir los puntos tejiendo de la siguiente manera: 6p. arroz, 4p. ocho, 2p. arroz (espalda); 1 aumento, 2p.d.(guía), 1 aumento; 2p. arroz, 4p. ocho, 2p. arroz (manga); 1 aumento, 2p.d. (guía), 1 aumento; 2p. arroz, 4p.ocho, 6p. arroz, 4p. ocho, 2p. arroz (delantera); 1 aumento, 2p.d. (guía), 1 aumento; 2p. arroz, 4p. ocho, 2p. arroz (manga); 1 aumento, 2p.d. (guía), 1 aumento; 2p. arroz, 4p. ocho, 6p. arroz (espalda).
Continuar de esta manera, aumentando en todas las hileras del derecho 1p. a cada lado de los 2p. guía, 17 veces en total, alternando siempre ochos y arroz; quedan 202p.
Para hacer una manga, dejar en suspenso 31p. y retomar los 42p. siguientes, agregando al principio y al final 2p., quedan 46p.
Tejer 3cm., cambiar a las ag. N°3 y tejer 2cm. en p. elástico 1y1, disminuyendo 8p. en la primera hilera, quedan 38p.
Cerrar los puntos como se presentan.
Dejar en suspenso los siguientes 56p. y hacer la otra manga igual.
Para el cuerpo, colocar en una aguja los 31p. del comienzo, poner 4p., colocar los 56p. siguientes, poner 4p. y por último, los 31p. del final; quedan 126p.
Tejer 11cm., cambiar a las ag. N°3 y terminar con 2cm. en p. elástico 1y1, continuando con 6p. arroz en los extremos.
Armado: Coser las mangas y las sisas. En una de las partes de la espalda abrir 6 ojales como se indica en páginas finales. Pegar los botones.

Continúa en página 143.

CONJUNTO CON ZAPATITOS

FÁCIL

TALLE: 1a. medida.
MATERIALES: Algodón mercerizado tejido en 1 hebra, aproximadamente 120 gr. en color blanco. Agujas N°2 1/2 y N°3. 11 botones.

Puntos empleados:
Punto elástico 1 y 1: 1p.d., 1p.r., repetir todas las hileras.
Punto Santa Clara: todas las hileras al derecho.
Punto fantasía: 1h)*4p.d., 2p.r.*, repetir toda la hilera de * a * y terminar con 4p.d.
2h) al revés.
3h) al derecho.
4h) al revés.
5h) 1p.d., *2p.r., 4p.d.*, repetir toda la hilera de * a * y terminar con 2p.r. y 1p.d.
6h) al revés.
7h) al derecho.
8h) al revés.
Repetir desde la primera hilera.
Punto falso elástico: *tejer 1p.d., subir el hilo, pasar 1p.r. sin tejer, bajar el hilo*, repetir de * a * todas las hileras del derecho y revés.
Muestra: 10cm. = 28p. en punto fantasía con ag. N°3.

BATITA

Ejecución: se hace en una sola pieza, comenzando por la delantera.
En las ag. N°2 1/2, poner 64p. y tejer 2cm en p. elástico 1 y 1.
Cambiar a las ag. N°3 tejiendo en p. fantasía, hasta tener 13cm. de altura desde el elástico.
Para las mangas, agregar de cada lado al comenzar, 1 vez 6p., quedan 76p.
Tejer 5cm., cerrar para el escote los 12p. centrales y luego de cada lado: 3p., 2p. y 1p. Completar 9cm. de altura de manga y poner en cada una de las partes una marca para indicar que es la mitad de la altura total de la prenda. En cada parte, agregar del lado de adentro 18p. para el escote de la espalda y tejer por separado haciendo en cada una los 6p. del borde interno en p. Santa Clara y el resto en p. fantasía.
Al tener 9cm. desde la marca, cerrar de cada lado 6p. y continuar recto durante 13cm. más. Cambiar a las ag. N°2 1/2 y tejer 2cm. en p. elástico 1 y 1, haciendo siempre en el borde los 6p. Sta. Clara.
Cerrar todos los puntos como se presentan.

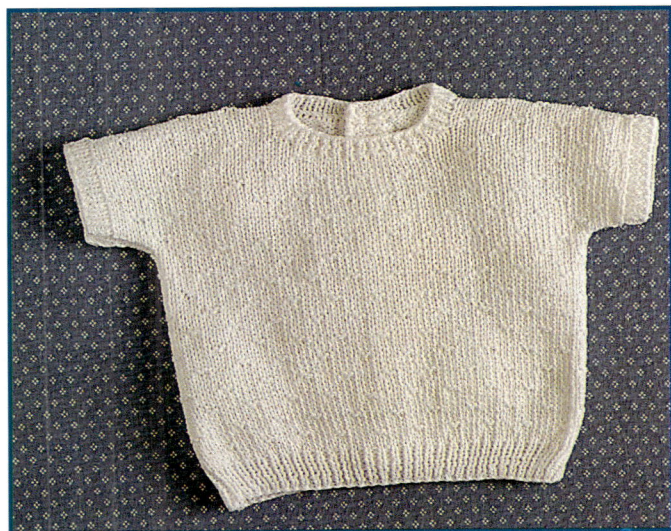

Armado y terminación: En el borde de cada manga, levantar 53p. con ag. N°2 1/2, y tejer 4h. en p. elástico 1 y 1. Cerrar los puntos como se presentan.
Alrededor del escote, levantar con las mismas agujas 76p., tejer 4 hileras en p. elástico 1 y 1, pero haciendo los 6p. de Sta. Clara en el borde y cerrar como se presentan. En una de las partes de la espalda, abrir 6 ojales como se indican en las páginas finales. Coser los costados del cuerpo. Pegar los botones.

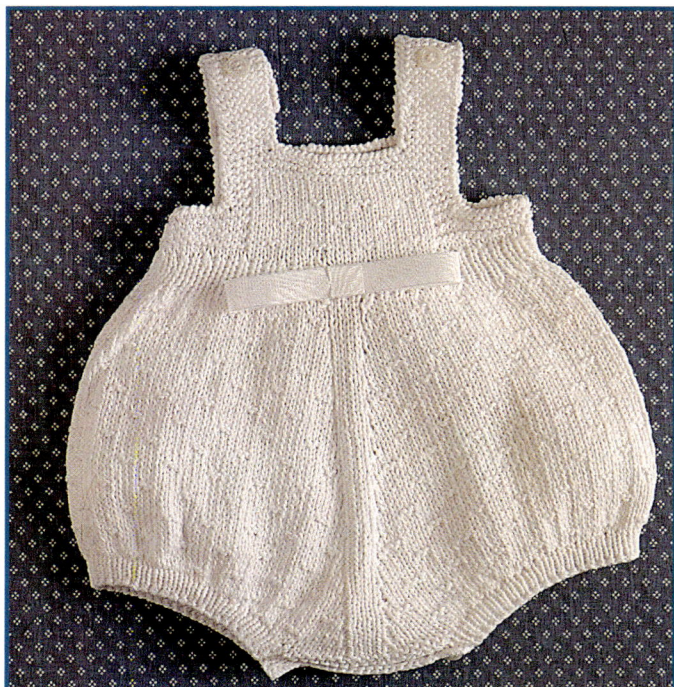

JARDINERO

Delantera y espalda: En las ag. N°2 ¹/₂, poner 18p. y tejer 6 cordones (12 hileras) en p. Sta. Clara. Cambiar a las ag. N°3 y distribuir los puntos como sigue: 6p.d., 1p.r., 4p.d., 1p.r., 6p.d. En las hileras del revés, tejer todos los puntos revés.

A cada lado de los 18p., agregar al comenzar las hileras, 5 veces 4p. y 1 vez 22p.

Simultáneamente, en la 5ª hilera empezar con el p. fantasía y las disminuciones a cada lado de los 4p.d. centrales.

Estas disminuciones se hacen tejiendo 2p. juntos revés, cada 4 hileras, hasta tener 74p.

A los 14cm. de altura de costado, disminuir 10p. repartidos en una hilera y tejer sobre los 64p., 2cm. en p. falso elástico. En la próxima hilera disminuir nuevamente 10p. (quedan 54p.).

Hacer la hilera del revés y a continuación distribuir los puntos de la siguiente manera: 15p. Sta. Clara, 24p. fantasía y 15p. Sta. Clara.

Al tener 3 cordones de p. Sta. Clara, cerrar de cada lado 11p., continuar sobre los puntos restantes 2cm. más y luego tejer sobre todos los puntos 3 cordones de p. Sta. Clara. Cerrar los 18p. centrales y continuar para los breteles sobre los 7p. de cada extremo, durante 6cm.

Armado y terminación: Coser los costados del cuerpo.

Con las ag. N°2 ¹/₂, levantar alrededor de cada pierna incluyendo el borde de Sta. Clara, 96p. y tejer 10 hileras en p. falso elástico.

Hacer una hilera de p. cangrejo al crochet alrededor de sisas, breteles y escote.

En la entrepiernas delantera, abrir 3 ojales y en la otra pegar los botones. Abrir un ojal en cada bretel y coser los botones.

ZAPATITOS

Materiales: Algodón mercerizado, tejido en 1 hebra, aproximadamente 20 gr. en color blanco. Agujas N°3. 2 botones

Puntos empleados:

Punto Santa Clara: todas las hileras al derecho.

Punto jersey: 1 hilera derecho, 1 hilera revés.

Ejecución: Se comienzan por la suela.

Poner 35p. en las ag. N°3 y tejer en p. Santa Clara, aumentando en todas las hileras pares 1p. dejando 1p. de borde en ambos extremos y 1p. a cada lado del p. central, es decir 4 aumentos por vuelta. Repetir esto 5 veces, hasta tener 55p. Al tener 6 cordones de p. Sta. Clara, tejer 6 hileras jersey.

Para el empeine, tejer de la siguiente manera:
1h) 30p.d., 1 disminución simple (ver páginas

finales), 1p.d. y volver.
2h) 7p.r., 2p. juntos revés, 1p.r. y volver.
3h) 8p.d., 1 disminución simple, 1p.d. y volver.
4h) 9p.r., 2p. juntos revés, 1p.r. y volver.
5h) 10p.d., 1 disminución simple y volver.
6h) 10p.r., 2p. juntos revés y volver.
7h) 10p.d., 1 disminución simple y volver.

Repetir nuevamente las 6ª y 7ª hileras y por último la 6ª hilera una vez más.

A continuación, tejer 2 hileras al derecho sobre los 45p.

Para terminar, tejer 16p.d., 2p. juntos derechos, 9p.d., 1 disminución simple y 16p.d.

Cerrar los puntos al derecho por el lado revés. Para la presilla, poner 35p. en las ag. N°3 y tejer la primera hilera al derecho.

En la segunda hilera hacer el ojal tejiendo 2p.d., 1 lazada, 2p. juntos derechos y terminar la hilera al derecho. Cerrar en la hilera siguiente tejiendo al derecho.

Armado: Coser la suela y el talón. Coser la presilla en la parte de atrás, fijándola 2cm. antes y después de la costura del talón.

Pegar el botón.

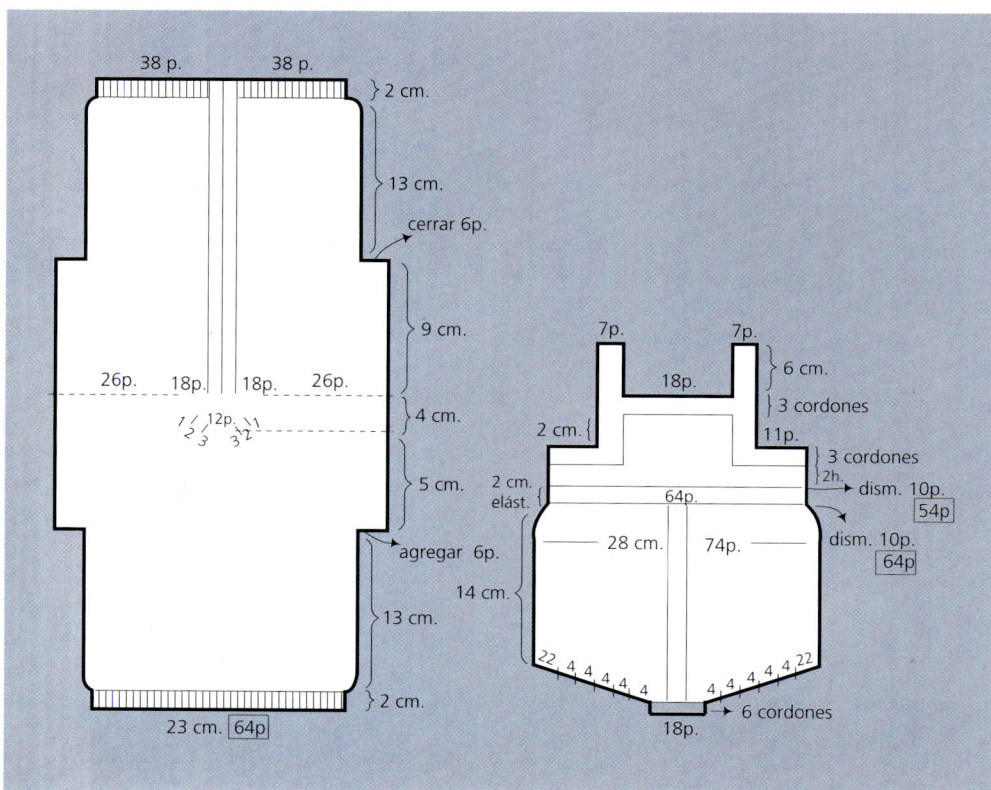

Puntos empleados:
Punto elástico 1y1: 1p.d., 1p.r., repetir todas las hileras.
Punto jersey: 1 hilera derecho y 1 hilera revés.
Punto ochito calado: 1h) 1p.d., 1 lazada y 1p.d.
2h) 3p. revés.
3h) pasar 1p.d. sin tejer, tejer 2p.d. y montar sobre éstos el p. sin tejer.
4h) 2p. revés.
Repetir siempre estas 4 hileras.
Punto Santa Clara: todas las hileras al derecho.

PARA LOS PRIMEROS DÍAS

NO TAN FÁCIL

TALLE: primeros días.
MATERIALES: Algodón rústico finito, tejido en una hebra, 40gr. en color blanco. Agujas N°3 1/2.
7 botones. Cinta blanca.

Tejer el canesú de la siguiente forma: 22p. Sta. Clara, 1 disminución simple, 22p. ochito calado, 2p. juntos derechos y 22p. Sta.Clara.
Continuar así, disminuyendo en todas las hileras del derecho 6 veces más, hasta tener en el centro 14p.
Entonces tejer en p. Sta. Clara sobre todos los puntos haciendo en la primera hilera: 4 veces (3p.d., 2p.d. juntos), 2p.d., 7 veces 2p. juntos derechos, 2p.d., 4 veces (2p. juntos derechos y 3p.d.) (quedan 43p.)
En la próxima hilera del derecho, tejer 4 veces (2p.d., 2p. juntos derechos), 11p.d. y 4 veces (2p. juntos derechos, 2p.d.) quedan 35p.
Al tener 3 cordones (6 hileras) de Sta. Clara, cerrar los 11p. centrales y hacer los breteles de 12p.(4p. Sta. Clara, 4p. jersey y 4p. Sta. Clara), durante 3cm. Terminar con 3 cordones de Sta. Clara y cerrar.
Espalda: Se hace igual que la delantera.
Armado: Coser los costados del cuerpo hasta el canesú. En cada bretel delantero abrir 2 ojales (ver páginas finales).
En la entrepiernas de la espalda, levantar 45p., tejer 5h. en p. elástico 1y1 y cerrar los puntos como se presentan.
En la delantera, tejer de la misma manera y abrir 3 ojales.
Pegar los botones y el moño.

Muestra: 10cm.= 30p. en p. jersey con ag. N°3 1/2.
Delantera : Poner 28p. para cada pierna, tejer 3cm. en p. elástico 1y1 y a continuación, aumentar 11p. en una hilera; quedan 39p.
Colocar las dos piernas en una aguja, agregando 14p. en el centro (triángulo).
Tejer de la siguiente manera: 27p.d., 2p.r., 2p. ochito calado, 2p. ochito calado, 2p. ochito calado, 2p. ochito calado, 2p. ochito calado, 1 disminución simple (ver páginas finales),10p.d., 2p. juntos derechos, 2p. ochito calado, 2p. ochito calado, 2p. ochito calado, 2p. ochito calado, 2p. ochito calado, 2p.r. y 27p.d.
Continuar haciendo las disminuciones de esta manera hasta tener 2p.d. del triángulo en el centro que se transforman en otro ochito, quedan 80p.
Al tener 19cm. de altura desde el elástico, disminuir en una hilera 5p. en los 27p.d. de cada lado.

DELANTERA Y ESPALDA

3 cord. Sta.Clara
12p.
12p.
3 cm.
4
11p.
4
4p.
6 cord. Sta. Clara
dism. 5p.
dism. 5p.
27 cm. 80p
19 cm.
aum. 11p.
39p
aum. 11p.
39p
14p.
3 cm.
28p
28p

JARDINERO PARA BEBA

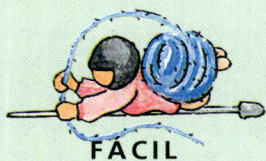

TALLE: 1a. medida.
MATERIALES: Hilo macramé tejido en 1 hebra, aproximadamente 80 gr. en color rosa, 30 gr. en color celeste y 30 gr. en color blanco. Agujas N°2 $\frac{1}{2}$ y N°3. 7 botones rosa. 1m. de cinta rosa de 1 $\frac{1}{2}$cm. de ancho.

FACIL

Puntos empleados:
Punto elástico 1 y 1: 1p.d., 1p.r., repetir todas las hileras.
Punto Santa Clara: todas las hileras al derecho.
Punto fantasía (escarpines): 1h) (del revés del tejido) al revés.
2h) al derecho.
3h) al revés.
4h) al revés.
Repetir desde la primera hilera.
Muestra: 10cm. = 40 p. en punto elástico 1y1 con ag. N°3.
Espalda: Para cada pierna, poner 43p. en las ag. N°2 1/2 con rosa y tejer 5cm. en p. elástico 1 y 1.
Cambiar a las ag. N°3, continuando con el mismo punto, agregando en el centro 7p. para unir ambas piernas.
Tejer sobre los 93p. resultantes, alternando continuamente 2 hileras celeste, 2 hileras blanco y 2 hileras rosa.
Al tener 22cm. de altura desde la entrepiernas, cerrar de cada lado para las sisas: 9p., 3p., 2 veces 2p. y 2 veces 1p.
A los 4cm. de altura de sisas, comenzar el escote cerrando los 17p. centrales y luego de cada lado: 4p., 3p., 3p. y 2p.
Completar 10 cm. y cerrar los 8p. de cada hombro.
Delantera: Se comienza igual que en la espalda, pero al tener 5cm de altura desde la entrepiernas, se cierran los 7p. centrales.
Continuar ambas partes por separado y a los 4cm. de altura de sisas, cerrar de cada lado para el escote: 5p., 4p., 3p., 3p. y 2p.
Completar los 10cm. y cerrar los 8p. de cada hombro.

Bordes de cuello, sisas, delanteras y armado: Coser los hombros y levantar con ag. N°2 1/2 y color rosa, 135p. alrededor del escote. Tejer 3 hileras en p. elástico 1 y 1 y cerrar los puntos como se presentan.
Para cada sisa, levantar 95p. y tejer de la misma manera.
En cada delantera, levantar 83p., incluyendo el borde del cuello, tejer 7 hileras en p. elástico 1 y 1 y cerrar. En la delantera derecha, abrir en la 4ª hilera 5 ojales, tejiendo 2p. juntos y 1 lazada, el primero a 3p. del borde superior y los otros con 15p. de separación.
Pegar los botones. Coser los costados del cuerpo y la entrepiernas.
Hacer 2 moños chatos y colocar sobre los hombros.

ESCARPINES
Ejecución: Se comienza por la planta del pie.
Poner 32p. en las ag. N°2 1/2 y tejer en p. jersey de la siguiente manera:
1h) 1p.d., 1 aumento, 14p.d., 1 aum., 2p.d., 1 aum., 14p.d., 1 aum., 1p.d. (36p.).
2h) y todas las pares, al revés.
3h) 2p.d., 1 aum., 14p.d., 1 aum., 4p.d., 1 aum., 14p.d., 1 aum. y 2p.d. (40p.).
5h) 3p.d., 1 aum., 14p.d., 1 aum., 6p.d., 1 aum., 14p.d., 1 aum. y 3p.d. (44p.).
7h) 4p.d., 1 aum., 14p.d., 1 aum., 8p.d., 1 aum., 14p.d., 1 aum. y 4p.d. (48p.).
Tejer 9h. en p. fantasía y en la 10ª hilera hacer: 17p.d., 2p. juntos derechos, 1p.d., 2p. juntos derechos, 1p.d., 2p. juntos derechos, 1p.d., 2p. juntos derechos, 1p.d., 2p. juntos

derechos y 17p.d. (43p.).
En la 14ª hilera: 16p.d., 2p. juntos derechos, 1p.d., 2p. juntos derechos, 1p.d., 2p. juntos derechos, 1p.d., 2p. juntos derechos y 16p.d. (39p.).
En la 18ª hilera: 18p.d., 3p. juntos derechos, 18p.d. (37p.).
En la 20ª hilera: tejer 7p.d., cerrar los 23p. centrales tomando en el centro 2 veces 2p. juntos y tejer los 7p. finales.
Poner en una aguja 11p., colocar los 7p. de las dos partes enfrentando los bordes del talón y agregar 11p. al final.
Tejer 5h. (2 cordones) en p. Sta. Clara y cerrar del revés.
Armado: Coser la planta del pie y el talón.
En uno de los extremos de la presilla, hacer un ojalillo bordado (ver páginas finales).
Pegar los botones y si se desea los moñitos.

ESPALDA
8p. 2 3 3 4 4 3 3 2 8p.
17p.
6 cm.
4 cm.
1 1 2 2 3 9
93 p.
22 cm.
7p.
5 cm.
43p 43p

DELANTERA
8p. 2 3 3 4 5 5 4 3 3 2 8p.
6 cm.
4 cm.
1 1 2 2 3 9
22 cm.
7p.
5 cm.
7p.
5 cm.
43p 43p

CANESÚ CALADITO PARA COQUETAS

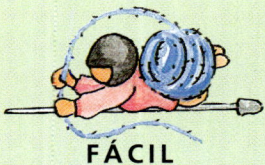

FÁCIL

TALLE: 2a. medida.
MATERIALES: Hilo macramé blanco tejido en 1 hebra, 100gr. y 20gr. de rosa. Agujas N°3 y N°2 1/2 . 6 botones.

Puntos empleados:
Punto elástico 1y1: 1p.d., 1p.r., repetir todas las hileras.
Punto jersey: 1 hilera derecho, 1 hilera revés.
Punto caladito: 1h y 3h) al derecho.
2h y 4h) al revés.
5h) 1p.d., *2p. juntos derechos, 1 lazada, 6p.d.*, repetir de *a* y terminar con 2p. juntos derechos, 1 lazada y 2p.d.
6h) al revés.
7h) *2p. juntos derechos, 1 lazada, 1p.d., 1 lazada, 2p. juntos derechos, 3p.d.*, repetir de * a * y terminar con 2p. juntos derechos, 1 lazada, 1p.d., 1 lazada y 2p. juntos derechos.
8h) al revés.
9h) igual que la 5ª hilera.
10h) al revés.
11h y 13h) al derecho.
12h y 14h) al revés.
15h) 5p.c., *2p. juntos derechos, 1 lazada, 6p.d.*, repetir de *a *.
16h) al revés.
17h) 4p.d.,*2p. juntos derechos, 1 lazada, 1p.d., 1 lazada, 2p. juntos derechos, 3p.d.*, repetir de *a* y terminar 2p.juntos derechos, 1 lazada, 1p.d., 1 lazada, 2p. juntos derechos y 4p.d.
18h) al revés.
19h) igual que la 15ª hilera.
20h) al revés.
Repetir desde la primera hilera.
Muestra: 10cm. = 31p. en p. jersey con ag. N°3.
Espalda: Para cada pierna poner 38p. en ag. N°2 1/2 y tejer en p. elástico 2,5cm.
Pasar a las ag. N°3, aumentando en una hilera 5p.,(quedan 43p.) y tejer en p. jersey.
Al tener 5cm. de altura de piernita, dejar en suspenso.
Hacer todo igual para la otra pierna.
Colocar en una aguja los 43p. de cada pierna, agregando entre ambas 1p., quedan 87p.
Tejer 20cm. recto y disminuir 3p. en una hilera para comenzar canesú: dejar en

suspenso los primeros 36p. y tejer con ag. N°2 1/2 en p. elástico 11cm. sobre los 48p. restantes. Cerrar para el hombro izquierdo 18p., dejando en suspenso los 24p. del escote. Al retomar los 36p. en suspenso, agregar 12p. en el centro, quedan 48p. y tejer en p. elástico 11cm., hacer el resto igual a la otra parte.
Delantera: Hacer todo igual que en la espalda, hasta tener 20cm. de altura del cuerpo. Comenzar el canesú disminuyendo en una hilera 34p., quedan 53p.
Tejer en p. caladito y al tener 6cm. de altura de canesú, cerrar para el escote 7p. en el centro y 4p., 3p.,, 2p., 2p. y 2p. de ambos lados. Completar los 11cm. de altura de canesú y cerrar 10p. para cada hombro.
Mangas: Poner con hilo rosa 60p. en ag. N°2 1/2, tejer en p. elástico, una hilera en rosa y luego seguir con blanco 2cm.
Continuar en p. jersey, 3,5cm. y cerrar flojo.
Cuello y armado: Coser los hombros y los costados desde abajo hasta el canesú.
Poner en ag. N°2 1/2 los 24p. en suspenso del escote de la espalda , levantar 39p. en el escote delantero y retomar los 24p. del escote restante (quedan 87p.). Tejer en blanco 4 hileras en p. elástico , 1 hilera rosa y cerrar en rosa como van los puntos.
Para la tirilla de entrepiernas de la espalda, levantar 45p. en ag. N°2 1/2, tejer 10h. en p. elástico y cerrar como van los puntos.
Para la tirilla de la entrepiernas delantera, hacer todo igual , abriendo 3 ojales (ver páginas finales).
Pegar las mangas alrededor de las sisas haciendo coincidir las costuras y el centro de éstas con las costuras de los hombros.
Bordar 3 ojalillos en la abertura de la espalda y pegar los botones.
Bordar en el centro de cada caladito una rococó rosa.

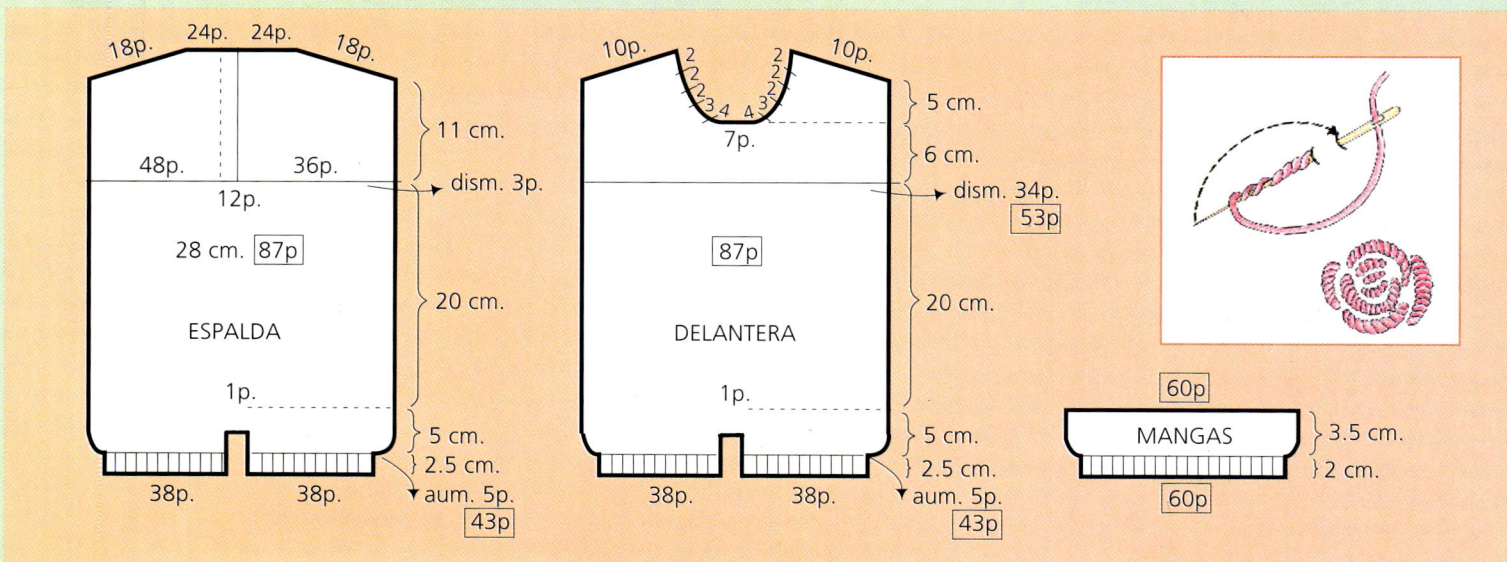

ESPALDA
18p. 24p. 24p. 18p.
11 cm.
48p. 36p.
12p. — dism. 3p.
28 cm. 87p
20 cm.
1p.
5 cm.
2.5 cm.
38p. 38p. aum. 5p.
43p

DELANTERA
10p. 2 2 2 2 10p.
2 3 4 3
7p.
5 cm.
6 cm.
dism. 34p. 53p
87p
20 cm.
1p.
5 cm.
2.5 cm.
38p. 38p. aum. 5p.
43p

MANGAS
60p
5 cm.
3.5 cm.
2 cm.
60p

ESCARPINES

Materiales: Hilo macramé tejido en 1 hebra, 30gr. en color blanco.

Agujas N°3. Cinta bebé de raso.

Puntos empleados:

Punto jersey: 1 hilera derecho, 1 hilera revés.

Punto inglés: 1h) 1p.d., 1p.r., repetir toda la hilera.

2h) * 1p.r., tejer 1p.d. metiendo la aguja una hilera más abajo *, repetir de * a * toda la hilera. Hacer esto en todas las hileras del derecho y del revés.

Punto Santa Clara: tejer todas las hileras al derecho.

Ejecución: Poner 33p. en las ag. N°3 y tejer 8h. en p. jersey de la siguiente manera:

1h) 1p.d., 1 aumento, 15p.d., 1 aumento, 1p.d., 1 aumento, 15p.d., 1 aumento y 1p.d. (37p.)

2h y todas las hileras pares: al revés.

3h) 2p.d., 1 aum., 15p.d., 1 aum., 3p.d., 1 aum., 15p.d., 1 aum. y 2p.d. (41p.)

5h) 3p.d., 1 aum., 15p.d., 1 aum., 5p.d., 1 aum., 15p.d., 1 aum. y 3p.d. (45p.)

7h) 4p.d., 1 aum., 15p.d., 1 aum., 7p.d., 1 aum., 15p.d., 1 aum. y 4p.d. (49p.)

Cambiar a p. inglés y tejer 14 hileras.

Continuar en p. Sta. Clara de la siguiente forma:

1h) 14p.d., 5 veces 2p. juntos derechos, 1p.d., 5 veces 2p. juntos derechos y 14p.d. (39p.)

2h) 39p.d.

3h) 13p.d., 3 veces 2p. juntos derechos, 1p.d., 3 veces 2p. juntos derechos y 13p.d. (33p.)

4h) 33p.d.

5h) 9p.d., cerrar 15p. y 9p.d.

Queda así el tejido dividido en 2 partes que se tejen por separado en p. Sta. Clara y agregando en cada una 2p. en el borde interno (quedan 11p.).

En la 3ª hilera, hacer un ojal a 2p. del borde, tejiendo 2p. juntos y 1 lazada.

Tejer una hilera más y cerrar.

Armado: Coser la planta del pie y el talón. Pasar la cinta por los ojales y hacer el moño. Bordar las rococó con seda rosa.

LA CAMPERITA DE VERANO

NO TAN FÁCIL

TALLE: 2a. medida.
MATERIALES: Hilo macramé tejido en 1 hebra, 100gr. en color blanco. Agujas N°2 1/2 y N°3. 5 botones.

Puntos empleados:

Punto elástico 1y1: 1p.d., 1p.r., repetir todas las hileras.

Punto falso elástico: *tejer 1p.d., subir la hebra, pasar 1p.r. sin tejer, bajar la hebra*, repetir de * a * todas las hileras del derecho y del revés.

Punto Santa Clara revés: todas las hileras al revés.

Punto ochito calado: 1h) 1p.d., 1 lazada, 1p.d.
2h) 3p. revés.
3h) pasar 1p.d. sin tejer, tejer 2p.d. y montar sobre éstos el p. sin tejer.
4h) 2p. revés.
Repetir siempre estas 4 hileras.

Punto ocho: sobre 4 puntos.
1h) 4p.d.

2h) 4p.r.
3h) sacar 2p. en ag. aux. hacia adelante del tejido, tejer 2p.d. y los 2p. de la ag. aux., también al derecho. Repetir este cruce cada 8 hileras.

Punto jersey: 1 hilera derecho, 1 hilera revés.

Muestra: 10cm. = 30p. en p. jersey con ag. N°3.

Ejecución: Se comienza por el cuello.
Poner 80p. en ag. N°2 1/2 , tejer 10h. en p. falso elástico y 2 h. en p. elástico 1y1.
Cambiar a las ag. N°3 y tejer como sigue, para formar el escote:
1h) 7p. Sta. Clara revés (vista), 2p. ochito calado, 3p.r., 4p. ocho, 1p.r. (delantera); 1 aumento, 1p.d. (guía); 1 aumento; 8p.d. (manga); 1 aumento, 1p.d. (guía), 1 aumento; 26p.d. (espalda); 1 aumento, 1p.d. (guía), 1 aumento; 8p.d. (manga); 1 aumento, 1p.d. (guía), 1 aumento; 1p.r., 4p. ocho, volver dejando en la ag. izquierda 12p.
2h) tejer todos los puntos al revés, dejando al final 12p. en la ag. izquierda, volver.
3h) 4p. ocho, 2p.r.; 1 aum., 1p.d., 1 aum.; 10p.d.; 1 aum., 1 p.d., 1 aum.; 28p.d., 1 aum., 1p.d., 1 aum.; 10p.d.; 1 aum., 1p.d., 1

aum.; 2p.r., 4p. ocho , 3p.r., volver.
4h) tejer todos los puntos al revés, incorporando al final 3p. de la ag. izquierda, volver.
5h) 3p.r., 4p. ocho, 3p.r.; 1 aum., 1p.d., 1 aum.; 12p.d.; 1 aum., 1p.d., 1 aum.; 30p.d.; 1 aum., 1p.d., 1 aum.; 12p.d.; 1 aum., 1p.d., 1 aum.; 3p.r., 4p. ocho., 3p.r., 2p. ochito calado, volver.
6h) tejer todos los puntos al revés, incorporando 2p. más de la ag. izquierda, volver.
7h) 2p. ochito calado, 3p.r., 4p. ocho, 3p.r., 1p.d.; 1 aum., 1p.d., 1 aum.; 14p.d.; 1 aum., 1p.d., 1 aum.; 32p.d.; 1 aum., 1p.d., 1 aum.; 14p.d.; 1 aum., 1p.d., 1 aum.; 1p.d., 3p.r., 4p. ocho, 3p.r., 2p. ochito calado, 7p. Sta. Clara revés (vista).
8h) tejer todos los puntos revés, incorporando los últimos 7p. de la ag. izquierda al revés.
Continuar tejiendo, aumentando en todas las hileras del derecho 1p. a cada lado del p. d. guía, 20 veces en total, quedan 240p.
En las delantera deben quedar: 7p.r. vista, 2p. ochito calado, 3p.r., 4p. ocho, 3p.r., 2p. ochito calado, 3p.r. y el resto en jersey.
Hacer la manga, dejando en suspenso los primeros 37p., retomando los 50p. siguientes y agregando de cada lado 2p., quedan 54p.
Al tener 12,5cm. de altura desde la sisa, cambiar a las ag. N°2 1/2 y disminuir en una hilera 8p., quedan 46p.
Tejer 2,5cm. en p. elástico 1y1 y cerrar los puntos como se presentan. Dejar en suspenso los siguientes 66p. y hacer la otra manga igual.
Para el cuerpo, retomar los 37p. de una delantera, poner 4p., retomar los 66p. de la espalda, poner 4p. y por último, los 37p. de la otra delantera, quedan 148p.
A los 14cm. de altura, cambiar a las ag. N°2 1/2, tejer 2,5cm. en p. elástico 1y1, manteniendo los 7p.r. de cada borde y cerrar los puntos como se presentan.
Armado: Coser las mangas y las sisas. En la delantera izquierda abrir 5 ojales como se indica en páginas finales. En los bordes delanteros, hacer una hilera de medio punto y otra de p. cangrejo al crochet. Pegar los botones.

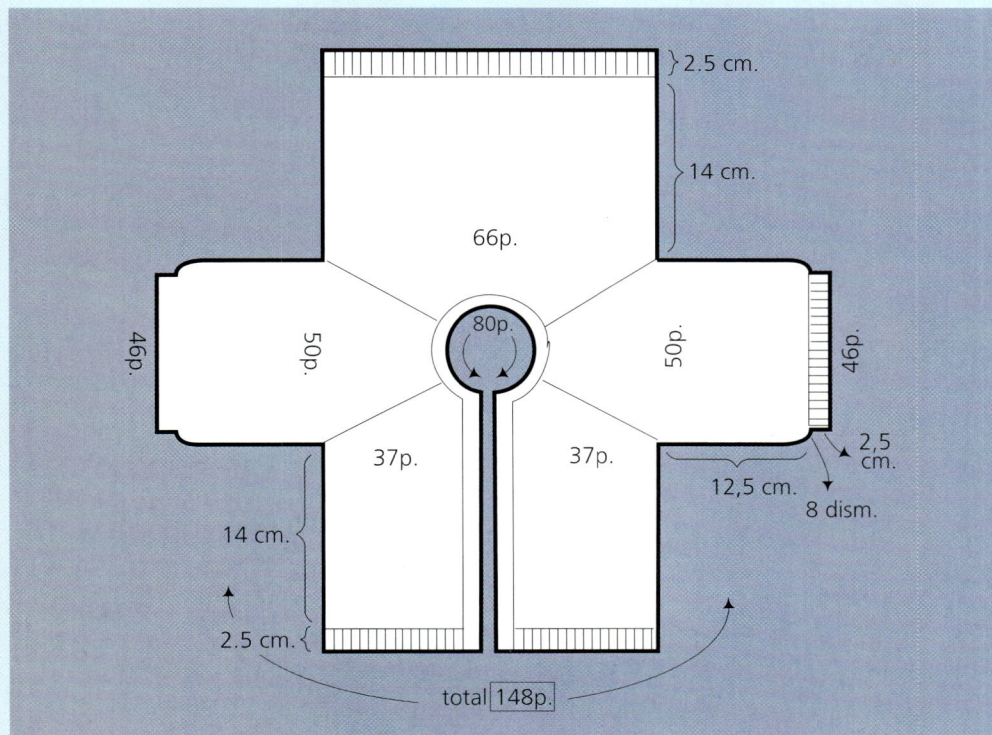

2.5 cm.

14 cm.

66p.

80p.

50p.

50p.

46p.

37p.

37p.

46p.

2,5 cm.

12,5 cm.

8 dism.

14 cm.

2.5 cm.

total 148p.

PARA las TARDES FRESCAS

NO TAN FÁCIL

TALLE: 2a. medida.
MATERIALES: Hilo macramé rosa tejido en una hebra, 100gr. Agujas N°3 y 6 botones.

O	X	X	X	X	O	O	X	X	O	O	16

Puntos empleados:
Punto Santa Clara: todas las hileras al derecho.
Punto fantasía: seguir diagrama.
Muestra: 10cm. = 32p. en p. fantasía con ag. N°3.
Espalda: Poner 68p. en ag. N°3 y tejer en Sta. Clara 4 cordones (8 hileras), continuar con el punto fantasía aumentando en una hilera

13p. (quedan 81p.). Al tener 26p. de altura desde el Sta. Clara, cerrar 26p. para cada hombro y los 29p. del escote.
Delantera: Poner 39p. en ag. N°3 y tejer en p. Sta. Clara 4 cordones (8 hileras). Aumentar en una hilera 5p. (quedan 44p.), continuar con el p. fantasía manteniendo 8p. Sta. Clara para la vista.
A los 21cm. desde el Sta. Clara, dejar los 8p. de la vista en suspenso y cerrar para el escote 4p., 4p., 2p. y 2p.
Completar los 26cm. de altura y cerrar los 26p. del hombro. Hacer la otra delantera igual pero invertida.
Mangas: Poner 46p. y tejer 4 cordones (8 hileras) en p. Sta. Clara, continuar con el p. fantasía aumentando en una hilera 10p. (quedan 56p.).

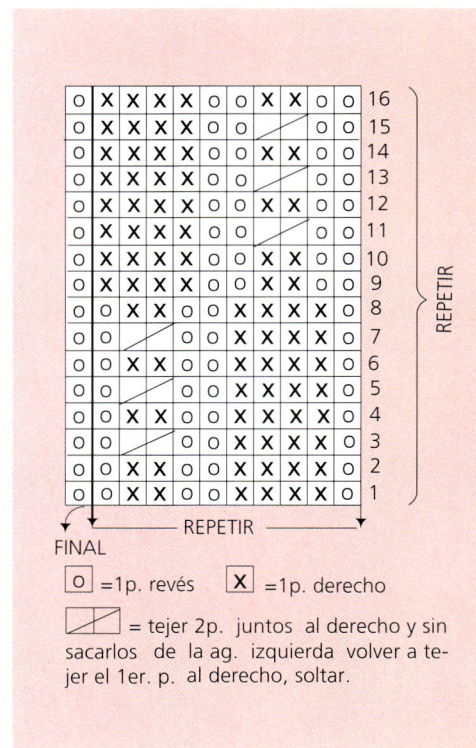

Tejer aumentando de cada lado 1p. cada 6 hileras, 6 veces (quedan 68p.).
Al tener 18cm. de altura desde el Sta. Clara, cerrar flojo.
Cuello y armado: Coser los hombros y levantar alrededor del escote 82p. incluidos los 8p. de cada vista, tejer en Sta. Clara 3 cordones (6 hileras) y cerrar del revés del tejido.
Coser los costados desde el elástico hacia arriba, dejando una abertura de 11cm. para la sisa. Coser las mangas a lo largo y pegarlas al cuerpo haciendo coincidir el centro de éstas con las costuras de los hombros.
Abrir 6 ojales en la vista derecha (ver páginas finales) y pegar los botones.

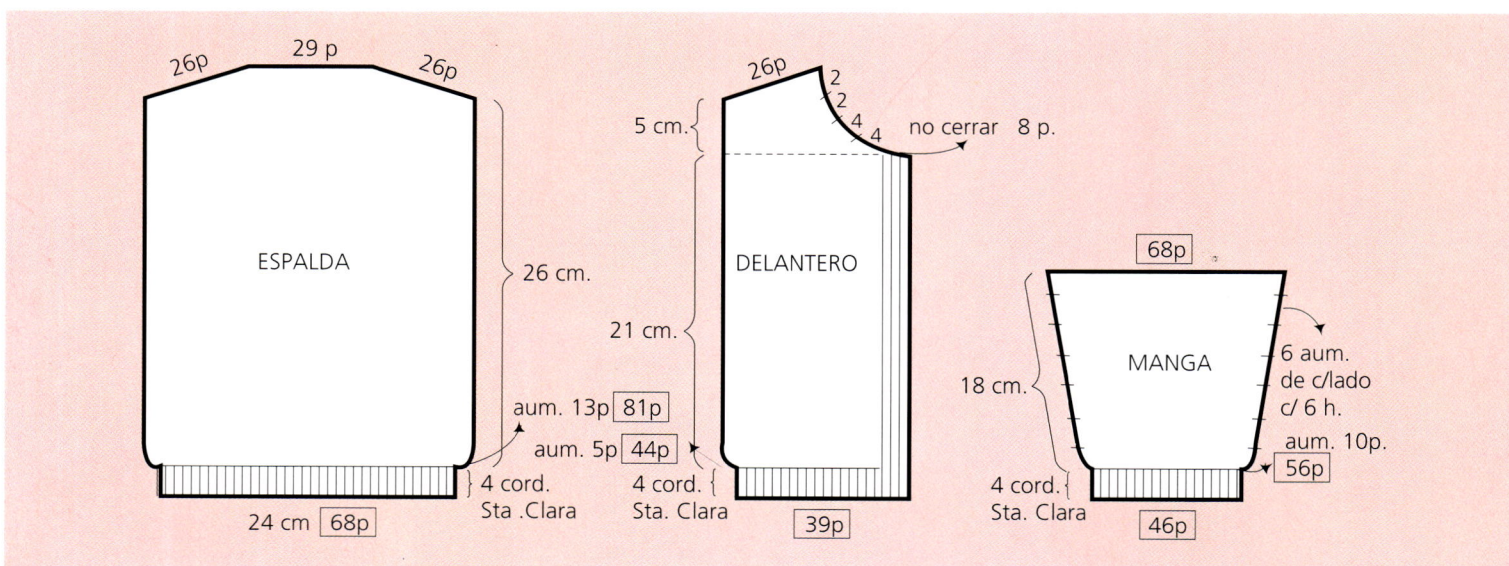

REPETIR

FINAL

REPETIR

O =1p. revés   X =1p. derecho

⟋ = tejer 2p. juntos al derecho y sin sacarlos de la ag. izquierda volver a tejer el 1er. p. al derecho, soltar.

ESPALDA
26p 29p 26p
26 cm.
aum. 13p 81p
aum. 5p 44p
4 cord. Sta. Clara
24 cm 68p

DELANTERO
26p
5 cm.
2 2 4 4
no cerrar 8 p.
21 cm.
4 cord. Sta. Clara
39p

MANGA
68p
18 cm.
6 aum. de c/lado c/ 6 h.
aum. 10p.
56p
4 cord. Sta. Clara
46p

TALLE: 3a. medida.
MATERIALES: Hilo macramé celeste tejido en una hebra, 100gr. Agujas N°3 y N°2 ¹/₂. 6 botones.

FÁCIL

Puntos empleados:

Punto elástico 1 y 1: 1p.d., 1p.r., repetir todas las hileras.

Punto fantasía: 1h) 1p.d., subir la hebra, pasar 1p.d. sin tejer, bajar la hebra (repetir toda la hilera).

2h.) el p.d. tejido, se teje al revés y el sin tejer, al derecho.

Repetir estas dos hileras cada 4h. de jersey.

Muestra: 10cm. = 30p.

Espalda: Poner 79p. en ag. N°2¹/2 y tejer 2cm. de elástico. Pasar a las ag. N°3 y continuar en p. fantasía, al tener 16cm desde el elástico, cerrar para las sisas 3p. de cada lado.

A los 12cm de altura de sisa, cerrar 22p. para cada hombro y los 29p. del escote.

Delantera: Poner 46p. en ag. N°2¹/2 y tejer 2cm. en p. elástico, haciendo al comienzo los 2p.d. del orillo (ver páginas finales).

Pasar a las ag. N°3 y tejer en p. fantasía, manteniendo al comienzo los 9p. de la vista (2p.d. de orillo y 7p. elástico 1y1).

Tejer todo igual que la espalda, hasta tener 7cm. de altura de sisa.

Dejar en suspenso los 9p. de la vista y cerrar para el escote 4p., 3p., 2p., 2p. y 1p. Completar los 12cm. de altura de sisa y cerrar los 22p. del hombro.

Mangas: Poner 50p. en ag. N°2 ¹/2 y tejer 2cm. de p. elástico. Pasar a las ag. N°3, aumentando en una hilera 7p. (quedan 57p.). Continuar con el p. fantasía aumentando 1p. de cada lado cada 6 hileras, 6 veces (quedan 69p.). Completar los 20cm. de altura desde el elástico y cerrar flojo.

Cuello y armado: Coser los hombros y levantar con ag. N°2 ¹/2 alrededor del escote 79p. (incluidas las vistas en suspenso), tejer 4h. en p. elástico continuando con el orillo en ambos extremos y cerrar como van los puntos. Coser los costados hasta las sisas y las mangas desde el elástico hacia arriba, dejando una abertura de 1cm.

Pegar las mangas haciendo coincidir el centro de éstas con las costuras del hombro y la abertura de 1cm. con los p. cerrados en la sisa, formando ángulo recto.

Abrir en la delantera 6 ojales (ver páginas finales).

Pegar botones.

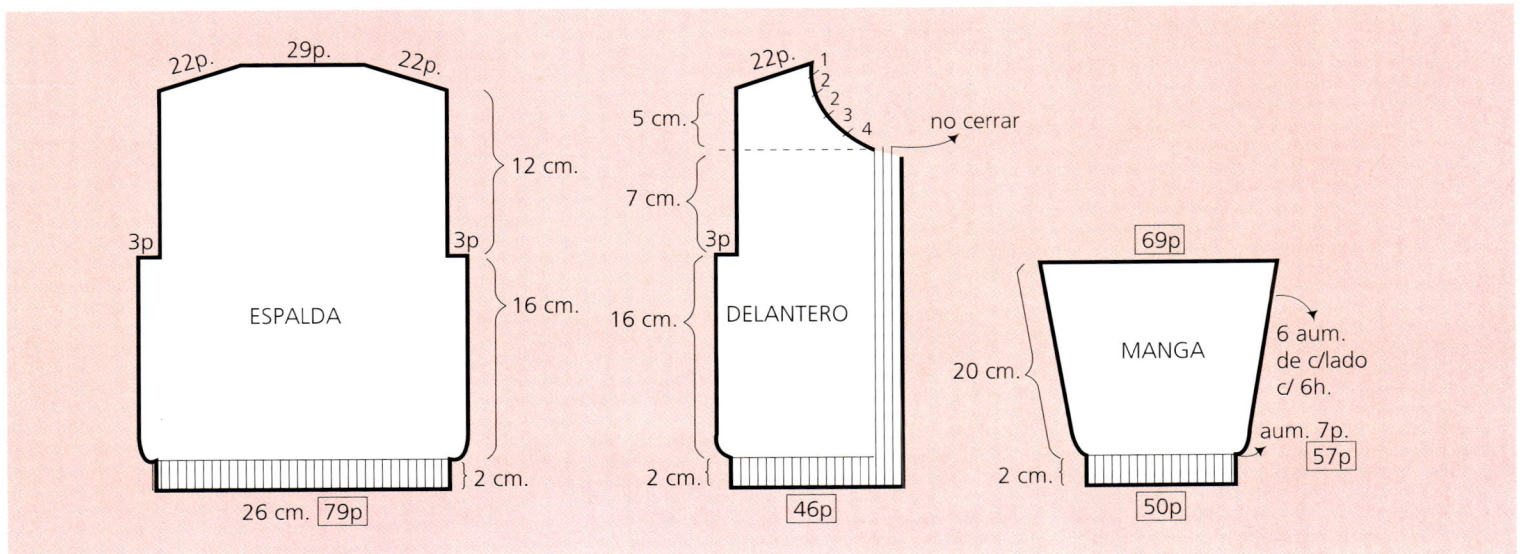

PEQUEÑOS MARINEROS

CONJUNTO MARINERO

Foto en página 22.

TALLE: 3a. medida.
MATERIALES: Hilo macramé tejido en 1 hebra, 100gr. en color blanco, 40gr. en color azul y un poco de colorado. Agujas N°2 1/2 y N°3. 14 botones.

FÁCIL

Puntos empleados:
Punto elástico 1y1: 1p.r., 1p.d., repetir todas las hileras.
Punto jersey: 1 hilera derecho, 1 hilera revés.
Muestra: 10cm = 31p. en p. jersey con ag. N°3.

BOMBACHUDO

Espalda: Para cada pierna, poner 48p. con azul en las ag. N°2 1/2 y tejer 7cm en p. elástico 1y1. Cambiar a las ag. N°3 y tejer en p. jersey, agregando entre las dos piernas 9p., quedan 105p. Al tener 24cm de altura de jersey, cambiar nuevamente a las ag. N°2 1/2 y tejer en p. elástico con azul, haciendo en la primera hilera 20 disminuciones; quedan 85p. A los 2cm, cerrar los puntos como se presentan.

Delantera: Hacer el pantalón igual que la espalda hasta la cintura, pero en lugar de cerrar todos los puntos, cerrar 21p. de cada lado y continuar para la pechera sobre los 43 centrales. Al tener 10cm., tejer en p. elástico con azul sobre todos los puntos durante 2cm. A continuación, cerrar como se presentan los 25p. centrales y tejer para los breteles los 9p. de cada lado durante 22cm. Cerrar.

BATITA

Cuerpo: En las ag. N°3, poner 173p. con azul y tejer 2cm. en p. elástico 1y1.
A continuación, distribuir los puntos como sigue: 7p. vista en azul (2p.d. de orillo y 5p. elástico 1y1), 159p. jersey blanco y 7p. vista en azul (5p. elástico 1y1 y 2p.d. orillo). Para hacer el orillo de 2p.d., ver páginas finales.
Al tener 17cm. de altura desde el elástico,

tejer 44p., cerrar 2p. para una sisa, tejer 81p., cerrar 2p. para la otra sisa y tejer los últimos 44p. Hacer las 3 partes por separado. En la parte central, correspondiente a la delantera, tejer 5cm y comenzar el escote cerrando los 11p. centrales, luego de cada lado: 4p., 3p. y 2p. Completar 11cm y cerrar los 26p. de cada hombro.
En las otras 2 partes, tejer 11cm, cerrar los 26p. del hombro y dejar en suspenso los 18p. restantes para el escote.

Mangas: Poner 65p. con azul en las ag. N°2 1/2 y tejer 2cm. en p. elástico 1y1.
Cambiar a las ag. N°3 y tejer otros 2cm en p. jersey blanco. Cerrar.

Armado y terminación: Coser los costados del pantalón. Con ag. N°2 1/2 y color azul, levantar 35p. en la parte interna de las piernas de la delantera y espalda, teniendo en cuenta que las botamangas van dobladas hacia afuera.
Tejer 6 hileras en p. elástico 1y1 y cerrar los puntos como se presentan.
En la delantera, abrir 5 ojales (ver páginas finales) y en la espalda, pegar los botones.
En la cintura de la espalda, abrir 2 ojales (ver páginas finales). En los breteles pegar los botones.
Bordar el velero en la pechera.
Coser los hombros de la batita, cerrar las mangas y pegarlas haciendo coincidir el centro de las mismas con las costuras de los hombros. Con ag. N°2 1/2 y color azul, levantar alrededor del escote 47p. y tejer 5h. en p. elástico 1y1, continuando con los 2p.d. de orillo en los extremos y cerrar los puntos como se presentan. En la parte derecha de la espalda, abrir 7 ojales y coser los botones.

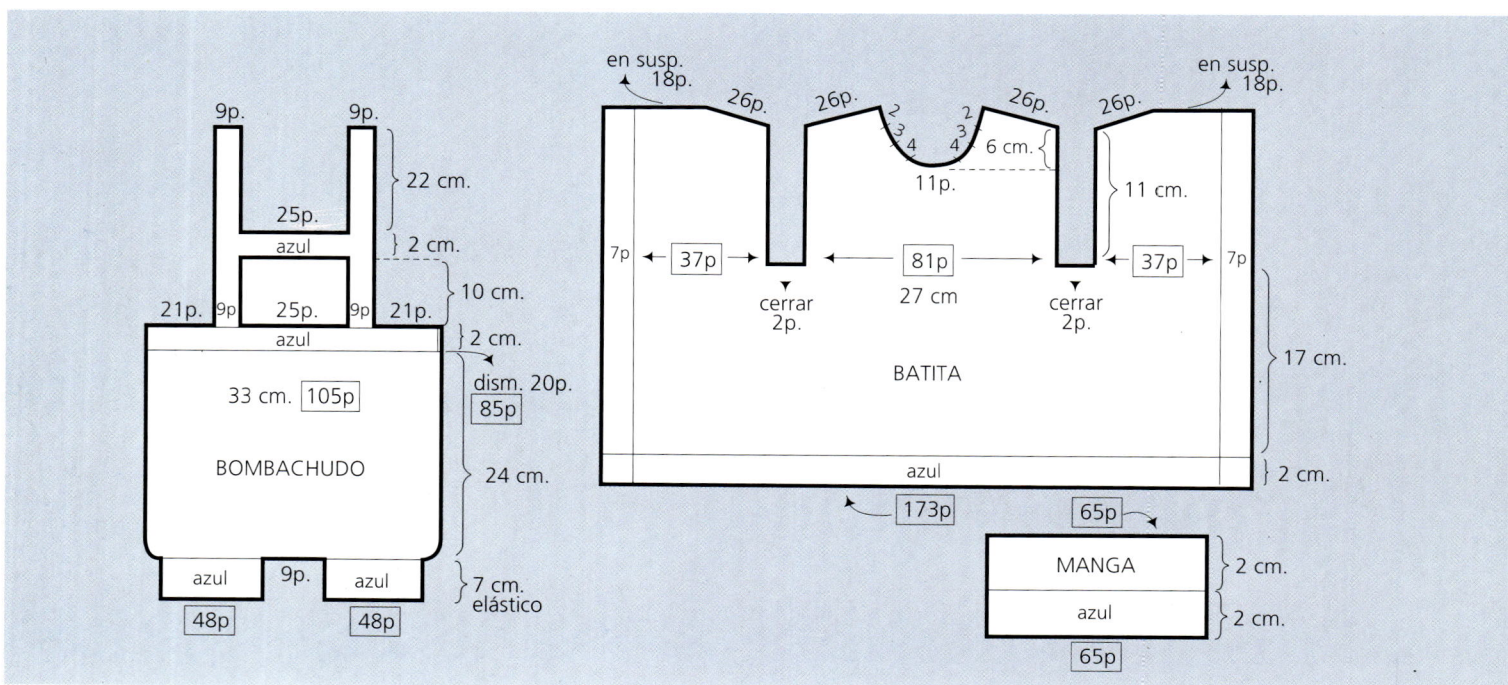

Puntos empleados:

Punto elástico 1 y 1: 1 p.d., 1 p.r., repetir todas las hileras.

Punto Jersey: 1 hilera derecho, 1 hilera revés.

Muestra: 10 cm. = 31 p. en p. jersey con ag. N° 3.

Delantera: En las ag. N° 3, poner 138 p. con azul y tejer 2 cm. en p. elástico 1 y 1. Cambiar a p. jersey con blanco y tejer disminuyendo de cada lado 1 p., cada 18 h. 5 veces; quedan 128 p.

Al tener 29 cm. de altura de blanco, cambiar nuevamente a color azul y tejer 2 cm. en p. elástico, disminuyendo en la primera hilera 30 p.; quedan 98 p.

Para el canesú, tejer en p. jersey con blanco,

VESTIDITO MARINERO

Foto en página 23.
TALLE: 3a. medida.
MATERIALES: Hilo macramé tejido en 1 hebra, 100 gr. en color blanco, 30 gr. en azul y hebras de colorado para bordar. Agujas N° 2 1/2 y N° 3. 4 botones.

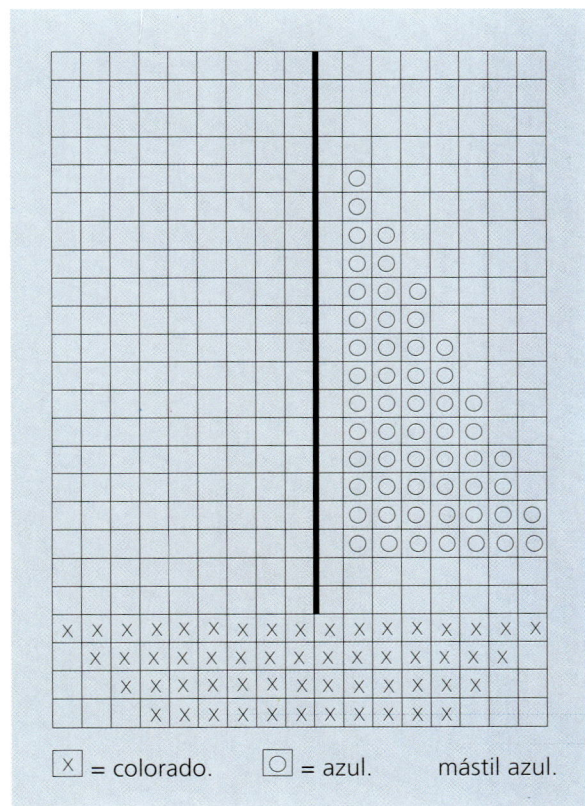

FÁCIL

disminuyendo en la primera hilera otros 18 p., quedan 80 p. Hacer 2 hileras y comenzar las sisas, cerrando de ambos lados: 4 p., 3 p., 2 p., 1 p. y 1 p.

Completar 9 cm. de altura de sisas y cerrar los 16 p. de cada hombro.

Espalda: Empezar igual que la delantera, pero al tener 27 cm. de altura de la pollera, cerrar los 4 p. centrales para la abertura de la espalda y tejer las dos partes por separado.

A los 29 cm. de blanco, disminuir en una hilera 15 p., tejer 2 cm. en p. elástico con azul, disminuir en una hilera 9 p. y comenzar el canesú con blanco. Al tener 2 h., hacer las sisas cerrando: 3 p., 3 p., 2 p., y 3 veces 1 p. Completar 9 cm. de altura de sisa, cerrar los 16 p. del hombro y dejar en suspenso para el escote los 11 p. restantes.

Mangas: En las ag. N° 2 1/2, poner 60 p. con azul y tejer 2 cm. en p.

elástico 1 y 1. Cambiar a las ag. N° 3 y tejer en p. jersey con blanco, aumentando en la primera hilera 13 p.; quedan 73 p.

Al tener 4 h., comenzar la copa de manga, cerrando de cada lado al empezar: 2 veces 3 p., 8 veces 2 p., 3 veces 3 p. y en el centro 11p.

Armado y Terminación: Coser los hombros, los costados del cuerpo hasta las sisas y las mangas. Pegar las mangas haciendo coincidir el centro de las mismas con las costuras de los hombros.

Con ag. N° 2 1/2 y color azul, levantar alrededor del escote 77 p., tejer 5 h. en p. elástico 1 y 1 y cerrar los puntos como se presentan.

En cada uno de los bordes de la espalda, levantar con ag. N° 2 1/2 y color azul 53 p., tejer 8 h. en p. elástico 1 y 1 y cerrar los puntos como se presentan.

En una de las partes, abrir 4 ojales como se indica en páginas finales.

En el canesú, bordar los veleros siguiendo el diagrama.

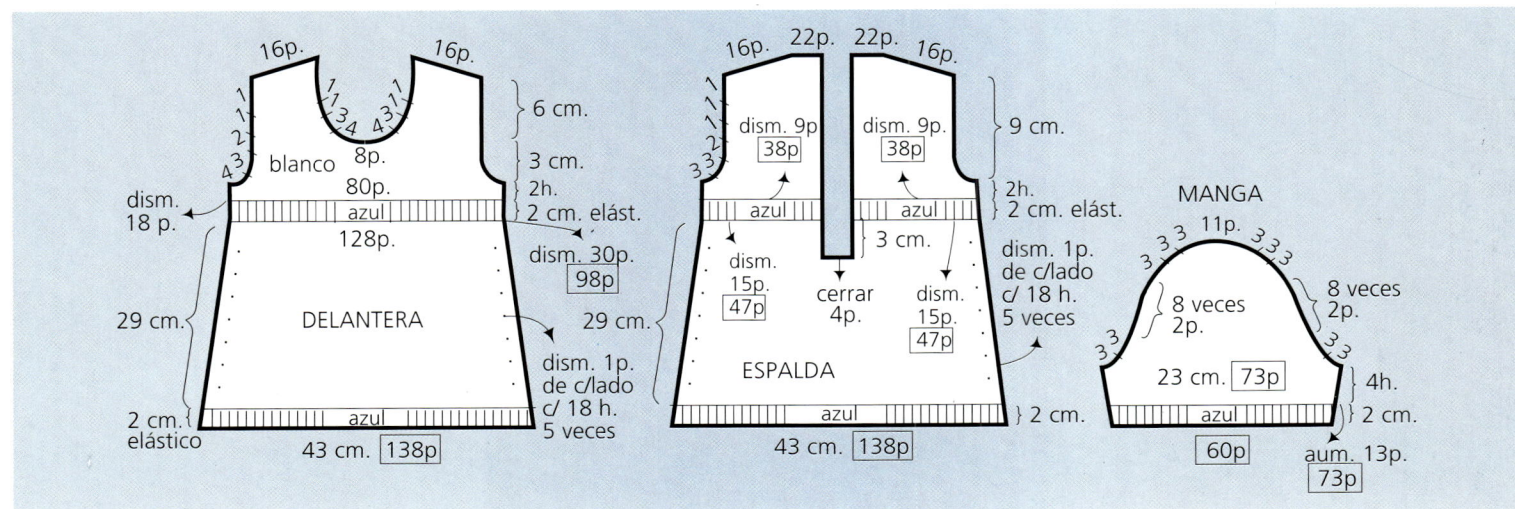

X = colorado.   O = azul.   mástil azul.

Con Rayas y Patitos

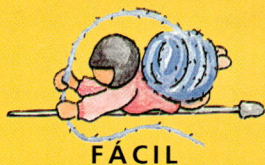

TALLE: 3a. medida.
MATERIALES: Hilo macramé tejido en una hebra, 100gr. azulino, 50gr. blanco y unas hebras de amarillo para bordar. Agujas N°3. 3 botones. 40cm. de elástico.

FÁCIL

3p., 2p. de cada lado, para el escote. Completar los 11cm. de altura de rayado, cerrar los 28p. del hombro izquierdo y tejer el hombro derecho como en la espalda.

Mangas: Poner 60p. en ag N°3 y tejer 2cm. de p. elástico, en azulino. Aumentar en una hilera 8p. (quedan 68p.). Continuar con p. jersey y rayadito 5cm. Cerrar flojo.

Cuello y armado: Coser el hombro izquierdo y levantar en ag. N°2 1/2 alrededor del escote delantero y los puntos en suspenso de la espalda, 91p. Tejer 4h. elástico y cerrar como van los puntos. Coser los costados del cuerpo hasta donde comienza el rayado, coser las mangas a lo largo y pegarlas al cuerpo haciendo coincidir el centro de éstas con las costuras del hombro. Abrir 3 ojales (como se indica en las páginas finales) en la tirilla del hombro. Pegar botones. Bordar 4 patitos en la delantera siguiendo el diagrama.

PANTALÓN

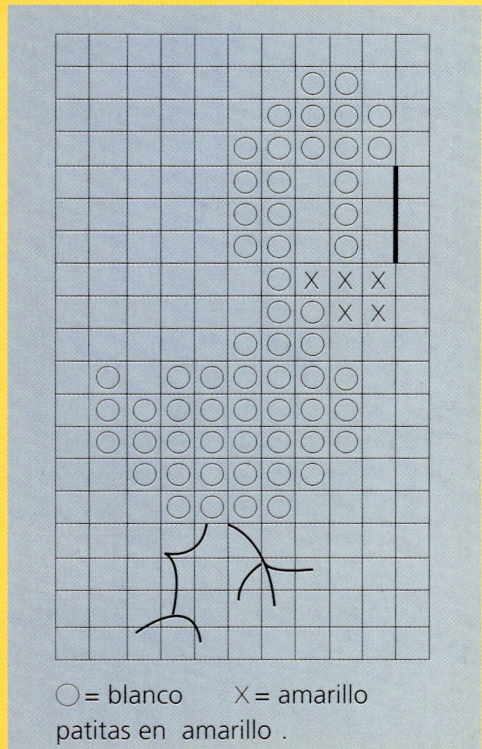

○ = blanco   X = amarillo
patitas en amarillo .

Poner 40p. en ag. N°3 y tejer en p. elástico 4cm. en azulino, agregar 8p. en una hilera y dejar en suspenso.
Tejer el otro puño de la misma manera, retomar el anterior agregando 4p. en el medio, para entrepiernas, (quedan 100p.). Seguir en p. jersey y rayadito hasta tener 25cm. desde el elástico.
Comenzar la cintura en ag. N°2 1/2 tejiendo en p. falso elástico, 3cm. Cerrar como van los puntos. Hacer otra parte igual.
Armado: Coser los costados y la entrepiernas. Pasar un elástico por dentro del falso elástico de la cintura.

Puntos empleados:

Punto elástico 1 y 1: 1p.d., 1p.r., repetir todas las hileras.
Punto jersey: 1h) todo derecho.
2h) todo revés.
Repetir siempre estas 2 hileras.
Punto falso elástico: *tejer 1p.d., subir la hebra, pasar 1p. sin tejer, bajar la hebra*, repetir de * a * todas las hileras del derecho y revés.
Muestra: 10cm. = 32p. en p. jersey.

REMERA

Espalda: Poner 86p. en ag. N°3 y tejer 2cm. en p. elástico en azulino, seguir con p. jersey 15cm. A continuación se teje rayado: 2h. blanco, 2h. azulino, así 11cm.
Cerrar los 28p. del hombro izquierdo y los 30p. del escote dejarlos en suspenso. Tejer sobre los 28p. del hombro derecho 4h. elástico y cerrar como van los p.
Delantera: Todo igual hasta tener 5cm del rayadito, cerrando los 10p. centrales y 5p.,

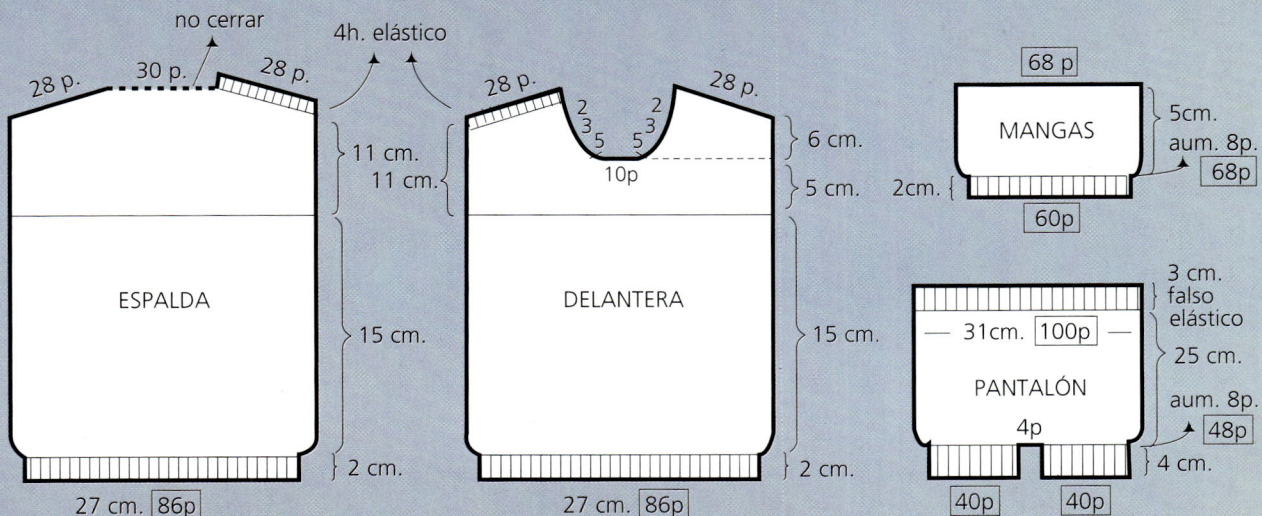

27

LOS CARDIGANS

FÁCIL

TALLE: 3a. medida.
MATERIALES: Hilo peruano rosa tejido en 1 hebra, 200gr. Agujas N°3 ½ y N°3. 5 botones.

Coser los costados del cuerpo y las mangas desde el elástico hacia arriba, dejando una abertura de 2cm. Pegar las mangas haciendo coincidir el centro de las mismas con la costura de los hombros y la abertura con los puntos cerrados en la sisa, formando un ángulo recto.

Abrir 5 ojales (ver páginas finales), en la delantera derecha. Pegar botones.

Puntos empleados:

Punto elástico 1 y 1: 1p.d., 1p.r., repetir todas las hileras.

Punto fantasía: 1h) al derecho.

2h) al revés.

3h) *4p. revés, 2p.d.*, repetir toda la hilera de * a * y terminar con 2p.r.

4h) como se presentan los puntos.

5h) 2p.r., *2p.d., 4p.r.*, repetir toda la hilera de * a * y terminar con 4p.r.

6h) como se presentan los puntos.

Repetir desde la primera.

Muestra: 8cm. = 21p.

Espalda: Poner 66p. en ag. N°3 y tejer 3cm. de p. elástico.

Pasar a las ag. N°3 ½ aumentando en una hilera 8p. (quedan 74p.).

Continuar con el p. fantasía 15cm., cerrar para las sisas 4p. de cada lado.

Completar los 13cm. de altura de sisa y cerrar para cada hombro 21p. y los 24p. del escote de la espalda.

Delantera: Poner 35p. en ag. N°3 y tejer todo igual que la espalda hasta la sisa, cerrando 4p. Simultáneamente, comenzar el escote tomando en el borde 2p. juntos cada 4 hileras, 10 veces. Completar los 13cm. de altura de sisa y cerrar los 21p. del hombro.

Mangas: Poner 38p. en ag. N°3 y tejer 3cm. en p. elástico 1y1. Pasar a las ag. N°3 ½ aumentando en una hilera 10p. (quedan 48p.).

Continuar con el p. fantasía, aumentando de cada lado 1p. cada 6 hileras, 7 veces (quedan 62p.).

Completar los 18cm. de largo de manga desde el elástico y cerrar flojo.

Vistas y armado: Coser los hombros, levantar 194p. con ag. N°3 en la vista de la delantera derecha, cuello de la espalda y delantera izquierda, tejer en p. elástico, 5 hileras.

Cerrar como van los puntos (que no tire).

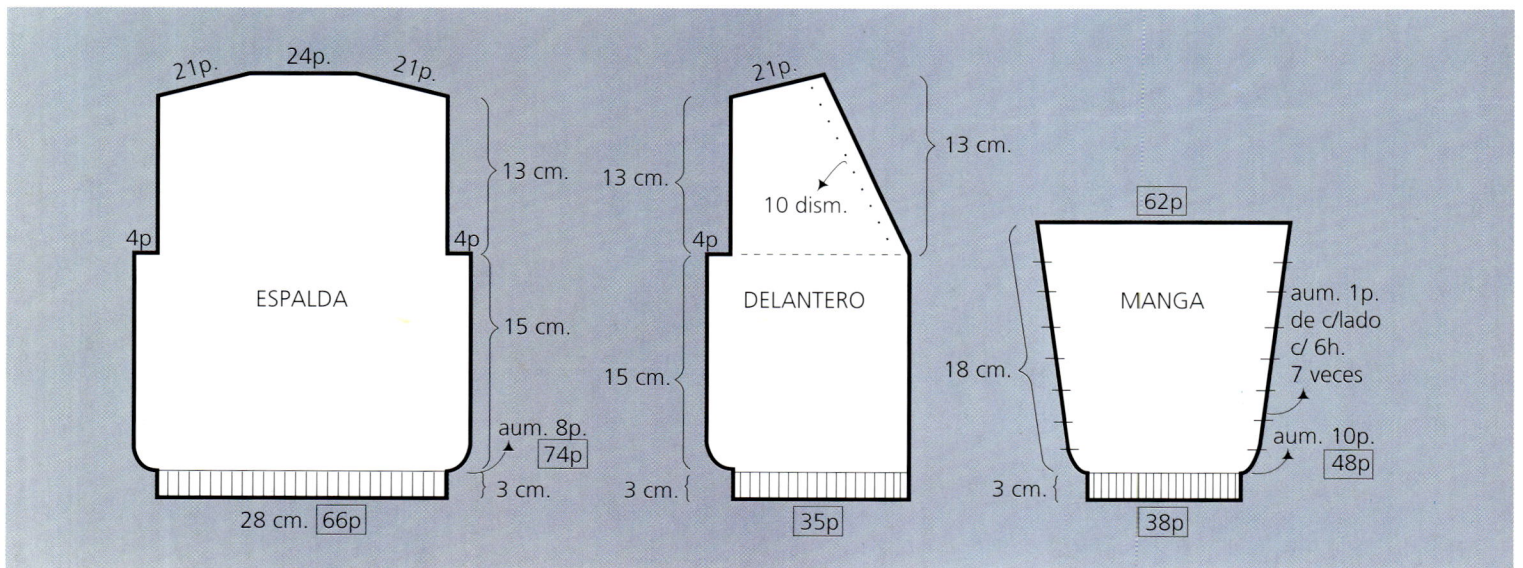

Diagramas

ESPALDA — 21p. / 24p. / 21p. — 13 cm. — 4p. / 4p. — 15 cm. — aum. 8p. [74p] — 3 cm. — 28 cm. [66p]

DELANTERO — 21p. — 13 cm. — 10 dism. — 4p. — 13 cm. — 15 cm. — 3 cm. [35p]

MANGA — [62p] — aum. 1p. de c/lado c/ 6h. 7 veces — 18 cm. — aum. 10p. [48p] — 3 cm. [38p]

CARDIGAN AZULINO

TALLE: 1 año.
MATERIALES: Algodón rústico cadenita grueso, tejido en 1 hebra, aproximadamente 330 gr. en color azulino. Agujas N°3 $^1/_2$ y N°4 $^1/_2$. 4 botones.

Puntos empleados:

Punto elástico 1 y 1: 1p.d., 1p.r., repetir todas las hileras.

Punto espiga: sobre 7p.
1h) sacar 2p.d. en ag. aux. hacia atrás del tejido, tejer 1p.d. y los 2p. de la ag. aux. también al derecho; 1p.d.; sacar 1p.d. en ag. aux. hacia adelante del tejido, tejer 2p.d. y el p. de la ag. aux., al derecho.
2h) 7p. revés.
Repetir continuamente estas 2 hileras.

Puntos retorcidos: 1h) tejer 2p. juntos al derecho y sin sacarlos de la ag. izquierda, volver a tejer el primer punto al derecho.
2h) 2p. revés.
Repetir continuamente estas 2 hileras.

Punto jersey rayado: cada 4 hileras, tejer una hilera revés del lado derecho del tejido (es decir, que hilera del derecho por medio se teje al revés).

Muestra: 10cm = 18p. en punto jersey rayado con ag. N°4 $^1/_2$.

Espalda: En las ag. N°3 $^1/_2$, poner 60p. y tejer 3cm en p. elástico 1 y 1.
cambiar a las ag. N°4 $^1/_2$, aumentando en una hilera 8p. y distribuyendo de la siguiente manera: 6p. jersey rayado, 2p.r., 2p. retorcidos, 2p.r., 7p. espiga, 2p.r., 2p. retorcidos, 2p.r., 18p. jersey rayado, 2p.r., 2p. retorcidos, 2p.r., 7p. espiga, 2p.r., 2p. retorcidos, 2p.r., 6p. jersey rayado.
Al tener 17cm. de altura desde el elástico, cerrar para las sisas 4p. de cada lado.
Continuar durante 14cm más y hacer los hombros cerrando de cada lado 20p. y por último los 20 p. centrales para el escote.

Delantera derecha: Poner 41p. en las ag. N°3 $^1/_2$ y tejer en p. elástico 1 y 1, haciendo al comienzo el orillo de 2p.d. como se indica en páginas finales.
Al tener 3cm., cambiar a las ag. N°4$^1/_2$ y repartir los puntos como sigue: 9p. vista (2p.d. orillo y 7p. elástico 1 y 1), 7p. jersey rayado, 2p.r., 2p. retorcidos, 2p.r., 7p. espiga, 2p.r., 2p. retorcidos, 2p.r., 6p. jersey rayado.
A los 17cm. de altura desde el elástico, cerrar los 4p. de la sisa y comenzar simultáneamente el escote, tejiendo 2p. juntos revés a 8p. del

borde, cada 4h., 8 veces. Completar los 14cm. de altura de sisa, cerrar los 20p. del hombro y continuar 6cm. sobre los 9p. de la vista.
Hacer la otra delantera igual pero invertida.

Mangas: Poner 38p. en las ag. N°3 $^1/_2$ y tejer 3cm en p. elástico 1 y 1.
Cambiar a las ag. N°4 $^1/_2$ y aumentar en una hilera 5p.; quedan 43p. que se distribuyen de la siguiente manera: 12p. jersey rayado, 2p.r., 2p. retorcidos, 2p.r., 7p. espiga, 2p.r., 2p. retorcidos, 2p.r., 12p. jersey rayado.
Tejer aumentando de cada lado 1p., dejando 1p. de borde, cada 6 hileras, 6 veces (quedan 55p.). Completar 22cm. de altura desde el elástico y cerrar todos los puntos de una vez y muy flojos.

Armado: Coser los hombros y los costados del cuerpo hasta las sisas.
Cerrar las mangas a lo largo, dejando al final una abertura de 2cm.
Pegarlas haciendo coincidir el centro de las mismas con las costuras de los hombros y los 2cm. de la abertura con los 4p. cerrados en las sisas, formando ángulo recto.
En la delantera derecha, abrir 4 ojales como se indica en páginas finales. Unir entre sí las vistas de las delanteras y pegarlas al escote de la espalda, dándole una pequeña bajada.
Pegar los botones.

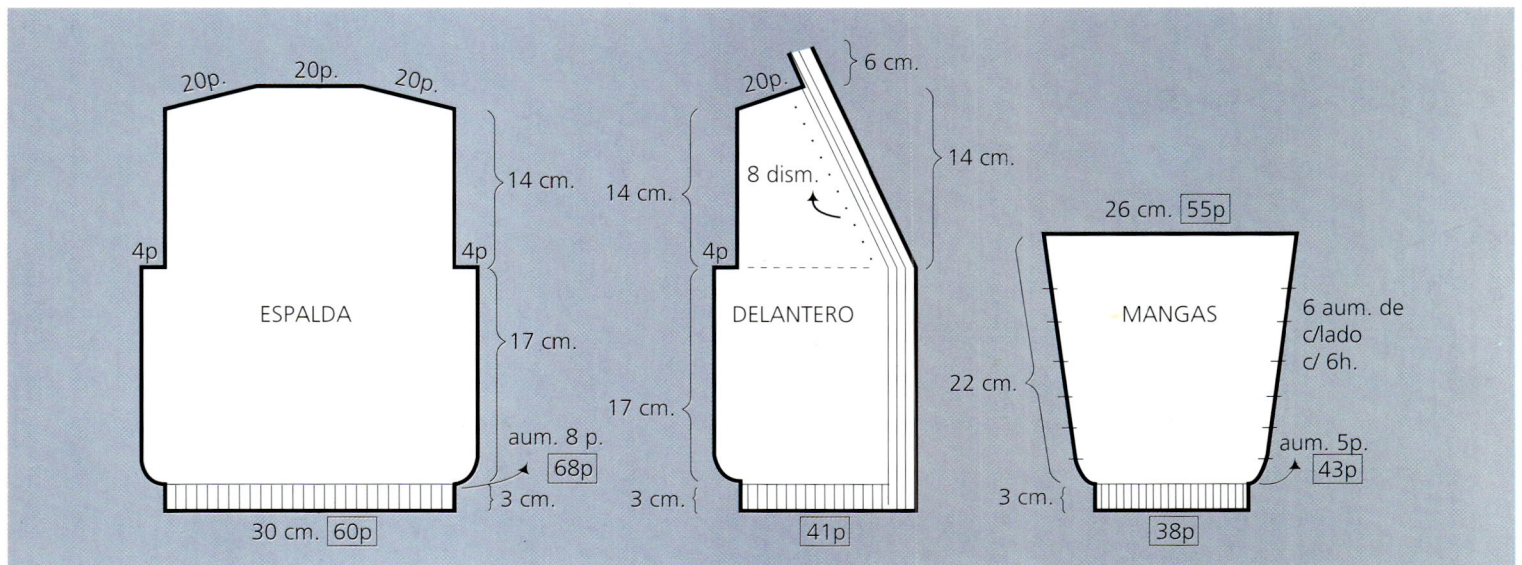

CANESÚ CON ESTRELLAS

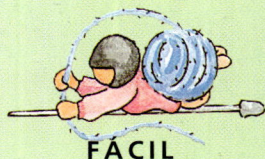

FÁCIL

TALLE: 18 meses.
MATERIALES: Hilo macramé tejido en 1 hebra, aproximadamente 70 gr. en color azul y un poco de color blanco.
Agujas N°3. 4 botones.
45cm. de género a cuadritos.

Puntos empleados:

Punto elástico 1 y 1: 1p.d., 1p.r., repetir todas las hileras.

Punto jersey: 1 hilera derecho, 1 hilera revés.

Muestra: 10cm. = 33p. en punto jersey con ag. N°3.

Delantera: Poner 82p. en las ag. N°3 y tejer 4 hileras en p. elástico 1 y 1.
Cambiar a p. jersey, tejer 2 hileras y comenzar las sisas, cerrando de cada lado: 4p., 3p., 2p. y 1p.
A los 6cm. de altura de sisas, cerrar para el escote los 10p. centrales y luego de cada lado: 5p., 3p., y 2p.
Completar 12cm. de altura de sisas y cerrar los 16p. de cada hombro.

Espalda izquierda: En las ag. N°3, poner 49p. y tejer 4 hileras en p. elástico 1 y 1, haciendo en el borde interno el orillo de 2p.d. (ver páginas finales).
Cambiar a p. jersey manteniendo para la vista los 2p. de orillo y 9p. elástico 1 y 1.
Hacer 2 hileras y cerrar para la sisa: 4p., 3p., 2p. y 1p.
Al tener 12cm. de altura de sisa, cerrar 16p. para el hombro y dejar en suspenso los 23p. restantes para el escote.
Hacer la otra espalda igual pero invertida.

Mangas: En las ag. N°3, poner 58p. con blanco y tejer con azul, 8 hileras en p. elástico 1 y 1.

Cambiar a p. jersey, aumentando en la primera hilera 18p. (quedan 76p.).
Al tener 2cm. de altura desde el elástico, comenzar la copa de manga cerrando de cada lado: 2 veces 3p., 9 veces 2p., 3 veces 3p. y en el centro 10p.

Cuello y armado: Coser los hombros y levantar 101p. alrededor del escote con ag. N°3 y color azul.
Tejer 6 hileras en p. elástico 1 y 1, manteniendo el orillo en ambos bordes.
Cerrar los puntos como se presentan con color blanco.
Coser los costados hasta las sisas y las mangas a lo largo. Pegar las mangas haciendo coincidir el centro de las mismas con las costuras de los hombros. En la parte derecha de la espalda, abrir 4 ojales como se indica en las páginas finales. Pegar los botones.
Para la pollera, doblar la tela por la mitad, dejando en la parte superior una abertura de 10cm. Hacer pequeñas tablitas en todo el ancho de la tela hasta tener la medida del canesú, sobreencimar éste a la pollera y coser. Hacer el dobladillo. Bordar en la delantera tres estrellas (diagrama).

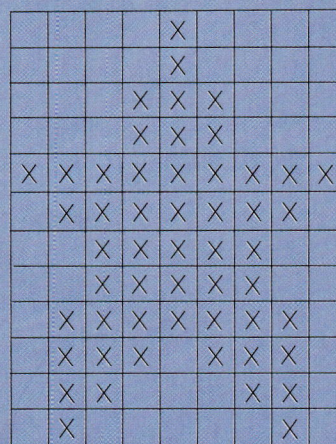

☐ =fondo azul

☒ =blanco

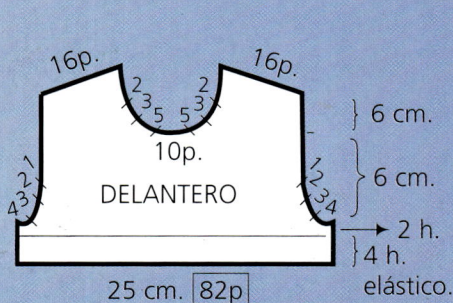

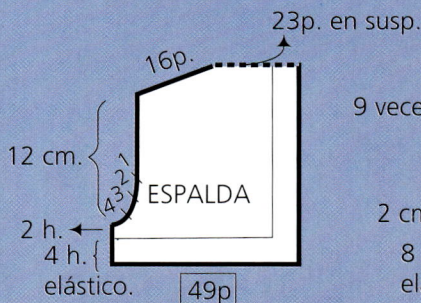

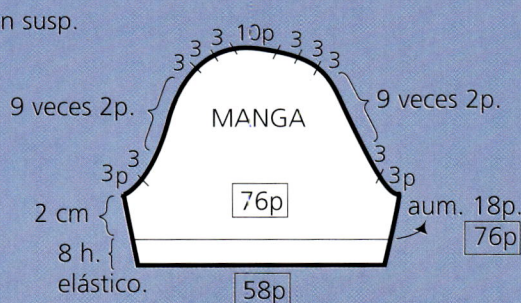

ELEGANTE COMO MAMÁ

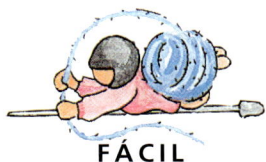

FÁCIL

TALLE: 2 años.
MATERIALES: Algodón mercerizado tejido en 1 hebra, 60gr. en color blanco. Agujas N°3. 3 botones. 1m. de tela de 90cm. de ancho.

Espalda: Poner 54p. en las ag. N°3 y tejer en p. elástico 1y1, comenzando con el orillo de 2p.d. (ver páginas finales).
Al tener 3cm. de altura, cerrar 14p. para la sisa y seguir 3cm. más.
Para el escote cerrar 27p. como se presentan y luego continuar para el bretel 7cm. sobre los 13p. restantes. Cerrar como se presentan los puntos.
Armado: Coser los hombros y los costados del canesú.
En una de las partes de la espalda, abrir 3 ojales como se indica en páginas finales.

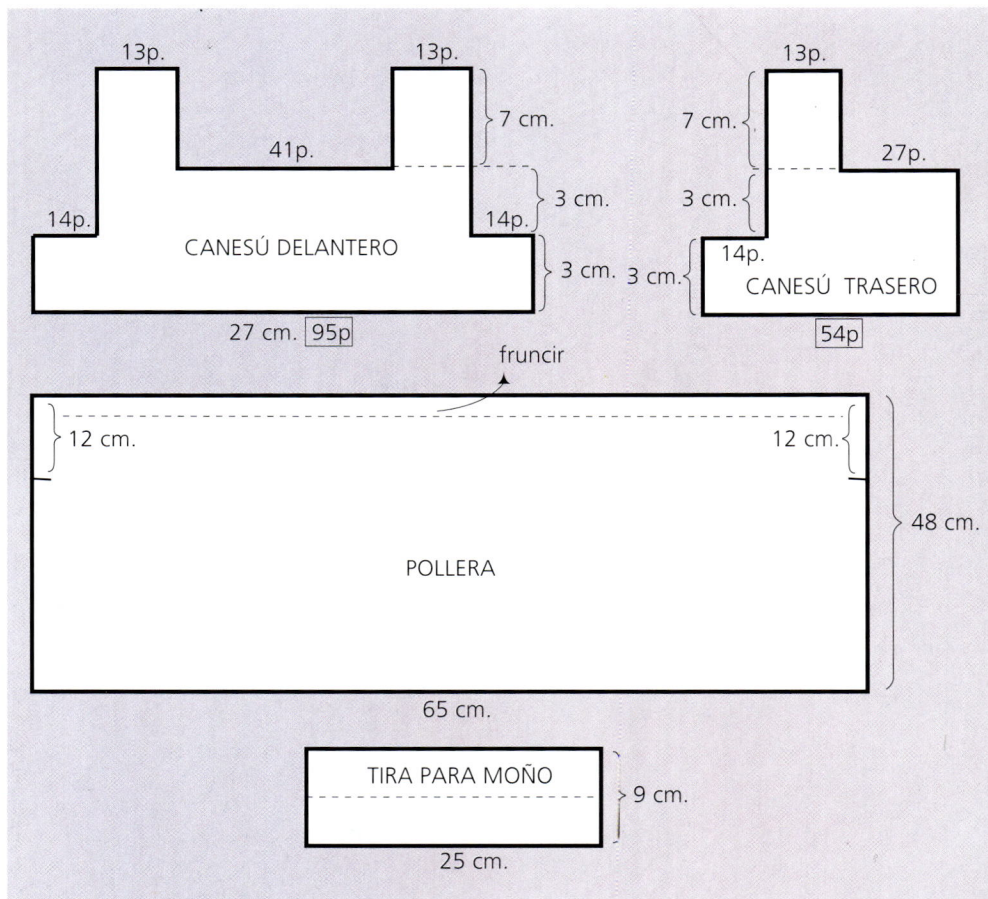

Puntos empleados:
Punto elástico 1y1: 1p.d., 1p.r., repetir todas las hileras.
Muestra: 10cm. = 35p. en p. elástico con ag. N°3.
Delantera: Poner 95p. en ag. N°3 y tejer en p. elástico, comenzando con 1p.d.
Al tener 3cm., cerrar de cada lado 14p. como se presentan y continuar recto otros 3cm.
Para el escote, cerrar los 41p. centrales y seguir para los breteles con los 13p. de cada extremo durante 7cm. Cerrar los puntos como se presentan.

CANESÚ DELANTERO

13p.   13p.
7 cm.
41p.
3 cm.
14p.   14p.
3 cm.   3 cm.
27 cm. 95p

CANESÚ TRASERO

13p.
7 cm.   7 cm.
27p.
3 cm.   3 cm.
14p.
54p

fruncir

POLLERA
12 cm.   12 cm.
48 cm.
65 cm.

TIRA PARA MOÑO
9 cm.
25 cm.

Para la pollera, cortar 2 rectángulos de 65cm. de ancho por 48cm de largo (más costuras) y unirlos entre sí. En la parte de la espalda, hacer una abertura de 12cm.

Para los moños, cortar 2 tiras de 9cm. por 25cm. (más costuras), doblar por la mitad, coser los extremos y el largo, dejando una abertura para poder dar vuelta.

Fruncir la parte superior de la pollera y coser el canesú superponiéndolos.

Hacer el dobladillo. Atar los moños alrededor de los breteles.

Pegar los botones.

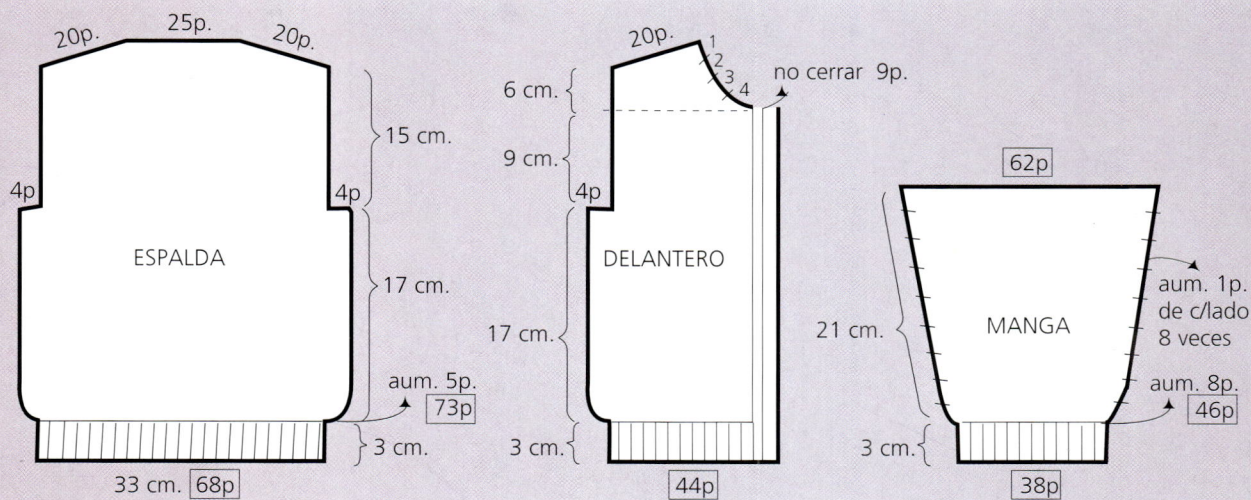

FÁCIL

CAMPERITA

TALLE: 2 años.
MATERIALES: Algodón rústico semigordo tejido en una hebra, blanco 190gr. Agujas N°4 y N°3. 5 botones.

Puntos empleados:

Punto elástico 1 y 1: 1p.d., 1p.r., repetir todas las hileras.

Punto fantasía: 1h) todo revés.
2h) 1p.d., 1p.r., repetir toda la hilera.
Repetir continuamente estas dos hileras.

Punto falso elástico: *tejer 1p.d., subir la hebra, pasar 1p.r. sin tejer, bajar la hebra*, repetir de *a* todas las hileras del derecho y del revés.

Muestra: 10cm. = 24p. tejido en ag. N°4 en p. fantasía.

Espalda: Poner 68p. en ag. N°3, y tejer 3cm en p. elástico 1 y 1.
Cambiar a las ag. N°4, aumentando en una hilera 5p. (quedan 73p.).
Tejer en p. fantasía y al tener 16cm. de altura desde el elástico cerrar para las sisas 4p. de cada lado.
Completar 14cm. de altura de sisa, cerrar 20p. para cada hombro y los 25p. del escote de la espalda.

Delantera: Poner 44p. en ag. N°3, tejer 3cm .de elástico. Pasar a las ag. N°4 tejiendo de la siguiente manera: 2p.d. de orillo (orillo de dos puntos ver páginas finales), 7p. elástico y 35p. fantasía.
Tejer todo igual que en la espalda hasta tener 9cm. de altura de sisa, dejando los 9p. de la vista en suspenso y cerrando para el escote 4p., 3p., 2p. y 1p. Completar los 14cm. de sisa y cerrar los 20p. del hombro. Hacer la otra delantera igual pero invertida.

Mangas: Poner 38p. en ag. N°3 y tejer 3cm.

de elástico.
Pasar a las ag. N°4 aumentando en una hilera 8p. (quedan 46p.). Continuar con el p. fantasía aumentando 1p. de cada lado, cada 6 hileras, 8 veces (quedan 62p.).
Completar los 20cm. desde el elástico y cerrar flojo.

Cuello y armado: Coser los hombros y levantar 71p. con ag. N°3 alrededor del escote y vistas. Tejer 4h. en elástico, 2h. de falso elástico y cerrar en forma tubular (ver páginas finales).
Coser los costados del cuerpo hasta las sisas y las mangas a lo largo, dejando al final una abertura de 3cm.
Pegar las mangas haciendo coincidir el centro de las mismas con las costuras de los hombros y los 3cm. de abertura con los 4p. cerrados en las sisas, formando un ángulo recto.
En la delantera derecha abrir 5 ojales como se indica en las páginas finales.
Pegar los botones.

ESPALDA
20p. — 25p. — 20p.
15 cm.
4p. — 4p.
17 cm.
aum. 5p. — 73p.
3 cm.
33 cm. — 68p.

DELANTERO
20p. — 1 2 3 4 — no cerrar 9p.
6 cm.
9 cm.
4p.
17 cm.
3 cm.
44p.

MANGA
62p.
aum. 1p. de c/lado 8 veces
21 cm.
aum. 8p. — 46p.
3 cm.
38p.

PARA SALIR A PASEAR

Puntos empleados:

Punto Santa Clara: todas las hileras al derecho.

Punto ochos: sobre 6p.

Tejer 4h. jersey.

5h) sacar 3p.d. en ag. aux. hacia adelante del tejido, tejer 3p.d. y los 3p.d. de la ag. aux., al derecho.

Repetir esto cada 6 hileras.

Muestra:10cm. = 40p. tejido con ag. N°3 en punto ochos.

Delantera: Poner 80p. con ag. N°3 y tejer 3 cordones de punto Sta. Clara.

Aumentar 30p. en una hilera (quedan 110p.). Distribuir el tejido de la siguiente manera: 2p.d., 2p.r., 6p.d. (ocho), 2p.r., 2p.d., 2p.r., 6p.d. (ocho), 2p.r., 2p.d., 2p.r., 6p.d. (ocho), 2p.r., 2p.d., 2p.r., 6p.d. (ocho), 2p.r., 2p.d., 2p.r., 6p.d. (ocho), 2p.r., 2p.d., 2p.r., 6p.d. (ocho), 2p.r., 2p.d., 2p.r., 6p.d. (ocho), 2p.r., 2p.d., 2p.r., 6p.d. (ocho), 2p.r., 2p.d., 2p.r., 6p.d. (ocho), 2p.r. y 2p.d. (110p.).

Tejer 2cm. desde los cordones de Santa Clara y comenzar la sisa cerrando de cada lado: 5p., 3p., 2p., 2p. y 1p.

A los 6cm. de altura de sisa, hacer el escote cerrando los 10p. centrales y luego de cada lado: 5p., 3p., 3p., 2p. y 2p.

Completar los 13cm. de altura de sisa y cerrar los 22p. para cada hombro.

Espalda derecha: Poner 40p. con ag. N°3 y tejer 3 cordones de punto Sta. Clara.

Aumentar 15p. en una hilera (quedan 55p.). Distribuir el tejido de la siguiente manera: 2p.d., 2p.r., 6p.d. (ocho), 2p.r., 2p.d., 2p.r., 6p.d. (ocho), 2p.r., 2p.d., 2p.r., 6p.d. (ocho), 2p.r., 2p.d., 2p.r., 6p.d. (ocho), 2p.r. y 7p. Sta. Clara (vista).

Hacer todo igual que la delantera pero al tener 10cm. de altura de sisa, comenzar el escote de la espalda dejando en suspenso 7p. de la vista y cerrar 5p., 5p. y 3p.

Completar los 13cm. de altura de sisa y cerrar los 22p. para el hombro.

Hacer la espalda izquierda igual pero invertida.

Cuello, sisas, y armado: Coser los hombros y levantar alrededor del cuello 100p. con ag. N°2 1/2 incluyendo los puntos en suspenso de las vistas y tejer en Sta. Clara dos cordones. Cerrar del revés del tejido. Levantar alrededor de las sisas 64p. con ag. N°2 1/2 y tejer de la misma manera que el cuello.

TALLE: 2 años.

MATERIALES: Hilo mercerizado tejido en 1 hebra, aproximadamente 70 gr. Agujas N°3 y N°2 1/2. 3 botones. 55cm de género floreado.

FÁCIL

Coser los costados de las sisas. En la parte derecha de la espalda, abrir 3 ojales como se indica en las páginas finales. Pegar los botones.

Para la pollera, doblar la tela por la mitad, dejando en la parte superior una abertura de 10cm. Fruncir todo el ancho de la tela hasta tener la medida del canesú, sobreencimar éste a la pollera y coser.

Hacer el dobladillo.

DELANTERO

22p. ← → 22p.

7 cm.

10p.

6 cm.

2 cm. { aum. 30p. 110p

3 cord. Sta. Clara

27 cm . 80p

ESPALDA

3 cm. 22p. en susp.

10 cm.

aum. 15p. 55p

2 cm.

3 cord. Sta. Clara 40p

CON DETALLES DE BRODERIE

TALLE: 2 años.

MATERIALES: Hilo peruano tejido en 1 hebra, aproximadamente 70 gr. en color blanco, 90 gr. en color celeste y 70 gr. en color rosa. Agujas N°3 $1/2$ y N°4. 90cm. de broderie de 7cm. de ancho.

Puntos empleados:

Punto elástico 1 y 1: 1p.d., 1p.r., repetir todas las hileras.

Punto jersey: 1 hilera derecho, 1 hilera revés.

Punto fantasía rayado: 4 hileras jersey con color blanco.

5h)* 1p.d. rosa, pasar 1p. blanco sin tejer con la hebra por atrás *, repetir toda la hilera de * a * y terminar con 1p.d. rosa.

6h) *1p.r. rosa, pasar 1p. blanco sin tejer con la hebra por delante*, repetir toda la hilera de * a * y terminar con 1p.r. rosa.

4 hileras jersey rosa.

11h) y 12h) repetir las 5h y 6h, pero tejiendo 1p. en celeste y pasando sin tejer 1p. rosa.

4 hileras jersey celeste.

17h) y 18h) igual que las 5h y 6h, tejiendo 1p. blanco y pasando sin tejer 1p. celeste.

Repetir desde el principio.

Muestra: 10cm. = 23p. en punto fantasía rayado con ag. N°4.

Espalda: En la ag. N°3 $1/2$, poner 65p. con celeste y tejer 3cm. en p. elástico 1 y 1.

Cambiar a p. fantasía rayado y ag. N°4, aumentando 10p. en una hilera (quedan 75p.).

Al tener 19cm. de altura desde el elástico, cerrar para las sisas 4p. de cada lado.

Continuar recto y al tener 7cm. de altura de sisas, cerrar los 3p. centrales y hacer las dos partes por separado.

Completar 14cm., cerrar de cada lado 19p. para los hombros y dejar en suspenso los 13p. del escote.

Delantera: Se hace igual que la espalda, pero al tener 8cm. de altura de sisas, se comienza el escote. Para esto se cierran los 11p. centrales y luego de cada lado: 4p., 3p. y 2p.

Completar los 14cm. de altura de sisas y cerrar los 19p. de cada hombro.

Mangas: En las ag. N°3 $1/2$, poner 41p. con celeste y tejer 2cm. en p. elástico 1 y 1.

Cambiar a las ag. N°4 aumentando 10p. en una hilera (quedan 51p.).

Tejer en p. fantasía rayado, haciendo de cada lado 1 aumento, cada 4 hileras, 3 veces (quedan 57p.). Al tener 7cm de altura desde el elástico, cerrar todos los puntos bien flojos.

Armado y terminación:

Coser los hombros y los costados del cuerpo hasta las sisas.

Cerrar las mangas a lo largo, dejando al final una abertura de 2cm. y pegarlas haciendo coincidir el centro de las mismas con las costuras de los hombros y la abertura de 2cm. con los puntos cerrados en las sisas formando ángulo recto.

Alrededor del escote, levantar 74p. con ag. N°3 $1/2$ y tejer 6h. en p. jersey con color celeste para formar el rollito.

En cada uno de los lados de la abertura de la espalda, levantar 25p. con ag. N°3 $1/2$ y color celeste y tejer 5 hileras en p. elástico 1 y 1. Del lado derecho, abrir 2 ojales (ver páginas finales).

Hacer 1 dobladillo en los extremos del broderie y pasar una bastilla para fruncir hasta tener la medida del escote. Una vez colocado el broderie, tapar la terminación con el rollito del cuello. Pegar los botones.

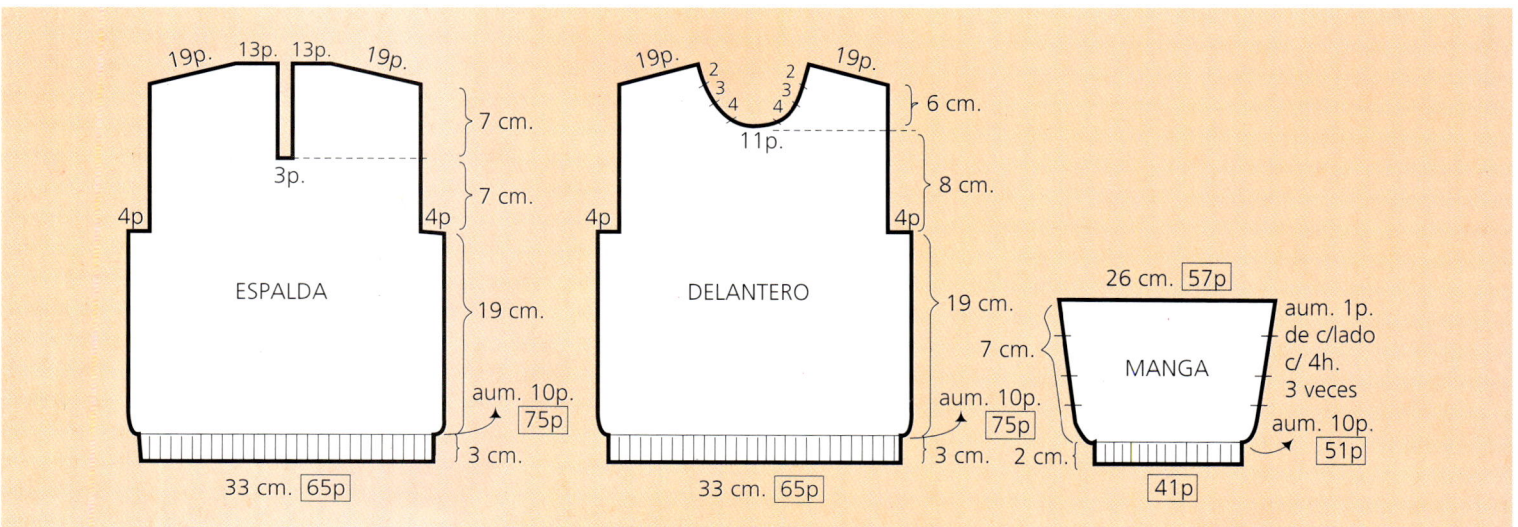

ESPALDA

19p. · 13p. · 13p. · 19p.
7 cm.
3p.
7 cm.
4p · 4p
19 cm.
aum. 10p. 75p
33 cm. 65p
3 cm.

DELANTERO

19p. · 2 3 4 · 2 3 4 · 19p.
6 cm.
11p.
8 cm.
4p · 4p
19 cm.
aum. 10p. 75p
33 cm. 65p
3 cm.

MANGA

26 cm. 57p
aum. 1p. de c/lado c/ 4h. 3 veces
7 cm.
aum. 10p. 51p
2 cm.
41p

Puntos empleados:
Punto elástico 1 y 1: 1p.d., 1p.r., repetir todas las hileras.
Punto fantasía: 1h) al derecho en blanco.
2h) al revés, con blanco.
3h) con salmón, *tejer 1p.d., bajar la hebra, pasar 1p. blanco sin tejer, subir la hebra*. Repetir toda la hilera de * a * y terminar con 1p.d.
4h) con salmón, *tejer 1p.r., pasar 1p. blanco sin tejer con la hebra por delante*. Repetir de * a * toda la hilera y terminar con 1p.r.
5h) con salmón, al derecho.
6h) con salmón, al revés.
7h) con blanco, *tejer 1p.d., bajar la hebra y pasar 1p. salmón sin tejer, subir la hebra*. Repetir de * a * toda la hilera y terminar con 1p.d.
8) con blanco, *tejer 1p.r. y pasar 1p. salmón sin tejer con la hebra por delante*. Repetir de * a * toda la hilera y terminar con 1p.r.
9h) repetir desde la 1° hilera.
Muestra: 10cm. = 25p. tejido con ag. N°4 en p. fantasía.
Espalda: Poner 65p. en las ag. N°3 ¹/2 con hilo blanco y tejer 3cm. en p. elástico 1 y 1. Cambiar a las ag. N°4 aumentando 14p. en una hilera (quedan 79p.) y empezar en p. fantasía.
Al tener 18cm. desde el elástico disminuir para las sisas 4p., 3p., 2p. y 4 veces 1p. de cada lado al comenzar la hilera, al tener 6cm. de altura de sisa cerrar 3p. centrales para la abertura de la espalda.
Continuar tejiendo hasta completar los 13cm. de

TALLE: 18 meses.
MATERIALES: Hilo peruano blanco 70gr. y 60gr. de salmón. Broderie de 6cm de ancho, más o menos 90cm. 3 botones.
Agujas N°4 y N°3 ¹/2 y aguja crochet N°3.

FÁCIL

altura de sisa, cerrar 13p. para cada hombro y 12p. centrales para cada parte del escote de la espalda.
Delantera: Se hace igual que la espalda, al tener 18cm. de altura desde el elástico, disminuir para las sisas: 5p., 4p., 2p., 1p. y 1p. de cada lado. Continuar durante 6cm cerrando para el escote los 9p. centrales y luego 4p., 3p., 2p. y 1p. de cada lado.
Completar los 13cm. de altura de sisa y cerrar 13p. para cada hombro.
Armado: Unir los hombros y levantar alrededor del escote 71p. con ag. N°3¹/2 en color blanco, tejer en p. elástico 6h. y cerrar como se presentan los puntos.
Levantar con las mismas ag. 38p. en el lado izquierdo de la abertura de la espalda incluyendo el p. elástico del escote y tejer 6h. en p. elástico 1 y 1. Repetir esto en la abertura derecha. Coser los costados del cuerpo del elástico hasta las sisas y hacer un medio punto alrededor de las mismas con ag. crochet N°3 en hilo blanco.

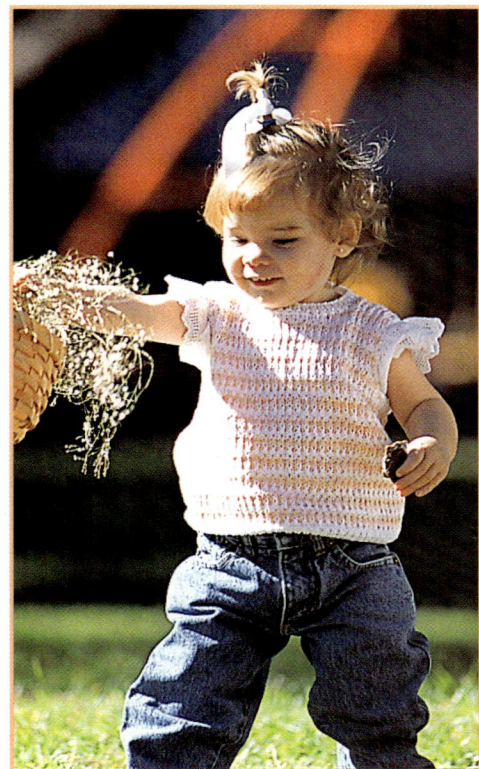

Dividir el broderie en dos partes, fruncirlo y colocarlo con puntadas escondidas como voladitos en las mangas.
Hacer 3 ojales (ver páginas finales) en la carterita derecha y pegar los botones.

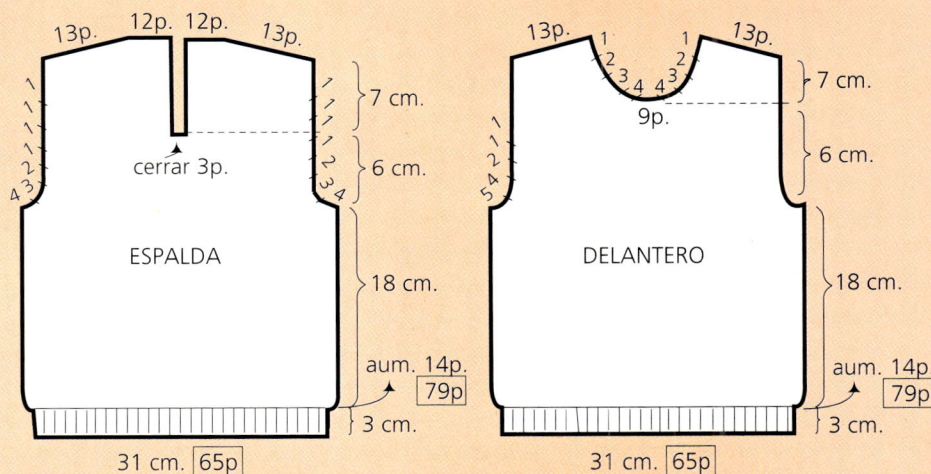

ESPALDA

13p. | 12p. | 12p. | 13p.
cerrar 3p.
7 cm.
6 cm.
18 cm.
aum. 14p. 79p
3 cm.
31 cm. 65p

DELANTERO

13p. | 13p.
9p.
7 cm.
6 cm.
18 cm.
aum. 14p. 79p
3 cm.
31 cm. 65p

REMERA CON CUELLO POLO

TALLE: 2 años.
MATERIALES: Hilo rústico finito color crudo tejido en dos hebras, 210 gr. y un poco de azul. Agujas N°3 1/2 y N°4. 2 botones.

Puntos empleados:
Punto elástico 1 y 1: 1p.d., 1p.r., repetir todas las hileras.
Punto arroz doble: 1h) 1p.r., 1p.d., toda la hilera.
2h) y todas las pares como van los puntos.
3h) 1p.d., 1p.r. o sea contrariando.
Repetir estas hileras.
Muestra:
10 cm. = 23p.
Espalda: Poner 62p. con ag. N°3 1/2 y tejer 3 cm. en p. elástico. Cambiar a las ag. N°4 aumentando 16p. en una hilera y tejer 19 cm en punto arroz doble (quedan 78p.).
Al tener 19 cm. de altura desde el elástico, comenzar a disminuir para las sisas, tomando 2p. juntos revés a 2p. del borde 5 veces, en todas las hileras del derecho (quedan 68p.). Continuar recto y al tener 14 cm. de altura de sisa, cerrar para los hombros 20p. de cada lado y los 28p. centrales para el escote.
Delantera: Hacer todo igual que la espalda hasta las sisas, simultáneamente con éstas cerrar 4p. en el medio. Queda el tejido separado en dos partes. Al tener 8 cm. de altura de sisa cerrar para el escote de ambos lados 3p., 3p., 3p., 2p., 1p.; completar los 14 cm. de altura de sisa y cerrar para los hombros 20p. de cada lado.
Mangas: Poner 38p. en ag. N°3 1/2 y tejer 3cm. en punto elástico. Cambiar a las ag. N°4, aumentando 8p. en una hilera y tejer en p. arroz doble.
Tejer aumentando 1p. de cada lado cada 6 hileras, 6 veces (quedan 58p.).
Al tener 19 cm. de altura desde el elástico disminuir igual que en la espalda 5 veces (quedan 48p.). Cerrar flojo.
Cuello y armado: Levantar a lo largo de una de las aberturas de la delantera (carterita) 17p. con ag. N°3 1/2, tejer 4h. en crudo y cerrar en azul como van los puntos. Hacer la otra tirilla de la misma manera. Coser los hombros y levantar desde la mitad de la vista, para el cuello 72p. con las mismas ag., tejer 18h. y cerrar como van los p. en azul. Coser los costados del cuerpo hasta las sisas. Unir las mangas a lo largo desde el puño hacia arriba. Pegarlas haciendo coincidir el centro de las mismas con las costuras de los hombros y las disminuciones con las del cuerpo. En la delantera abrir 2 ojales como se indica en las páginas finales. Pegar los botones.

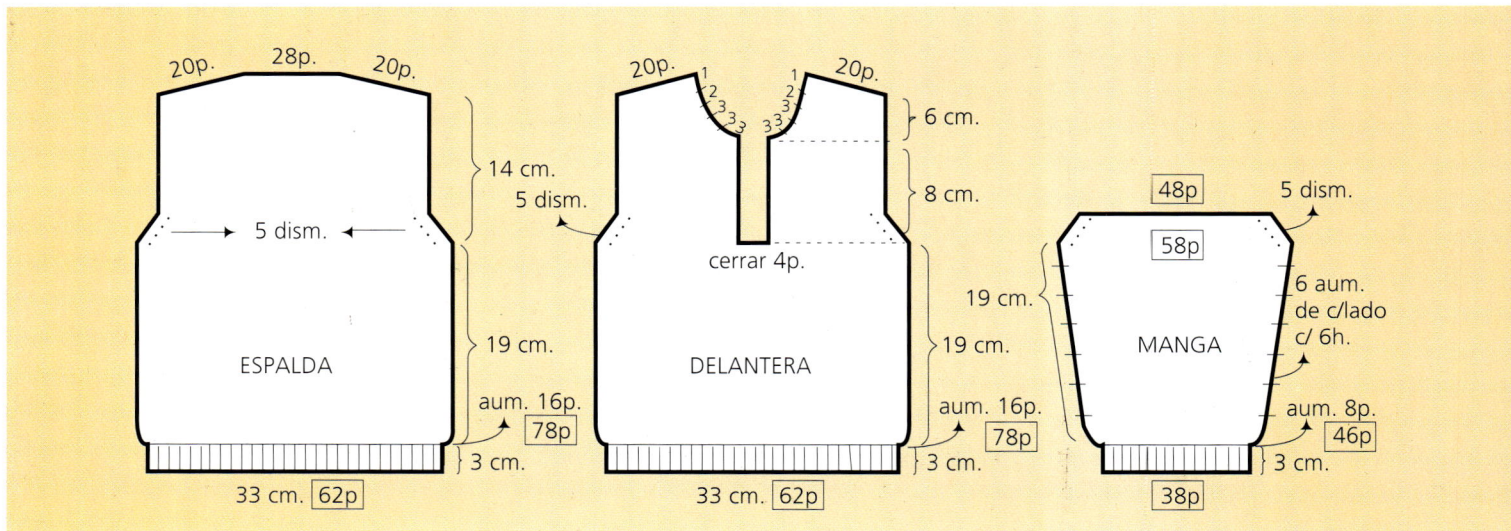

ESPALDA

20p.   28p.   20p.

14 cm. 5 dism.

5 dism.

19 cm.

aum. 16p. 78p

3 cm.

33 cm. 62p

DELANTERA

20p.   1 2 3 3   1 2 3 3   20p.

6 cm.

8 cm.

cerrar 4p.

19 cm.

19 cm.

aum. 16p. 78p

3 cm.

33 cm. 62p

MANGA

48p

58p

5 dism.

6 aum. de c/lado c/ 6h.

aum. 8p. 46p

3 cm.

38p

IRLANDÉS EN ROSA DIOR

NO TAN FÁCIL

TALLE: 2 años

MATERIALES: Hilo macramé tejido en 2 hebras, aproximadamente 300 gr. en color rosa Dior. Agujas N°3 y N°4.

Puntos empleados:

Punto elástico 1 y 1: 1p.d., 1p.r., repetir todas las hileras.

Punto arroz doble: 1h) 1p.d., 1p.r., repetir toda la hilera.
2h) tejer los puntos como se presentan.
3h) 1p.r., 1p.d., es decir contrariando toda la hilera.
4h) tejer los puntos como se presentan.
Repetir continuamente estas 4 hileras.

Punto trenza: sobre 9p.
1h) 9p. derecho.
2h) 9p. revés.
3h) 1er cruce: sacar 3p. en ag. aux. hacia adelante del tejido, tejer 3p.d. y los 3p. de la ag. aux., al derecho; 3p.d.
4h) 9p. revés.
5h) 2º cruce: 3p.d. sacar 3p. en ag. aux. hacia atrás del tejido, tejer 3p.d. y los 3p. de la ag. aux., al derecho.
6h) 9p. revés.
Repetir desde la 3ª. hilera.

Punto fantasía de rombos: tejer siguiendo el diagrama.

Punto falso elástico: * tejer 1p.d., subir la hebra, pasar 1p.r. sin tejer, bajar la hebra *, repetir de * a * en todas las hileras del derecho y revés.

Muestra: 10cm. = 26p. en p. arroz doble con ag. N°4.

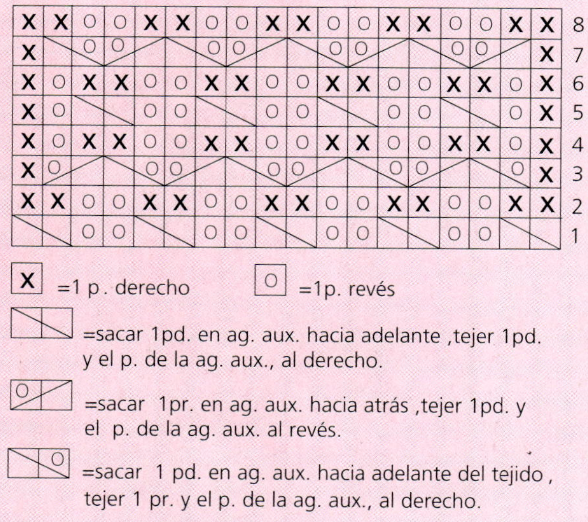

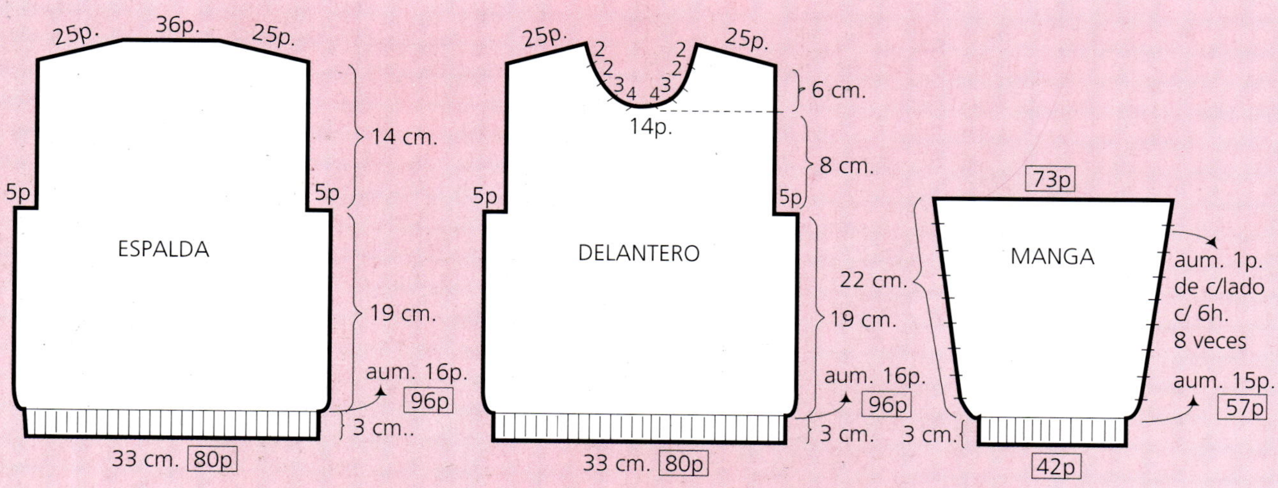

X =1 p. derecho   **O** =1p. revés

=sacar 1pd. en ag. aux. hacia adelante ,tejer 1pd. y el p. de la ag. aux., al derecho.

=sacar 1pr. en ag. aux. hacia atrás ,tejer 1pd. y el p. de la ag. aux. al revés.

=sacar 1 pd. en ag. aux. hacia adelante del tejido , tejer 1 pr. y el p. de la ag. aux., al derecho.

ESPALDA — 25p. 36p. 25p. — 5p. 5p. — 14 cm. — 19 cm. — aum. 16p. [96p] — 3 cm. — 33 cm. [80p]

DELANTERO — 25p. 2 2 2 2 3 4 4 3 25p. 14p. — 5p. 5p. — 6 cm. — 8 cm. — 22 cm. — 19 cm. — aum. 16p. [96p] — 3 cm. — 33 cm. [80p]

MANGA — [73p] — aum. 1p. de c/lado c/ 6h. 8 veces — aum. 15p. [57p] — 3 cm. — [42p]

42

Espalda: En las ag. N°3, poner 80p. y tejer 3cm. en p. elástico 1 y 1.

Cambiar a las ag. N°4, aumentando 16p. en una hilera (quedan 96p).

Tejer distribuyendo los puntos de la siguiente manera: 14p. arroz doble, 2p.r., 9p. trenza, 2p.r., 10 p. arroz doble, 2p.r., 18p. fantasía de rombos, 2p.r., 10p. arroz doble, 2p.r., 9p. trenza, 2p.r., 14 p. arroz doble.

Al tener 19cm. de altura desde el elástico cerrar de cada lado 5p. para las sisas y continuar recto durante 14cm. más.

Para los hombros, cerrar de cada lado 25 p. y dejar en suspenso los 36p. centrales para el escote.

Delantera: Hacer todo igual que en la espalda, pero al tener 8cm. de altura de sisas, comenzar el escote. Para ello, cerrar los 14p. centrales y luego de cada lado: 4p., 3p., 2p. y 2p. Completar los 14cm. de altura de sisas y cerrar los 25 p. de cada hombro.

Mangas: Poner 42p. en las ag. N°3 y tejer 3cm. en p. elástico 1 y 1.

Cambiar a las ag. N°4, aumentando en una hilera 15p. (quedan 57p).

Distribuir de la siguiente manera: 22p. arroz doble, 2p.r., 9p. trenza, 2p.r., 22p. arroz doble. Tejer haciendo de cada lado 1 aumento, cada 6 hileras, 8 veces (quedan 73p).

Al tener 22cm. de altura desde el elástico, cerrar todos los puntos de una vez y bien flojos.

Cuello y armado: Coser un hombro y levantar 96p. alrededor del escote con ag. N°3. Tejer 5h. en p. elástico 1 y 1, 2h. en p. falso elástico y cerrar en forma tubular como se indica en páginas finales. Unir el otro hombro y el cuello. Coser los costados del cuerpo hasta las sisas y las mangas a lo largo, dejando al final una abertura de 3cm. Pegar las mangas haciendo coincidir el centro de las mismas con las costuras de los hombros y los 3cm. de la abertura con los 5p. cerrados en las sisas, formando ángulo recto.

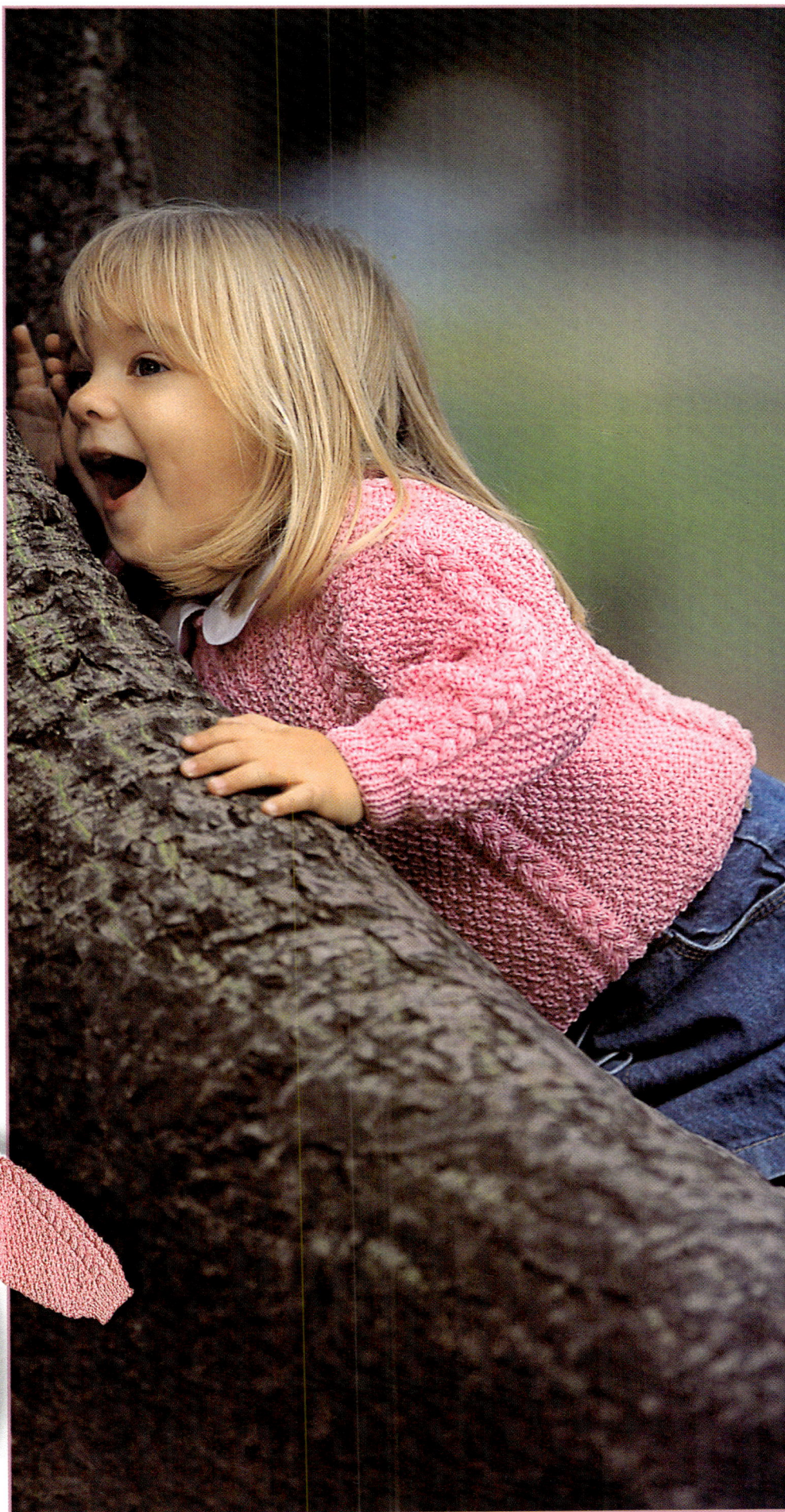

El ajuar de invierno: para Abrigarlos con Ternura

NO TAN FÁCIL

TALLE: primeros días.
MATERIALES: Fibra acrílica para bebé tejida en 1 hebra, 120gr. en color crudo. Agujas N°3 y N°3 1/2. 8 botones. 1m. de cinta de raso.

Puntos empleados:
Punto elástico 1y1: 1p.d., 1p.r., repetir todas las hileras.
Punto jersey: 1 hilera derecho y 1 hilera revés.
Punto falso elástico: *tejer 1p.d., subir la hebra, pasar 1p.r. sin tejer, bajar la hebra*, repetir de * a * todas las hileras del derecho y del revés.
Punto calado: 1h) *1 lazada, 1 disminución doble (ver páginas finales), 1 lazada, 3p.d.*, repetir de * a *.
2h) al revés.
3h) *3p.d., 1 lazada, 1 disminución doble, 1 lazada*, repetir de * a *.
4h) al revés.
Repetir siempre estas 4 hileras.
Punto Santa Clara: todas las hileras al derecho.
Muestra: 10cm. = 26p. en p. jersey con ag. N°3 1/2.

BATITA (Foto en página 45)
Cuerpo: Poner 109p. en las ag. N°3 y tejer 6h. en p. elástico 1y1, haciendo en ambos extremos 5p. en Sta. Clara para las vistas.
Cambiar a las ag. N°3 1/2 y distribuir de la siguiente manera: 5p. Sta. Clara, 42p.d.,

15p. calado, 42p.d. y 5p. Sta. Clara.
Al tener 15cm. de altura total, comenzar las sisas como sigue: tejer 27p. (espalda), cerrar 3p., tejer 49p. (delantera), cerrar 3p. y tejer 27p. (espalda). Dejar en suspenso.
Mangas: Poner 35p. en las ag. N°3 y tejer 2cm en p. elástico 1y1.
Cambiar a las ag. N°3 1/2 y tejer en p. jersey, aumentando en la primera hilera 3p.; quedan 38p.
Seguir recto durante 9cm., cerrar de cada lado 2p. y dejar en suspenso los 34p. restantes.
Canesú: Colocar en una aguja N°3 1/2 los puntos en el siguiente orden: 27p. de una espalda, en el lugar de los 3p. cerrados, colocar los 34p. de una manga, los 49p. de la delantera, los 34p. de la otra manga y por último los 27p. de la espalda.
Tejer como sigue, manteniendo los 5p. de las vistas: 24p., 2p. juntos derechos, 2p.d., 1 disminución simple (ver páginas finales), 28p.d., 2p. juntos der., 2p.d., 1 dism. simple, 43p. (continuando con el calado), 2p. juntos der., 2p.d., 1 dism. simple, 28p.d., 2p. juntos der., 2p.d., 1 dism. simple, 24p.
Continuar de esta manera, disminuyendo 1p. a cada lado de los 2p.d. en todas las hileras del derecho 14 veces; quedan 59p.
Coincidiendo con la 11ª disminución, comenzar el escote dejando en suspenso los 5p. centrales y luego de cada lado: 2 veces 2p. y 2 veces 1p. Cambiar a las ag. N°3 y tejer sobre todos los puntos 4h. de p. elástico 1y1, manteniendo los 5p. de las vistas. Cerrar los

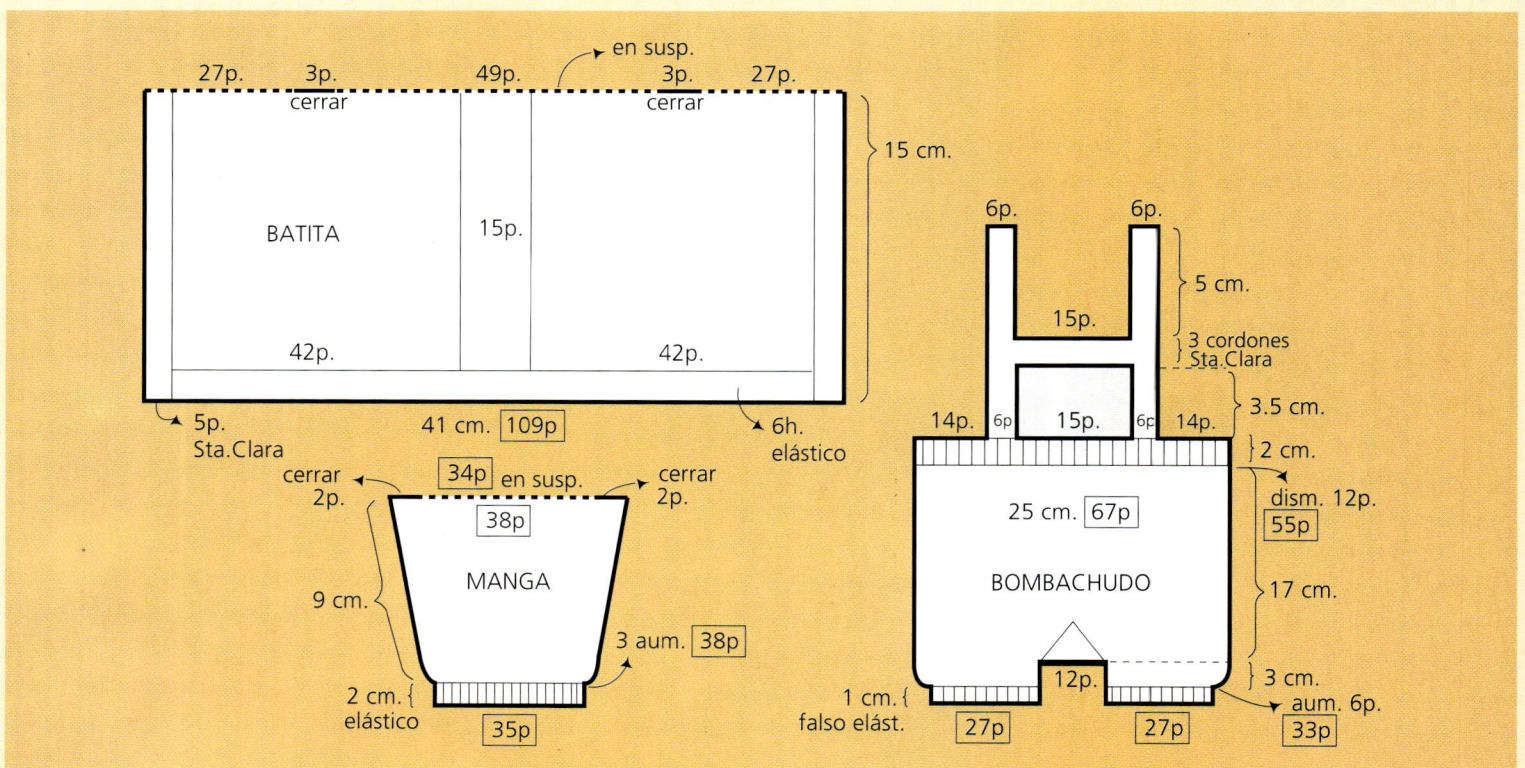

Diagramas

BATITA
27p. — 3p. — 49p. — en susp. — 3p. — 27p.
cerrar — cerrar
15 cm.
15p.
42p. — 42p.
5p. Sta.Clara — 41 cm. 109p — 6h. elástico

MANGA
cerrar 2p. — 34p en susp. — cerrar 2p.
38p
9 cm.
3 aum. 38p
2 cm. elástico — 35p

BOMBACHUDO
6p. — 6p.
5 cm.
15p.
3 cordones Sta.Clara
14p. — 6p — 15p. — 6p — 14p.
3.5 cm.
2 cm.
dism. 12p.
25 cm. 67p
55p
17 cm.
1 cm. falso elást. — 27p — 12p. — 27p — 3 cm. — aum. 6p. — 33p

puntos como se presentan.
Armado: Coser las mangas y las sisas. En la espalda, abrir 6 ojales (ver páginas finales) y pegar los botones.

BOMBACHUDO

Delantera: Para cada pierna, poner 27p. en las ag. Nº3 1/2 y tejer 1cm. en p. falso elástico. A continuación, aumentar 6p. en una hilera (quedan 33p.) y tejer: 9p.d., 15p. calado y 9p.d., durante 3cm.
Colocar las dos piernas en una aguja y agregar entre ambas 12p. para el triángulo de entrepiernas.
Tejer de la siguiente manera: 9p.d., 15p. calado, 9p.d., 1 disminución simple, 8p.d., 2p. juntos derechos, 9p.d., 15p. calado y 9p.

derecho. Seguir de esta manera hasta que queden sólo 2p. del triángulo, que se tejen juntos; quedan 67p.
Al tener 17cm. desde la entrepiernas, disminuir en una hilera 12p. y tejer 2cm. en p. falso elástico. Cerrar de cada lado 14p. como se presentan y continuar sobre los 27p. centrales para la pechera como sigue: 6p. Sta. Clara, 15p. calado y 6p. Sta. Clara.
A los 3,5cm. de altura, tejer sobre todos los puntos 3 cordones (6 hileras) en p. Sta. Clara y cerrar los 15p. centrales.
Para los breteles, seguir en p. Sta. Clara los 6p. de cada lado durante 5cm.
Cerrar.
Espalda: Se hace igual que la delantera pero sin los p. calados.
Armado: Coser los costados y la entrepiernas del pantalón.
En los breteles delanteros, abrir un ojal (ver páginas finales) y pegar los botones.
Colocar los moños.

EL MANTILLÓN

FÁCIL

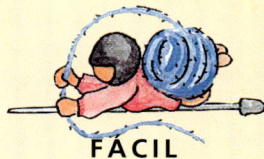

Foto en página 44.
MATERIALES: Fibra acrílica para bebé tejida en 1 hebra, 190gr. en color crudo. Agujas Nº4.
4,20m. de cinta de raso.

Puntos empleados:
Punto Sta. Clara revés: todas las hileras al revés.
Punto calado: 1h) 4p.d., *1 lazada, 1 disminución doble (ver páginas finales), 1 lazada, 3p.d.*, repetir de * a * y terminar con 1p.d.
2h) al revés.
3h) 1p.d., *1 lazada, 1 disminución doble, 1 lazada, 3p.d.*, repetir de * a * y terminar con 1 lazada, 1 disminución doble, 1 lazada y 4p.d.
4h) al revés.
Repetir siempre estas 4 hileras.

Muestra: 10cm = 22p. en p. calado con ag. Nº4.
Ejecución: Poner 173p. con las ag. Nº4, tratando de hacerlo flojo para que no tire el borde. Tejer 8 cordones en p. Sta. Clara revés (16 hileras) y continuar de la siguiente manera: 9p. Sta. Clara revés, 155p. calado y 9p. Sta. Clara revés. Al tener 72cm. de p. calado o la medida necesaria para que quede cuadrado, tejer nuevamente 8 cordones en p. Sta. Clara revés sobre todos los puntos y cerrar sin ajustar.
Terminación: Pasar la cinta alrededor del punto calado y hacer un moño.

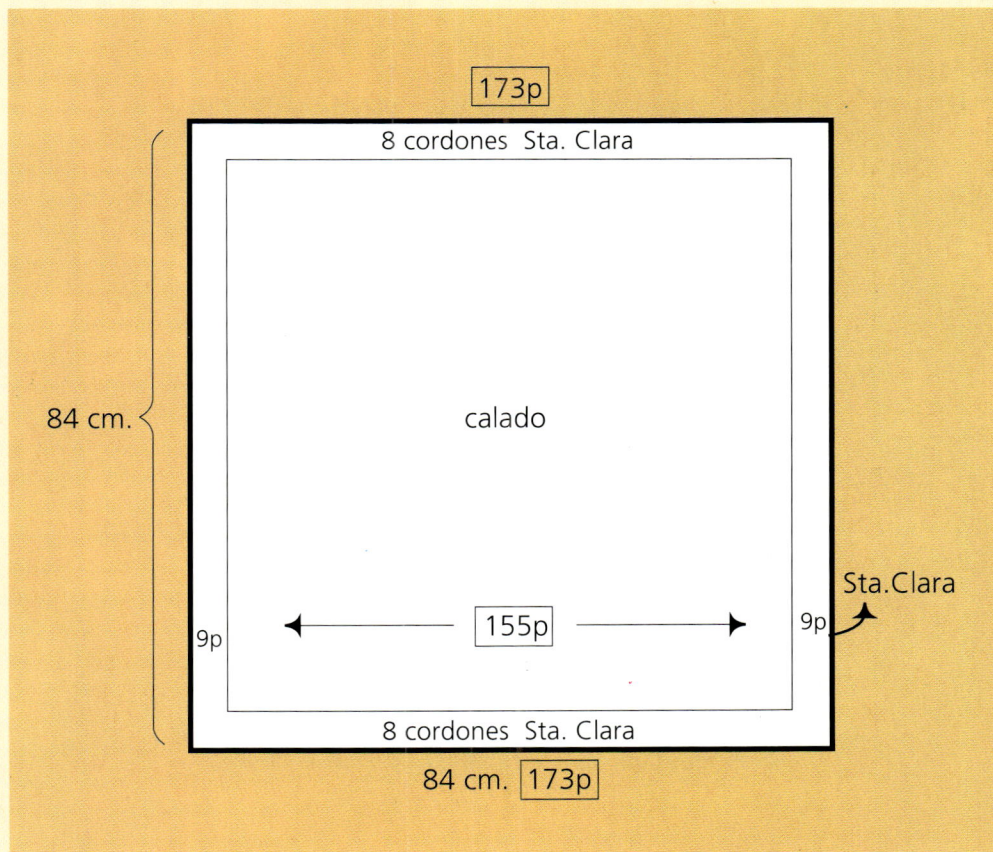

173p

8 cordones Sta. Clara

84 cm.

calado

Sta. Clara

9p | 155p | 9p

8 cordones Sta. Clara

84 cm. | 173p

CON DETALLES DE SEDA

TALLE: 1a. medida.

MATERIALES: Fibra acrílica para bebé tejida en 1 hebra, 110gr. en blanco y 30gr. de seda vegetal color rosa. Agujas N°3 1/2. 6 botones. 45cm de elástico para la cintura.

NO TAN FÁCIL

Puntos empleados:

Puntos retorcidos: tejer 2p. juntos al derecho y no sacarlos de la aguja izquierda, volver a tejer el primero de los 2p. al derecho y soltar. Repetir esto en todas las hileras del derecho.
Del revés, tejer los 2p. al revés.

Punto jersey: 1 hilera derecho, 1 hilera revés.

Punto Santa Clara: todas las hileras al derecho.

Punto falso elástico: *tejer 1p.d., subir la hebra, pasar 1p.r. sin tejer, bajar la hebra*, repetir de * a * en todas las hileras del derecho y del revés.

Muestra: 10cm. = 26p. en p. jersey con ag. N°3 1/2.

BATITA

Delantera: Poner 58p. en las ag. N°3 1/2.y tejer alternando 2p.r. y 2p. retorcidos durante 2cm. A continuación, tejer 2h. Sta. Clara con seda rosa y seguir con blanco en p. jersey.
Al tener 15cm. de altura de jersey, comenzar las sisas tejiendo 2p. juntos revés a 2p.d. del borde, al empezar y terminar todas las hileras del derecho, 3 veces.
Dejar los 52p. en suspenso.

Espalda izquierda: Poner 31p. en las ag. N°3 1/2.y tejer 5p. Sta. Clara (vista) y 26p.

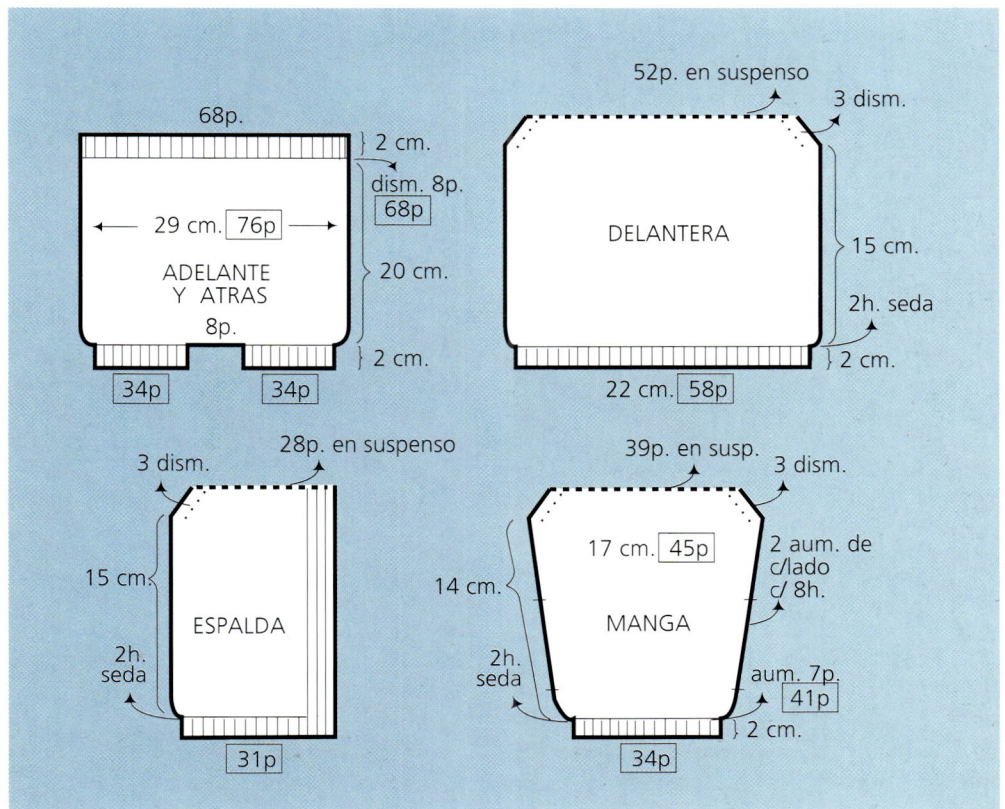

ADELANTE Y ATRAS — 68p. · 2 cm. · dism. 8p. · 68p · 29 cm. 76p · 20 cm. · 8p. · 2 cm. · 34p · 34p

DELANTERA — 52p. en suspenso · 3 dism. · 15 cm. · 2h. seda · 2 cm. · 22 cm. 58p

ESPALDA — 3 dism. · 28p. en suspenso · 15 cm. · 2h. seda · 31p

MANGA — 39p. en susp. · 3 dism. · 17 cm. 45p · 2 aum. de c/lado c/ 8h. · 14 cm. · 2h. seda · aum. 7p. 41p · 2 cm. · 34p

49

alternando 2p.r., 2p. retorcidos, durante 2cm.

Entonces, tejer 2h. Sta. Clara con seda rosa sobre los 26p., siguiendo en blanco los 5p. de la vista.

Cambiar a p. jersey, manteniendo los 5p. Sta. Clara de la vista y al tener 15cm. de altura de este punto, hacer las 3 disminuciones de la sisa como en la delantera.

Dejar en suspenso los 28p.

Hacer la otra espalda igual pero invertida.

Mangas: Poner 34p. en las ag. N°3 1/2 y tejer 2cm alternando 2p.r. y 2p. retorcido. Seguir con 2h. en p. Sta. Clara y seda rosa, luego cambiar a p. jersey con blanco, aumentando en la primera hilera 7p., quedan 41p.

Aumentar de cada lado 1p., dejando 1p. de borde, 2 veces cada 8 hileras, quedan 45p. Al tener 14cm. de p. jersey, hacer de ambos lados las disminuciones como en la delantera.

Dejar en suspenso los 39p.

Canesú: Colocar en una aguja los 28p. de la espalda, los 39p. de una manga, los 52p. de la delantera, los 39p. de la otra manga y los 28p. de la otra espalda, quedan 186p.

Tejer sobre todos los puntos 1h. al derecho, disminuyendo en ella 2p., quedan 184p. y luego 2h. al revés con seda rosa, sin hacerlo sobre los 5p. de cada vista.

Seguir con blanco y tejer 1h. revés, 11h. alternando 2p.r. y 2p. retorcidos y hacer nuevamente 2h. al revés con seda rosa manteniendo siempre los 5p. Sta. Clara de la vista en blanco.

Volver a tejer una hilera al revés del lado revés con blanco y del lado derecho, después de los 5p. de la vista, 2p. juntos revés y 2p. retorcidos, quedan 140p.

Hacer 10h. más como se presentan los puntos. En la primera hilera al revés con seda, tejer toda la hilera 2p. juntos, exceptuando los 5p. de cada vista, quedan 75p.

Terminar tejiendo siempre al revés, 1h. en seda rosa y 3h. en blanco.

Cerrar al revés del lado derecho del tejido con blanco.

Armado: Coser los costados del cuerpo hasta las sisas, las mangas a lo largo y las disminuciones de éstas con las del cuerpo.

En una de las partes de la espalda, abrir 6 ojales como se indica en páginas finales.

Pegar los botones.

PANTALÓN

Ejecución: Se hacen las 2 partes iguales.

Para cada pierna, poner 34p. en las ag. N°3 1/2 con blanco y tejer 2cm. alternando 2p.r. y 2p. retorcidos. Seguir con 2h. Sta. Clara en seda rosa.

Colocar las dos piernas en una aguja, agregando entre ellas 8p., quedan 76p.

Tejer en p. jersey con blanco durante 20cm y disminuir en una hilera 8p.; quedan 68p.

Terminar con 2cm. en p. falso elástico y cerrar los puntos como se presentan, sin ajustar.

Armado: Coser los costados y la entrepiernas. Pasar el elástico por dentro del falso elástico de la cintura.

ESCARPINES

Materiales: Fibra acrílica para bebé tejida en 1 hebra, 30gr. en color blanco y un poco de seda vegetal rosa.

Agujas N°3. 70cm. de cinta bebé de raso rosa.

Puntos empleados:

Punto Santa Clara: todas las hileras al derecho.

Punto rollito: 1h) con seda rosa, al derecho. 2h) con seda rosa, al revés. 3h y 5h) con blanco, al derecho. 4h y 6h) con blanco, al revés. Repetir desde la primera hilera.

Ejecución: Estos escarpines, se tejen atravesados.

Poner 22p. en ag. N°3 con blanco y tejer 25 cordones (50h.) en p. Sta. Clara.

En la 2ª hilera, hacer un ojal de la siguiente manera: 6p.d.(borde), 1 lazada, 2p. juntos derechos y 14p.d.

Continuar haciendo estos ojales para formar el pasacintas cada 4h., son 12 ojales en total. Al tener los 25 cordones de p. Sta. Clara, cerrar los 6p. del borde, quedan 16p.

Tejer en p. rollito como se indica, hasta tener 7 rayas rosas, luego hacer 1h. al derecho en blanco y cerrar.

Hacer el otro escarpín igual pero invertido.

Armado: Unir los 2 extremos del tejido, dejando libres los 6p. del borde.

Para el empeine, pasar una hebra frunciendo la parte de p. rollito.

En la suela, fruncir de la misma manera las dos puntas y coser. Pasar la cinta por el pasacintas.

Puntos empleados:
Punto Sta. Clara: todas las hileras al derecho.
Punto fantasía: se explica directamente en la ejecución.
Muestra: 10cm. = 25p. en punto Sta. Clara con ag. N°3.
Ejecución: En las ag. N°3, poner 90p. y tejer en p. Sta. Clara hasta tener 36cm. de altura (o hasta formar un cuadrado).
A continuación, hacer una hilera tejiendo cada punto con 2 lazadas, para poder poner luego las ag. más gruesas.
Comenzar el p. fantasía, tejiendo 5 hileras Sta. Clara con las ag. N°6.
6h) 2p.d., 1 lazada, 5p.d., 3 veces 2p. juntos der.; *1 laz., 1p.d., 1 laz., 1p.d., 1 laz., 1p.d., 1 laz., 1p.d., 1 laz., 1p.d., 1 laz., 1p.d., 1 laz., 1p.d., 1 laz., 2p. juntos der., 2p. juntos der., 4p.d., 2p. juntos der., 2p. juntos der.*; repetir 3 veces de * a * y terminar con 1 laz., 1p.d., 1 laz., 1p.d., 1 laz., 1p.d., 1 laz., 1p.d., 1 laz., 1p.d., 1 laz., 1p.d., 1 laz., 1p.d., 1 laz., 3 veces 2p. juntos der., 5p.d., 1 laz., 2p.d.
5 hileras Sta. Clara.
12h) 2p.d., 1 laz., 1p.d., 1 laz.; 4p.d., 4 veces 2p. juntos der.;* 1 laz., 1p.d., 1 laz., 1p.d., 1 laz., 1p.d., 1 laz., 1p.d., 1 laz., 1p.d., 1 laz., 1p.d., 8 veces 2p. juntos der.*; repetir 3 veces de * a * y terminar con 1 laz., 1p.d., 1 laz., 1p.d., 1 laz., 1p.d., 1 laz., 1p.d., 1 laz., 1p.d., 1 laz., 1p.d., 1 laz., 4 veces 2p. juntos der., 1 laz., 1p.d., 1 laz., 2p.d.
5 hileras Sta. Clara.
18h) 2p.d., 1 laz., 1p.d., 1 laz., 1p.d., 1 laz., 3p.d., 5 veces 2p. juntos der.;* 1 laz., 1p.d., 1 laz., 1p.d., 1 laz., 1p.d., 1 laz., 1p.d., 1 laz., 1p.d., 1 laz., 1p.d., 1 laz., 8 veces 2p. juntos der*.; repetir 3 veces de * a * y terminar con 1 laz., 1p.d., 1 laz., 1p.d., 1 laz., 1p.d., 1 laz., 1p.d., 1 laz., 1p.d., 1 laz., 1p.d., 1 laz., 5 veces 2p. juntos der., 3p.d., 1 laz., 1p.d., 1 laz., 1p.d., 1 laz., 2p.d.
5 hileras Sta. Clara.
24h) 2p.d., 1 laz., 1p.d., 1 laz., 1p.d., 1 laz., 1p.d., 1 laz., 2p.d., 6 veces 2p. juntos der.;* 1 laz., 1p.d., 1 laz., 1p.d., 1 laz., 1p.d., 1 laz., 1p.d., 1 laz., 1p.d., 1 laz., 1p.d., 1 laz., 8 veces 2p. juntos der. *; repetir 3 veces desde * a * y terminar con 1 laz., 1p.d., 1 laz., 1p.d., 1 laz., 1p.d., 1 laz., 1p.d., 1 laz., 1p.d., 1 laz., 1p.d., 1 laz., 6 veces 2p. juntos der.; 2p.d., 1 laz., 1p.d, 1 laz., 1p.d., 1 laz., 1p.d., 1 laz., 2p.d.
5 hileras de p. Sta. Clara.
30h) 2p.d., 1 laz., 1p.d., 1 laz., 1p.d., 1 laz., 1p.d., 1 laz., 1p.d., 1 laz., 1p.d., 7 veces 2p. juntos der.;* 1 laz., 1p.d., 1 laz., 1p.d., 1 laz., 1p.d., 1 laz., 1p.d., 1 laz., 1p.d.,

DIFÍCIL

MATERIALES: Fibra acrílica para bebé tejida en 1 hebra, aproximadamente 220gr. en color rosa. Agujas N°3 y N°6.

1 laz., 1p.d., 1 laz., 8 veces 2p. juntos der.*; repetir 3 veces de * a * y terminar con 1 laz., 1p.d., 1 laz., 1p.d., 1 laz., 1p.d., 1 laz., 1p.d., 1 laz., 1p.d., 1 laz., 1p.d., 1 laz.; 7 veces 2p. juntos der., 1p.d., 1 laz., 1p.d., 1 laz, 1p.d., 1 laz., 1p.d., 1 laz., 2p.d.

5 hileras Sta. Clara.

36h) 3p.d., 1 laz., 1p.d., 1 laz., 1p.d., 1 laz., 1p.d., 1 laz., 1p.d., 1 laz.;* 8 veces 2p. juntos der., 1 laz., 1p.d., 1 laz., 1p.d., 1 laz., 1p.d., 1 laz., 1p.d., 1 laz., 1p.d., 1 laz.*; repetir 4 veces de * a * y terminar con 8 veces 2p. juntos der., 1 laz., 1p.d., 1 laz., 1p.d., 1 laz., 1p.d., 1 laz., 3p.d.

5 hileras Sta. Clara.

42h) 3p.d., 1 laz., 1p.d., 1 laz., 1p.d., 1 laz., 1p.d., 1 laz., 1p.d., 1 laz.;* 8 veces 2p. juntos der., 1 laz., 1p.d., 1 laz., 1p.d., 1 laz., 1p.d., 1 laz., 1p.d., 1 laz., 1p.d., 1 laz.*; repetir 4 veces de * a * y terminar con 8 veces 2p. juntos der., 1 laz., 1p.d., 1 laz., 1p.d., 1 laz., 1p.d., 1 laz., 1p.d., 1 laz., 3p.d.

5 hileras Sta. Clara.

48h) 3p.d., 2p. juntos der., 1 laz., 1p.d., 1 laz., 1p.d., 1 laz., 1p.d., 1 laz., 1p.d., 1 laz.;* 8 veces 2p. juntos der., 1 laz., 1p.d., 1 laz., 1p.d., 1 laz., 1p.d.,

1 laz., 1p.d., 1 laz., 1p.d., 1 laz., 1p.d., 1 laz.*; repetir 4 veces de * a * y terminar con 8 veces 2p. juntos der., 1 laz., 1p.d., 1 laz., 1p.d., 1 laz., 1p.d., 1 laz., 1p.d., 1 laz., 2p. juntos der., 3p.d.

5 hileras Sta. Clara.

54h) 3p.d., 2p. juntos der., 1 laz., 1p.d., 1 laz., 1p.d., 1 laz., 1p.d., 1 laz., 1p.d., 1 laz., 1p.d., 1 laz.; * 8 veces 2p. juntos der., 1 laz., 1p.d., 1 laz., 1p.d., 1 laz., 1p.d., 1 laz., 1p.d., 1 laz., 1p.d., 1 laz., 1p.d., 1 laz.*; repetir 4 veces de * a * y terminar con 8 veces 2p. juntos der., 1 laz., 1p.d., 1 laz., 1p.d., 1 laz., 1p.d., 1 laz., 1p.d., 1 laz., 1p.d., 1 laz., 2p. juntos der., 3p.d.

5 hileras Sta. Clara.

60h) 3p.d., 2 veces 2p. juntos der., 1 laz., 1p.d., 1 laz., 1p.d., 1 laz., 1p.d., 1 laz., 1p.d., 1 laz., 1p.d., 1 laz.; * 8 veces 2p. juntos der., 1 laz., 1p.d., 1 laz., 1p.d., 1 laz., 1p.d., 1 laz., 1p.d., 1 laz., 1p.d., 1 laz., 1p.d., 1 laz.*; repetir 4 veces de * a * y terminar con 8 veces 2p. juntos der., 1 laz., 1p.d., 1 laz., 1p.d., 1 laz., 1p.d., 1 laz., 1p.d., 1 laz., 1p.d., 1 laz., 2 veces 2p. juntos der., 3p.d.

5 hileras Sta. Clara.

66h) 3p.d., 2 veces 2p. juntos der.;* 1 laz., 1p.d., 1 laz., 1p.d., 1 laz., 1p.d., 1p.d.,

1 laz., 1p.d., 1 laz., 1p.d., 1 laz., 1p.d., 1 laz., 8 veces 2p. juntos der.*; repetir 5 veces de * a * y terminar con 1 laz., 1p.d., 1 laz., 1p.d., 1 laz., 1p.d., 1 laz., 1p.d., 1 laz., 1p.d., 1 laz., 1p.d., 1 laz., 2 veces 2p. juntos der., 3p.d.

5 hileras Sta. Clara.

72h) 3p.d., 3 veces 2p. juntos der.;* 1 laz., 1p.d., 1 laz., 1p.d., 1 laz., 1p.d., 1 laz., 1p.d., 1 laz., 1p.d., 1 laz., 8 veces 2p. juntos der.*; repetir 5 veces de * a * y terminar con 1 laz., 1p.d., 1 laz., 1p.d., 1 laz., 1p.d., 1 laz., 1p.d., 1 laz., 1p.d., 1 laz., 3 veces 2p. juntos der., 3p.d.

5 hileras Sta. Clara.

78h) 3p.d., 3 veces 2p. juntos der., 1 laz., 1p.d., 1 laz., 1p.d., 1 laz., 1p.d., 1 laz., 1p.d., 1 laz., 1p.d., 1 laz., 1p.d., 1 laz.;* 8 veces 2p. juntos der., 1 laz., 1p.d., 1 laz., 1p.d., 1 laz., 1p.d., 1 laz., 1p.d., 1 laz., 1p.d., 1 laz., 1p.d., 1 laz.*; repetir 4 veces de * a * y terminar con 8 veces 2p. juntos der., 1 laz., 1p.d., 1 laz., 1p.d., 1 laz., 1p.d., 1 laz., 1p.d., 1 laz., 1p.d., 1 laz., 3 veces 2p. juntos der., 3p.d.

5 hileras Sta. Clara.

84h) 3p.d., 4 veces 2p. juntos der., 1 laz., 1p.d., 1 laz., 1p.d., 1 laz., 1p.d., 1 laz., 1p.d., 1 laz., 1p.d., 1 laz., 1p.d., 1 laz.;* 8 veces 2p. juntos der., 1 laz., 1p.d., 1 laz., 1p.d., 1 laz., 1p.d., 1 laz., 1p.d., 1 laz., 1p.d., 1 laz., 1p.d., 1 laz., 1p.d., 1 laz.*; repetir 4 veces de * a * y terminar con 8 veces 2p. juntos der., 1 laz., 1p.d., 1 laz., 1p.d., 1 laz., 1p.d., 1 laz., 1p.d., 1 laz., 1p.d., 1 laz., 1p.d., 1 laz., 1p.d., 1 laz., 4 veces 2p. juntos der., 3p.d.

5 hileras Sta. Clara.

90h) 4p.d., 4 veces 2p. juntos der., 1 laz., 1p.d., 1 laz., 1p.d., 1 laz., 1p.d., 1 laz., 1p.d., 1 laz., 1p.d., 1 laz., 1p.d., 1 laz., 1p.d., 1 laz.;* 8 veces 2p. juntos der., 1 laz., 1p.d., 1 laz., 1p.d., 1 laz., 1p.d., 1 laz., 1p.d., 1 laz., 1p.d., 1 laz.*; repetir 4 veces de * a * y terminar con 8 veces 2p. juntos der., 1 laz., 1p.d., 1 laz., 1p.d., 1 laz., 1p.d., 1 laz., 1p.d., 1 laz., 1p.d., 1 laz., 1p.d., 1 laz., 4 veces 2p. juntos der., 4p.d.

5 hileras Sta. Clara.

En cada uno de los tres lados restantes levantar 90p. y tejer de la misma manera. Unir las 4 partes y tejer alrededor una hilera de medio punto al crochet.

148p

5 h. Sta. Clara

148p

5 h. Sta. Clara

90p

90p

5 h. Sta. Clara

148p

comienzo

90p

5 h. Sta. Clara

148p

PORTE-ENFANT

NO TAN FÁCIL

TALLE: 1a. medida.
MATERIALES: Fibra acrílica para bebé tejida en 1 hebra, 150gr. en blanco. Agujas N°3 y N°3 1/2. 8 botones. 50cm. de cinta de raso de 2,5cm. de ancho.

Puntos empleados:

Punto elástico 1y1: 1p.d., 1p.r., repetir todas las hileras.

Punto Santa Clara revés: todas las hileras al revés.

Punto jersey: 1 hilera derecho y 1 hilera revés.

Punto ocho: sobre 4p.
1h) 4p.d.
2h) 4p.r.
3h) sacar 2p.d. en ag. aux. hacia adelante del tejido, tejer 2p.d. y los 2p. de la ag. aux., al derecho.
4h) 4p.r.
Repetir desde la primera hilera.

Punto falso elástico: *tejer 1p.d., subir la hebra, pasar 1p.r. sin tejer, bajar la hebra*, repetir de * a * en todas las hileras del derecho y del revés.

Muestra: 10cm. = 25p. en p. jersey con ag. N°3 1/2.

Espalda: Poner 84p. en las ag. N°3 y tejer 4cm. en p. Sta. Clara revés.
Cambiar a las ag. N°3 1/2 y distribuir los p. de la sig. manera: 9p.r., 9p.d., 3p.r., 4p. ocho, 3p.r., 9p.d., 3p.r., 4p. ocho, 3p.r., 9p.d., 3p.r., 4p. ocho, 3p.r., 9p.d. y 9p.r.
Del revés, se teje todo al revés.
Al tener 30cm. desde el p. Sta. Clara, cambiar a p. elástico, disminuyendo en la primera hilera 26p. de la siguiente forma: en los primeros 18p., tejer 9 veces 2p. juntos, 3p.r., 4p. ocho, 3p.r.; en los siguientes 9p., tejer 4 veces 2p. juntos; 3p.r., 4p. ocho, 3p.r.; en los otros 9p., tejer 4 veces 2p. juntos; 3p.r., 4p. ocho, 3p.r. y por último 9 veces 2p. juntos; quedan 58p. Tejer 3cm. en p. elástico y luego distribuir nuevamente los puntos así: 9p.d., 3p.r., 4p. ocho, 5p.d., 3p.r., 4p. ocho, 3p.r., 5p.d., 3p.r., 4p. ocho, 3p.r. y 9p.d.
Hacer 2cm. y comenzar las sisas tejiendo de ambos lados, 2p. juntos revés, dejando 2p.d. de borde, en todas las hileras del derecho 17 veces. Quedan 24p. que se dejan en suspenso.

Delantera: Poner 84p. en ag. N°3 y tejer 4cm. en p. Sta. Clara revés. Luego, cambiar a las ag. N°3 1/2, dejar en suspenso los 37 primeros puntos y tejer sobre los 47p. restantes de la siguiente manera: 10p.r., 9p.d., 3p.r., 4p. ocho, 3p.r., 9p.d. y 9p.r.
Al tener 30cm. desde el p. Sta. Clara, hacer las disminuciones igual que en la espalda y tejer los 3cm. en p. elástico, manteniendo los 10p. del borde interno en p. Sta. Clara revés.
Volver a distribuir los puntos como sigue: 10p.r., 5p.d., 3p.r., 4p. ocho, 3p.r. y 9p.d. Tejer 2cm. y hacer las disminuciones como en la espalda. A los 6cm. de altura de sisa, comenzar el escote dejando en suspenso los 10p. del borde y cerrando luego: 2p., 1p., 1p. y 1p. Retomar los 37p. dejados en suspenso al comienzo, agregar 10p. en el borde interno, quedan 47p., y tejer de la misma manera que en la parte anterior, pero invertida.

Mangas: Poner 32p. en las ag. N°3 y tejer 2cm. en p. Sta. Clara revés.
Cambiar a las ag. N°3 1/2, aumentando 10p. en la primera hilera y distribuyendo los puntos como sigue: 16p.d., 3p.r., 4p. ocho, 3p.r. y 16p.d. Tejer haciendo de cada lado 1 aumento cada 8 hileras, 2 veces, quedan 46p. Al tener 12cm. desde el puño, hacer las disminuciones como en el cuerpo, quedan 12p. Dejar en suspenso.

Armado y cuello: Coser los costados del cuerpo hasta las sisas y las mangas a lo largo. Con ag. N°3, levantar 84p. alrededor del escote, disminuyendo 8p. en la primera hilera, quedan 76p. Tejer 2h. en p. elástico, 4h. en p. falso elástico y cerrar los puntos como se presentan.
En la delantera derecha, abrir 8 ojales (ver páginas finales). Hacer 1 hilera de p. cangrejo en los bordes delanteros (ver páginas finales). Pegar los botones y los moños.

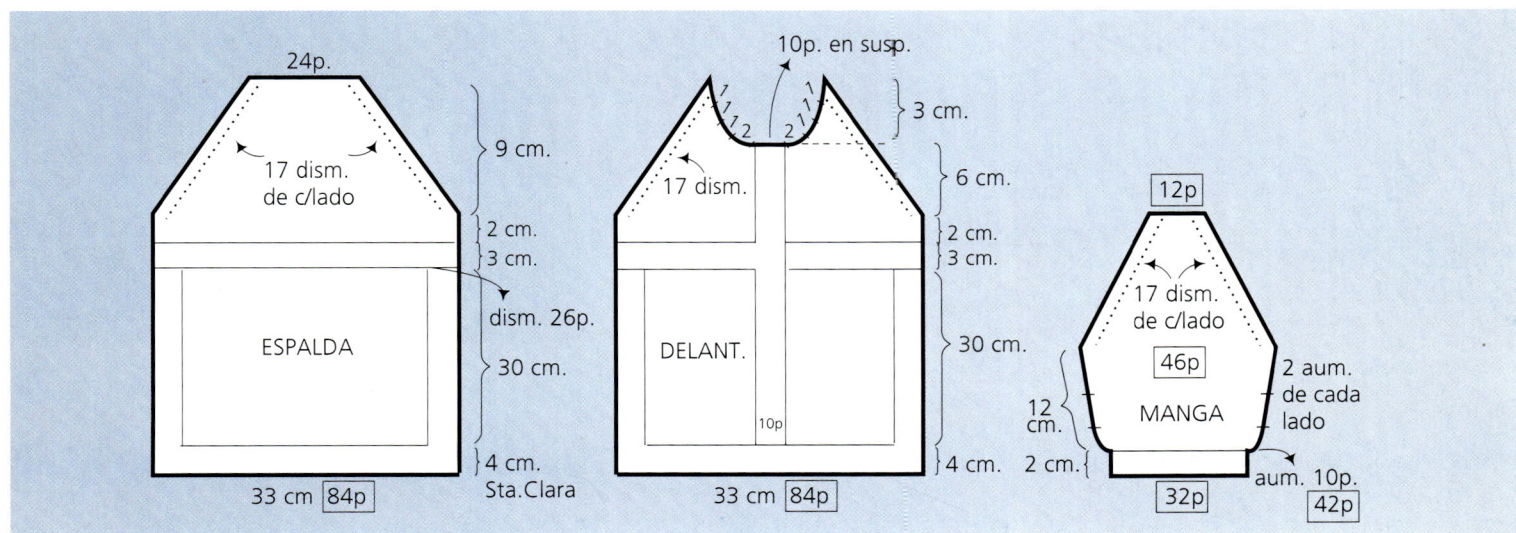

CON PUNTO ONDITAS

NO TAN FÁCIL

TALLE: 1a. medida.
MATERIALES: Fibra acrílica para bebé tejida en 1 hebra, 130gr. en color blanco. Agujas N°3 y N°3 1/2.15 botones.

Puntos empleados:

Punto elástico 1y1: 1p.d., 1p.r., repetir todas las hileras.

Punto onditas: 1h) *tejer 1p.r. y pasar el siguiente p. sin tejer con la lana por delante*, repetir toda la hilera de * a * y terminar con 1p.r.
2h) todos los puntos al revés.
3h) al derecho.
4h) al revés.
Repetir siempre estas 4 hileras.

Punto Santa Clara: todas las hileras al derecho.

Punto falso elástico: *tejer 1p.d., subir la hebra, pasar 1p.r. sin tejer, bajar la hebra*, repetir de * a * en todas las hileras del derecho y del revés.

Muestra: 10cm = 27p. en p. onditas con ag. N°3 1/2.

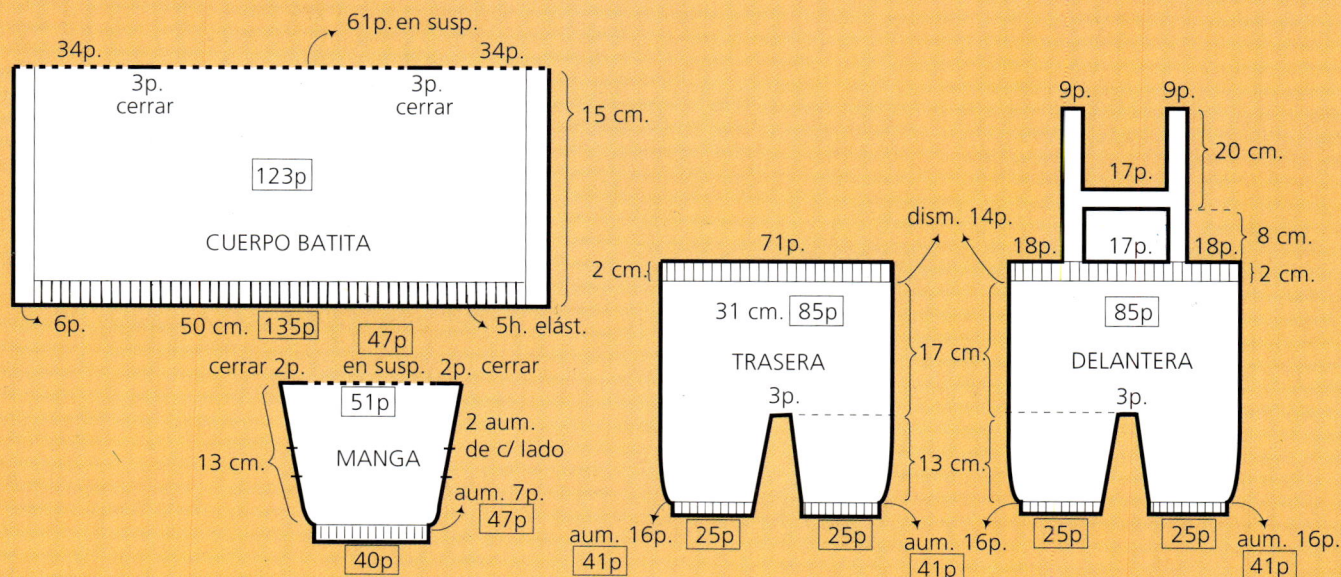

JARDINERO

Espalda: Poner para cada pierna 25p. en ag. N°3 y tejer 3cm. en p. elástico 1y1.
Cambiar a las ag. N°3 1/2, aumentando en una hilera revés del lado revés del tejido, 16p., quedan 41p.
Tejer en p. onditas hasta tener 13cm. desde el elástico.
Colocar las 2 piernas en una aguja, agregando entre ellas 3p. (quedan 85p.) y continuar en p. onditas durante 17cm.
Cambiar a las ag. N°3, disminuyendo 14p. en una hilera, quedan 71p. Tejer 6h. en p. elástico 1y1, 2h. en p. falso elástico y cerrar los puntos como se presentan.

Delantera: Se hace igual que la espalda, pero al terminar la cintura, cerrar de cada lado 18p. y continuar para la pechera sobre los 35p. centrales.

Distribuir los puntos de la siguiente manera: 9p. elástico 1y1, 17p. onditas y 9p. elástico 1y1.
Tejer durante 6cm. y luego 2cm. en p. elástico sobre todos los puntos.
Cerrar como se presentan los 17p. centrales y seguir para los breteles, los 9p. de cada lado.
Al tener 20cm. de largo de breteles, cerrar los puntos como se presentan.

Armado: En el borde interno de las piernas de delantera y espalda, levantar 97p. con ag. N°3. Tejer 4h. en p. elástico 1y1 y cerrar los puntos como se presentan.
En la delantera, abrir 7 ojales (ver páginas finales) y en la espalda, pegar los botones.
Coser los costados del pantalón. En la cintura de la espalda abrir 2 ojales y en los breteles, coser los botones.

BATITA

Cuerpo: Poner 135p. en ag. N°3 y tejer 5 hileras distribuyendo los puntos como sigue: 6p. Sta. Clara, 123p. elástico 1y1 y 6p. Sta. Clara.
Cambiar a las ag. N°3 1/2 y tejer en p. onditas, manteniendo en los bordes los 6p. Sta. Clara, durante 15cm.
Para hacer las sisas, tejer 34p. (6p. Sta. Clara y 28p. onditas), cerrar 3p., tejer 61p., cerrar 3p. y tejer 34p. Dejar en suspenso.

Mangas: En las ag. N°3, poner 40p. y tejer 5h. en p. elástico 1y1.
Cambiar a las ag. N°3 1/2, aumentando 7p. en una hilera revés del lado revés; quedan 47p. Tejer en p. onditas haciendo de cada lado 1 aumento cada 8 hileras, 2 veces, quedan 51p. Al tener 13cm. desde el puño, cerrar de cada lado 2p. y dejar en suspenso los 47p. restantes.

Canesú: Colocar en una aguja N°3 $^1/_2$: los 34p. de una espalda, los 47p. de una manga en el lugar de los 3p. cerrados de la sisa, los 61p. de la delantera, los 47p. de la otra manga y los 34p. finales; quedan 223p. Tejer manteniendo siempre los 6p. Sta. Clara de cada borde:
Durante 2cm tejer en p. canelón 3 y 3, pero comenzando con 2p.r. en lugar de 3p.r. A continuación, tejer 2p.r. y 3p.d. toda la hilera, es decir tomando 2p. juntos revés en cada grupo de 3p.r. (quedan 189p.), durante 2cm. Seguir con 2cm. de 2p.r., 2p.d., es decir tomando 2p. juntos derechos en cada grupo de 3p.d. (quedan 154p.) En la próxima hilera, tomar 2p. juntos toda la hilera, excepto los 6p. Sta. Clara de cada borde (quedan 83p.). Terminar con 2 cordones (4 hileras) en p. Sta. Clara, disminuyendo en la primera hilera 10p. y cerrar los 73p. sin ajustar.

Armado: Coser las mangas a lo largo y los puntos de la sisa. En una de las partes de la espalda, abrir 6 ojales (ver páginas finales) y pegar los botones.

¡NOS ENCANTA EL CELESTE!

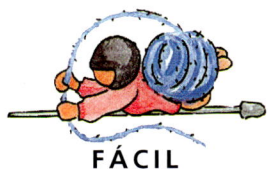

ENTERITO PARA ÉL (Foto en página 56).

TALLE: 2a. medida.

MATERIALES: Fibra acrílica para bebé tejida en una hebra, 130gr. en color celeste.
Agujas N°2 1/2, N°3 y N°3 1/2 . 3 botones.
1m. de cinta bebé.

Puntos empleados:
Punto elástico 1y1: 1p.d., 1p.r., repetir todas las hileras.
Punto canasta: 1h)*7p.r., 3p.d.*, repetir toda la hilera de * a * y terminar con 7p.r.
2h) tejer los puntos como se presentan.
3h) igual que la primera hilera.
4h) toda la hilera al revés.
5h) 2p.r., *3p.d., 7p.r.*, repetir toda la hilera de * a * y terminar con 3p.d. y 2p.r.
6h) tejer los puntos como se presentan.
7h) igual que la quinta hilera.
8h) toda la hilera al revés.
Repetir desde la primera hilera.
Muestra: 10cm. = 31p. en p. canasta con ag. N°3 1/2.
Delantera: Para cada pierna, poner 36p. en las ag. N°3, y tejer 4cm. en p. elástico 1y1 y aumentar en cada una 10p. en una hilera revés del lado revés del tejido, quedan 46p. Cambiar a las ag. N°3 1/2, colocando las dos piernas en una aguja y agregando entre ellas 5p., quedan 97p. Tejer en p. canasta durante 26cm, pasar nuevamente a las ag. N°3 y tejer en p. elástico disminuyendo 10p. en la primera hilera, quedan 87p. Hacer 2 hileras y cerrar de cada lado para las sisas: 3p., 3p. y 2p. Al tener 4cm. de altura de sisas, comenzar el escote cerrando los 11p. centrales y luego de cada lado: 5p., 2p. y 2p.

Completar 9cm. y cerrar los 21p. de cada hombro.
Espalda: Hacer todo igual que en la delantera hasta las sisas y, simultáneamente con ellas, cerrar el p. central, dividiendo así el tejido en 2 partes.
Las disminuciones de la sisa son iguales que en la delantera y al tener 9cm. de altura cerrar los 21p. de cada hombro, dejando en suspenso los 14p. del escote.
Mangas: Poner 36p. en las ag. N°3 y tejer 1,5cm. en p. elástico 1y1. Cambiar a las ag. N°3 1/2, aumentando 21p. en una hilera revés del lado revés del tejido, quedan 57p. Tejer en p. canasta durante 1cm. y comenzar la copa de manga cerrando de cada lado: 3p., 5 veces 1p., 7 veces 2p., 3p. y en el centro 7p.
Cuello y armado: Coser los hombros, los costados del cuerpo hasta las sisas y la parte interna de las piernas. Levantar con ag. N°3 alrededor del escote 64p. y tejer 4h. en p. jersey usando el revés del punto como derecho. De esta manera se forma un rollito que se sostiene con pequeñas puntadas.
Cerrar las mangas y pegarlas haciendo coincidir el centro de las mismas con las costuras de los hombros. Hacer un medio punto crochet en los bordes de la abertura de la espalda. Bordar 3 ojalillos (ver página 60). Pegar los botones.

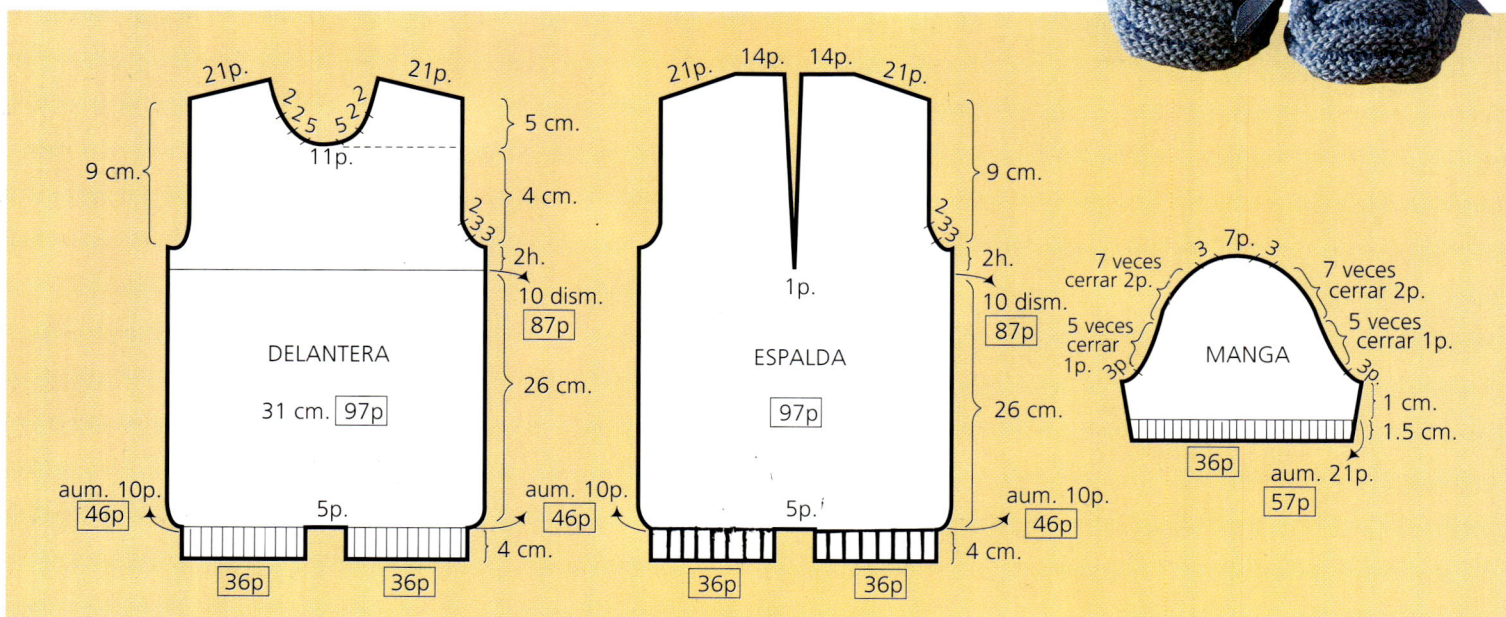

ESCARPINES

Puntos empleados:
Punto rulito: 1h) al derecho.
2h) al revés.
3h) al derecho.
Repetir continuamente estas 3 hileras.
Punto pasacintas: *2p. juntos derechos, 1 lazada *, repetir toda la hilera de *a*.
En la hilera del revés, tejer todos los puntos y lazadas al revés.
Punto Santa Clara: todas las hileras al derecho.
Ejecución: Poner 41p. en las ag. N°2 1/2 y tejer 2,5cm. de p. elástico 1y1.
Hacer un pasacintas.
A continuación tejer sobre los 9p. centrales (empeine)13h. en p. rulito, dejando en suspenso los 16p. de cada lado.
Retomar los 16p. de un lado, levantar 15p. en el borde cel empeine, retomar los 9p. del empeine, levantar 15p. en el otro borde del empeine y retomar los últimos 16p.; quedan 71p. Hacer 12 hileras en p. rulito y comenzar la suela.
Para esto, dejar en suspenso los 29p. de cada lado y tejer en p. Sta. Clara sobre los 13p. centrales, haciendo al final de cada hilera 2p. juntos derechos, tomando el último de los 13p. con 1p. de los que están en suspenso.
Repetir hasta que queden sólo 7p. de cada lado y cerrar.
Armado: Coser el talón y la caña. Pasar la cinta por el pasacintas.

DELANTERA
31 cm. 97p
46p aum. 10p
5p.
36p 36p
26 cm.
10 dism. 87p
2h.
4 cm.
5 cm.
9 cm.
21p. 21p.
2 2 5 5 2 2
11p.
2 3 3
4 cm.

ESPALDA
97p
5p.
36p 36p
46p aum. 10p
26 cm.
10 dism. 87p
2h.
1p.
9 cm.
21p. 14p. 14p. 21p.
2 3 3
4 cm.

MANGA
36p
57p aum. 21p.
3 7p. 3
7 veces cerrar 2p.
7 veces cerrar 2p.
5 veces cerrar 1p.
5 veces cerrar 1p.
3p 3p
1 cm.
1.5 cm.

CAMPERITA BLANCA

TALLE: 2a. medida.
MATERIALES: Fibra acrílica tejida en 1 hebra, 100gr. en color blanco y un poco de celeste, amarillo, verde y rosa. Agujas N°3 y N°3 1/2. 6 botones.

Puntos empleados:
Punto elástico 1y1: 1p.d., 1p.r., repetir todas las hileras.
Punto jersey: 1 hilera derecho, 1 hilera revés.
Muestra: 10cm. = 25p. en p. jersey con ag. N°3 1/2.
Espalda: En las ag. N°3, poner 62p. con blanco y tejer 2cm. en p. elástico 1y1. Cambiar a las ag. N°3 1/2 y punto jersey. Hacer 1 hilera revés del revés del tejido, en blanco y luego 2h. celeste, 2h. blanco, 2h. amarillo, 2h. blanco, 2h. verde, 2h. blanco y 2h. rosa.
Continuar en blanco y al tener 15cm. de altura desde el elástico, cerrar de cada lado 4p. para las sisas.
Seguir recto y a los 12cm, hacer los hombros cerrando de cada lado 15p. y por último los 24p. del escote.
Delantera derecha: Poner 29p. en las ag. N°3 y tejer 3cm. en p. elástico 1y1, con blanco. Cambiar a p. jersey con ag. N°3 1/2 y tejer de la misma manera que en la espalda.
Al tener 6cm. de altura de sisa, cerrar para el escote: 4p., 3p., 2p. y 1p.
Completar 12cm. y cerrar los 15p. del hombro.
Hacer la otra delantera igual pero invertida.
Mangas: En las ag. N°3, poner 40p. con blanco y tejer 3cm en p. elástico 1y1.
Cambiar a las ag. N°3 1/2 y p. jersey, aumentando en la primera hilera 6p., quedan 46p.
Tejer de la misma manera que en el cuerpo, haciendo de cada lado 1 aumento, dejando 1p. de borde, cada 6h. 3 veces, quedan 52p. Al tener 16cm. desde el elástico, cerrar todos los puntos sin ajustar.

Armado y terminación: Coser los hombros y los costados del cuerpo hasta las sisas. Cerrar las mangas a lo largo, dejando al final una abertura de 2cm. y pegarlas haciendo coincidir el centro de las mismas con las costuras de los hombros y la abertura de 2cm., con los puntos cerrados en las sisas, formando ángulo recto.
Alrededor del escote, levantar 61p. con ag. N°3 con color blanco y tejer 5h. en p. elástico 1y1. Cerrar los puntos como se presentan.
Con las mismas agujas, levantar 77p. a lo largo de cada delantera incluyendo el borde del cuello, tejer 6h. en p. elástico 1y1 y cerrar los puntos como se presentan.
En la delantera derecha, abrir 6 ojales (ver páginas finales). Pegar los botones.

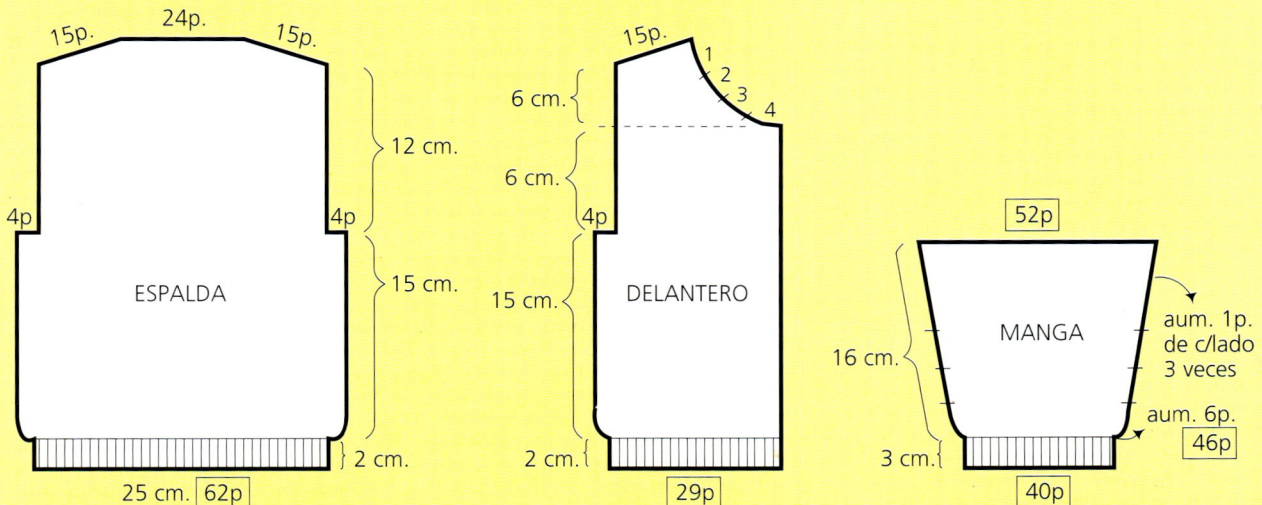

CONJUNTO VERDE AGUA

NO TAN FÁCIL

TALLE: 2a. medida.
MATERIALES: Fibra acrílica para bebé tejida en 1 hebra, aproximadamente 180gr. en verde y 30gr. en blanco. Agujas N°2 $1/2$, N°3 y N°3 $1/2$. 18 botones.

Puntos empleados:
Punto elástico 1 y 1: 1p.d., 1p.r., repetir todas las hileras.
Punto jersey: 1 hilera der. y 1 hilera revés.
Punto ochos: sobre 12p.
1h y 3h) 2p.r., 8p.d., 2p.r.
2h y todas las hileras pares, 12p.r.
5h) 2p.r.; sacar 4p. en ag. aux. hacia adelante del tejido, tejer 4p.d. y los 4p. de la ag. aux., al derecho; 2p.r. Repetir esto cada 8h.
Muestra: 12cm .= 33p. en p. jersey con ag. N°3 $1/2$.

ENTERITO

Delantera: Poner con blanco 30p. en las ag. N°3 y tejer 3cm. en p. elástico.

Cambiar a color verde y p. jersey, aumentando 6p. en una hilera (quedan 36p.).

Tejer 16cm. y parar. Hacer la otra pierna de la misma manera. Juntar las dos piernas, agregando en el centro 12p. en blanco que corresponden al ocho. Tejer con 3 ovillos (2 verdes y 1 blanco), cruzando las lanas por el revés (ver páginas finales).

Al tener 22cm. de altura desde la entrepiernas, cerrar de cada lado 6p. para las sisas, continuar recto 7cm. y comenzar el escote cerrando los 12p. centrales. Cerrar luego de cada lado: 5p., 3p. y 3p. Completar 12cm. de altura de sisas y cerrar los 19p. de cada hombro.

Espalda: Hacer todo igual que en la delantera hasta tener 10cm. de altura desde la entrepiernas. Entonces separar el tejido en dos partes de la siguiente manera: tejer los primeros 48p. (36p.d. verde y 12 p. ocho blanco) y dejar en suspenso los últimos 36p. Al tener los 22cm. desde la entrepiernas, cerrar los 6p. de las sisas y continuar recto 12cm. Cerrar los 19p. del hombro y dejar en suspenso los 23p. para el escote.

Para hacer la otra parte, retomar los 36p. dejados en suspenso y agregar en el centro 9p. en blanco, que se tejen en p. Sta. Clara en lugar del ocho (para la parte de abajo de la cartera). Tejer igual que la parte anterior, dejando 20p. en suspenso para el escote.

Mangas: En la ag. N°3, poner 44p. con blanco y tejer 3cm. en p. elástico. Cambiar a las ag. N°3 ¹/₂ y tejer en p. jersey con color verde, aumentando 7p. en una hilera (quedan 51p.). Hacer de cada lado 1 aumento, dejando 1p. de borde, cada 8h. 3 veces (quedan 57p.). Completar 15cm. desde el puño y cerrar todos los puntos flojos.

Terminación y armado: Coser los hombros y levantar con ag. N°3 y color blanco 93p. alrededor del escote. Tejer 6h. en p. elástico, continuando con el ocho y el Sta. Clara de la espalda y cerrar los p. como se presentan. Coser los costados del cuerpo hasta las sisas y las mangas a lo largo, dejando al final una abertura de 2cm. Pegar las mangas haciendo coincidir el centro con la costura de los hombros y la abertura de 2cm. con los 6 puntos cerrados en las sisas, formando ángulo recto. Con ag. N°3 y color blanco, levantar 135p. en el borde interno de las piernas, tejer 6h. en p. elástico y cerrar los puntos como se presentan. En el borde delantero, abrir 9 ojales (ver páginas finales). En la espalda, abrir 5 ojales dentro de los ochos.

Coser los botones.

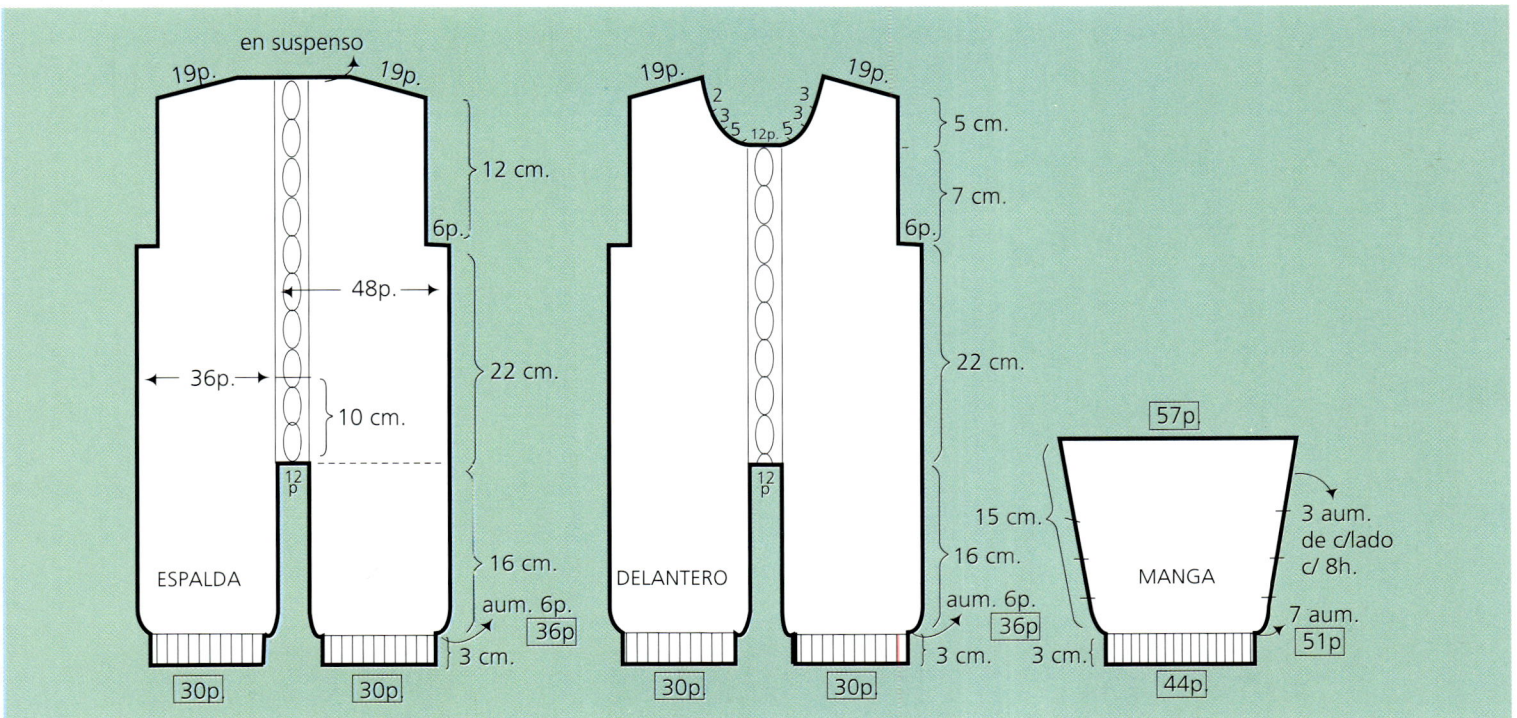

ESPALDA
en suspenso
19p. — 19p.
12 cm.
6p.
48p.
36p.
10 cm.
22 cm.
12 p
16 cm.
aum. 6p. 36p
3 cm.
30p   30p

DELANTERO
19p. — 19p.
2 3 3
5 12p. 5
5 cm.
7 cm.
6p.
22 cm.
12 p
16 cm.
aum. 6p. 36p
3 cm.
30p   30p

MANGA
57p.
15 cm.
16 cm.
3 aum. de c/lado c/ 8h.
7 aum. 51p.
3 cm.
44p.

MEDIAS

Poner 39p. en las ag. N°2 $^1/2$ con blanco y tejer 6cm. en p. elástico.

Cambiar a p. jersey con color verde y tejer 6h. Dividir el tejido en 3 partes, dejando en suspenso los 10p. del comienzo y final y continuando sobre los 19p. centrales durante 14h. para el empeine, sin cerrar.

Retomar los 10 p. en suspenso de cada lado colocándolos en la ag. de manera que queden en el centro los p. de los extremos que se tejen juntos para obtener 19p.

Comenzar el talón, haciendo hileras acortadas de la siguiente manera: tejer 18p. y volver haciendo una lazada y pasando 1p. sin tejer; tejer 16p. dejando 1p. en la ag. izquierda y volver haciendo una lazada y pasando el primer p. sin tejer; continuar dejando en todas las hileras 1p. más hasta tener sólo 9p. Completar el talón, incorporando en cada hilera 1p. de los dejados anteriormente, hasta tener 19p. Tejer 14h. para la planta del pie, hacer la puntera igual que el talón y dejar en suspenso. Unir los p. del empeine y la puntera con costura invisible (ver páginas finales). Coser la caña y los costados del pie.

BATITA

Espalda: En las ag. N°3, poner con blanco 72p. y tejer 2cm. en p. elástico.

Cambiar a las ag. N°3 $^1/2$ y tejer en p. jersey con verde durante 14cm.

Cerrar de cada lado 6p. para las sisas y continuar recto hasta tener 12cm. de altura de sisas. Terminar cerrando para cada hombro 16p. y para el escote los 28p. centrales.

Delantera derecha: Poner 46p. con blanco en las ag. N°3 y tejer: 12p. ocho y 34p. elástico. Cambiar a las ag. N°3 $^1/2$, continuando con los 12p. del ocho en blanco y los 34p. restantes en verde y punto jersey. Al tener 14cm. desde el elástico, comenzar simultáneamente la sisa y el escote. Para la sisa, cerrar 6p. y para el escote tejer 2p. juntos derechos en verde, a 12p. del borde, en todas las hileras del derecho 5 veces y cada 4 hileras 7 veces. Completar 12cm., cerrar los 16p. del hombro y continuar sobre los 12p. de la vista durante 6cm. Tejer la otra delantera igual pero invertida, y en el escote hacer disminuciones simples en lugar de 2p. juntos.

Mangas: En las ag. N°3, poner 47p. con blanco y tejer 3cm. en p. elástico.

Cambiar a las ag. N°3 $^1/2$ y tejer en p. jersey con verde, aumentando 10p. en una hilera (quedan 57p.). Hacer de cada lado 1 aumento, dejando 1p. de borde cada 8h. 3 veces (quedan 63p.). Al tener 16cm. desde el puño, cerrar todos los puntos flojos.

Armado: Coser los hombros y los costados del cuerpo hasta las sisas.

Unir las vistas delanteras y pegarlas al escote de la espalda, dándoles una pequeña bajada. Cerrar las mangas a lo largo, dejando al final una abertura de 2cm. y pegarlas haciendo coincidir el centro con la costuras de los hombros y la abertura con los puntos cerrados en las sisas formando ángulo recto. En una delantera abrir 4 ojales dentro de los ochos y pegar los botones. Hacer una hilera de p. cangrejo al crochet (ver páginas finales) en los bordes delanteros.

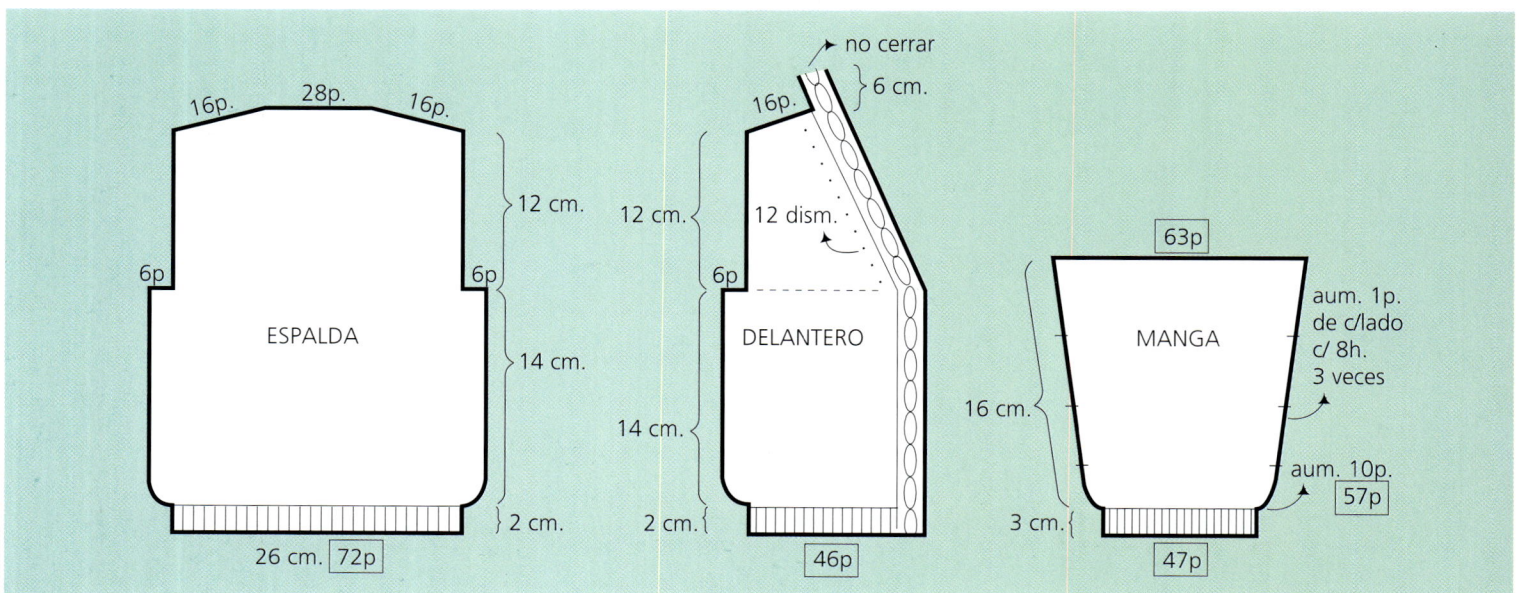

Puntos empleados:
Punto elástico 1 y 1: 1p.d., 1p.r., repetir todas las hileras.
Punto falso elástico: *tejer 1p.d., subir la hebra, pasar 1p.r. sin tejer, bajar la hebra*, repetir de *a* todas las hileras del derecho y del revés.
Punto ochos: sobre 4p.
Tejer 2 hileras jersey y en la 3ªh: sacar 2p. en ag. aux. hacia adelante del tejido, tejer 2p.d. y los 2p. de la ag. aux., al derecho. Repetir esto cada 6 hileras.
Muestra: 11cm. = 42p. en p. ochos con ag. N°3.
Espalda: En las ag. N°3, poner 94p. y tejer 2cm. en p. elástico 1 y 1.
Seguir alternando toda la hilera 3p.r. y 4p. ocho y terminar con 3p.r.
Al tener 15cm. desde el elástico, cerrar de cada lado 7p. para las sisas.
Completar 11cm de altura de sisas, cerrar 24p. para los hombros de cada lado y 32p. para el escote en el centro.
Delantera derecha: Poner 55p. en las ag. N°3 y tejer 2cm. en p. elástico 1 y 1, haciendo al empezar el orillo de 2p.d. (ver páginas finales).
Continuar en p. ochos alternados con 3p.r., manteniendo al comienzo los 10p. de la vista (2p.d. orillo y 8p. elástico 1 y 1).
A los 15cm. desde el elástico, cerrar los 7p. de la sisa y tejer 6cm recto. Para el escote, dejar en suspenso los 10p. de la vista y luego cerrar: 6p., 3p., 3p. y 2p. Completar los 11cm de altura de sisa y cerrar los 24p. del hombro. Hacer la otra delantera igual pero invertida.
Mangas: Poner 48p. en las ag. N°3 y tejer 2cm. en p. elástico 1 y 1.
Aumentar en una hilera 25p., quedan 73p. que se tejen alternando 3p.r. y 4p. ocho.
Hacer de cada lado 1 aumento, dejando 1p. de borde, cada 8 hileras 4 veces (quedan 81p.). Los puntos aumentados, se tejen en p.

LA CAMPERITA CLÁSICA

TALLE: 2a. medida.
MATERIALES: Fibra acrílica para bebé tejida en 1 hebra, aproximadamente 90gr. en color blanco. 6 botones. Agujas N°3.

jersey revés.
Al tener 16cm. de altura desde el puño, cerrar todos los puntos bien flojos.
Cuello y armado: Coser los hombros y los costados del cuerpo hasta las sisas.
Con ag. N°3, levantar 91p. alrededor del escote incluyendo las vistas y tejer 4h. en p. elástico 1 y 1, haciendo en ambos extremos el orillo de 2p.
Tejer 2h. en p. falso elástico y cerrar en forma tubular (ver páginas finales).
Coser las mangas a lo largo dejando al final una abertura de 2cm. y pegarlas haciendo coincidir el centro de las mismas con las costuras de los hombros y los 2cm de la abertura con los p. cerrados en las sisas, formando ángulo recto.
En la delantera derecha, abrir 6 ojales (ver páginas finales) y pegar botones.

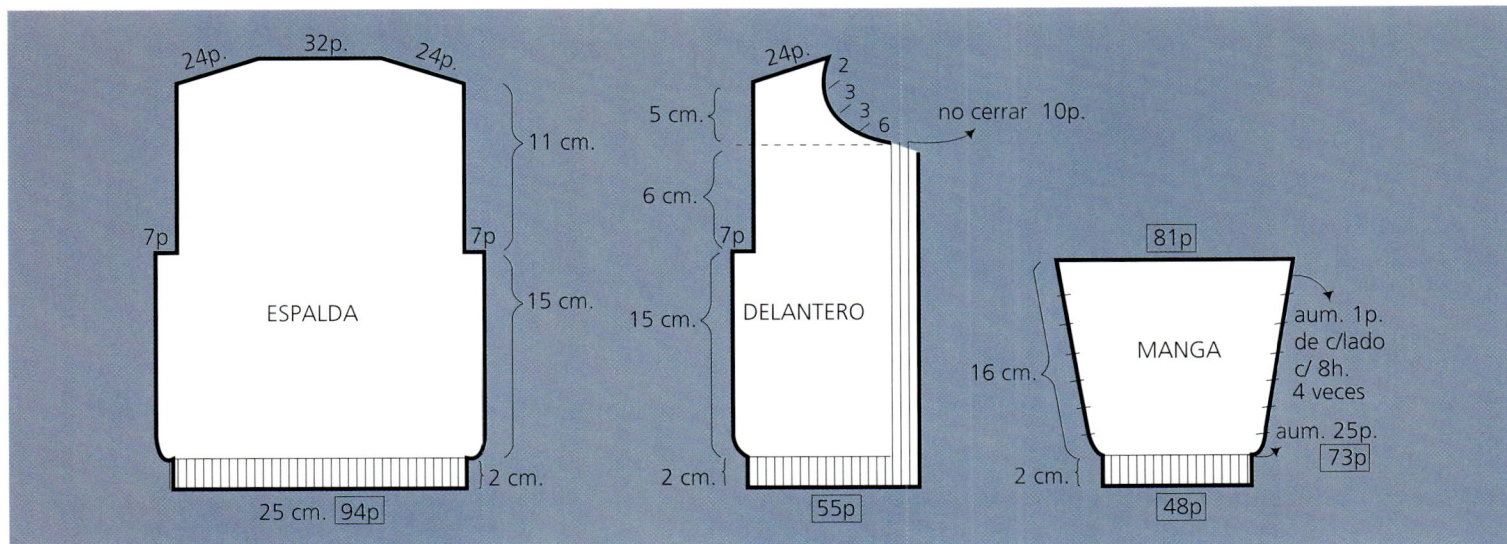

24p. 32p. 24p.

11 cm.

7p 7p

ESPALDA

15 cm.

25 cm. 94p

2 cm.

24p. 2 3 3 6 no cerrar 10p.

5 cm.

6 cm.

7p

DELANTERO

15 cm.

2 cm. 55p

2 cm.

81p

MANGA

16 cm. aum. 1p. de c/lado c/ 8h. 4 veces

aum. 25p. 73p

2 cm. 48p

ABRIGADITO HASTA LOS PIES

DIFÍCIL

TALLE: 2a. medida.
MATERIALES: Fibra acrílica para bebé tejida en 1 hebra, aproximadamente 100gr en color blanco. Agujas N°3 y N°3 1/2. 8 botones. 1m. de cinta blanca de 1cm. de ancho y 80cm. de cinta bebé blanca.

Punto falso elástico: *tejer 1p.d., subir la hebra, pasar 1p.r. sin tejer, bajar la hebra*, repetir de * a * todas las hileras del derecho y del revés.

Muestra: 10cm. = 24p. en p. ochitos calados con ag. N°3 1/2.

JARDINERO

Se comienza por la cintura y se teje en una sola pieza con costura en la espalda.
Poner 122p. en las ag. N°3 y hacer 3cm. en p. elástico 1 y 1.
Cambiar a las ag. N°3 1/2 y tejer toda la hilera alternando 2p.r. y 2p. ochito calado, terminando con 2p.r. En las hileras del revés, tejer todos los puntos al revés.
Al tener 15cm. desde el elástico, cerrar los 2p. centrales y 1p. en cada borde (para la entrepiernas), quedan 59p. para cada pierna.

Tejer las piernas, disminuyendo en ambas, de cada lado 1p. cada 4h., 10 veces (quedan 39p.).
Completar 13cm. desde la entrepiernas y comenzar el escarpín tejiendo 7h. en p. elástico 1 y 1. En la 4ª hilera, hacer ojalillos tejiendo 2p. juntos y 1 lazada, toda la hilera. Para el escarpín izquierdo, dejar en suspenso los 5p. del comienzo y los 24p. del final y tejer sobre los 10p. restantes, para el empeine 16h. en p. ochitos calados, parar.
A continuación, retomar los 5p. en suspenso del comienzo, levantar 8p. en el borde derecho del empeine, retomar los 10p. del empeine, levantar 8p. en el otro borde y retomar los 24p. en suspenso del final (quedan 55p.).
Hacer 9 hileras en p. rollito y empezar la planta del pie de la siguiente manera en p. jersey:
1h) 12p.d., 1 disminución simple, 8p.d., 2p. juntos derechos, 15p.d., 1 disminución simple, 8p.d., 2p. juntos derechos y 4p.d. (51p.).
2h) y todas las pares, al revés.
3h) 11p.d., 1 dism. simple, 6p.d., 2p. juntos derechos, 13p.d., 1 dism. simple, 6p.d., 2p. juntos derechos y 3p.d. (47p.)
5h) 10p.d., 1 dism. simple, 4p.d., 2p. juntos derechos, 11p.d., 1 dism. simple, 4p.d., 2p.

Puntos empleados:
Punto jersey: 1 hilera derecho, 1 hilera revés.
Punto elástico 1 y 1: 1p.d., 1p.r., repetir todas las hileras.
Punto Santa Clara: todas las hileras del derecho.
Punto rollito: 1h) al revés.
2h) al derecho.
3h) al revés.
Repetir siempre estas 3 hileras.
Punto ochito calado:
1h) 1p.d., 1 lazada, 1p.d.
2h) 3p. revés.
3h) pasar 1p. sin tejer, tejer 2p.d. y montar sobre éstos el p. sin tejer.
4h) 2p. revés.
Repetir siempre estas 4 hileras.

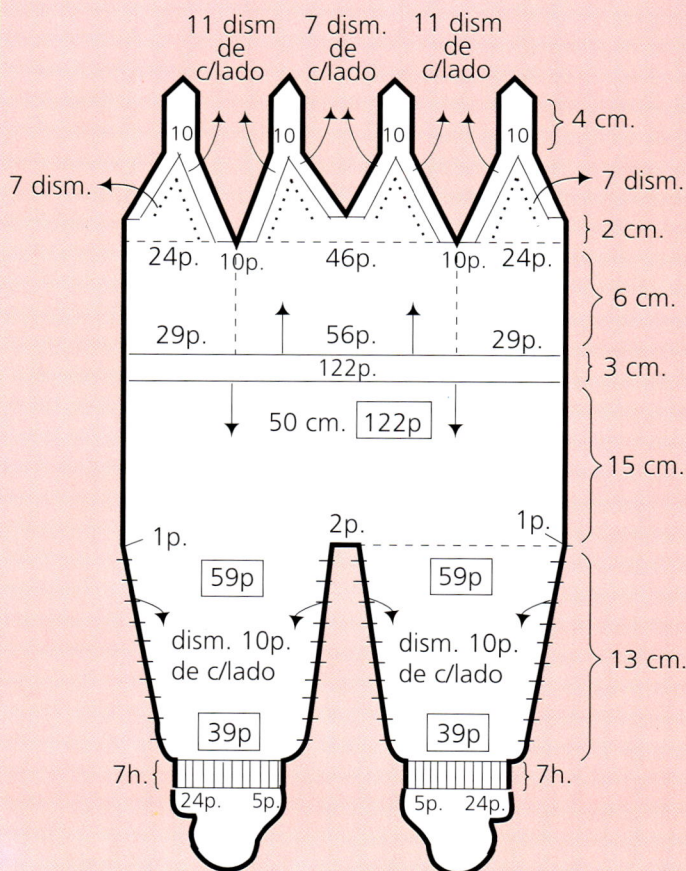

juntos derechos y 2p.d. (43p.)

7h) 9p.d., 1 dism. simple, 2p.d., 2p. juntos derechos, 9p.d., 1 dism. simple, 2p.d., 2p. juntos der. y 1p.d. (39p.).

Cerrar los puntos sin ajustar.

Hacer el otro escarpín igual pero invertido.

Para la pechera, levantar en el borde del elástico, 114p. con ag. Nº3 $^1/2$ y tejer en p. ochitos, igual que el pantalón.

Al tener 6cm. de altura desde el elástico, comenzar las sisas de la siguiente manera, dividiendo el tejido en tres partes: 29p. para la mitad de la espalda (24p. ochitos y 5p. Sta. Clara), 56p. para la delantera (5p. Sta. Clara, 46p. ochitos, 5p. Sta. Clara) y 29p. para la otra espalda (5p. Sta. Clara y 24p. ochitos). Los 5p. de Sta. Clara corresponden a los bordes de las sisas.

Tejer haciendo en cada parte, en todas las hileras del derecho, 2p. juntos der. a 4p. del borde, 11 veces.

Simultáneamente, coincidiendo con la 5ª disminución, comenzar el escote, convirtiendo en p. Sta. Clara los 5p. del comienzo de una espalda y del final de la otra, dividiendo la delantera en dos partes, haciendo también en cada borde 5p. Sta. Clara. Disminuir para el escote de la misma manera que para las sisas, hasta tener en cada parte 10p. (breteles).

Continuar 4cm. para cada bretel y luego tejer en cada uno 2p. juntos al comienzo y al final para formar la punta.

Armado: Hacer la costura posterior del cuerpo y pantalón.

Coser el lado interno de las piernas y escarpines.

Cerrar la planta del pie. Abrir 1 ojal en cada bretel delantero y pegar los botones.

Pasar la cinta por la cintura y los escarpines.

BATITA

Se comienza por el cuello.

Poner 76p. en las ag. Nº3, tejer 4h. en p. falso elástico y 6 hileras en p. elástico 1 y 1, haciendo al comienzo y al final 6p. Sta. Clara para las vistas.

Cambiar a las ag. Nº3 $^1/2$, manteniendo las vistas y aumentando 32p. sobre los 64p. centrales (quedan 108p.).

Tejer en p. ochito calado separado por 2p.r., pero empezando con 1p.r., 12 hileras. A continuación, tejer 2 veces en cada uno de los puntos, excepto los de las vistas (quedan 204p.). Tejer en p. ochito calado 16 hileras, comenzando con 1p.r.

Para hacer las mangas, dejar en suspenso los primeros 31p. y tejer sobre los 42p. siguientes en p. ochito calado, aumentando de cada lado 1p. (quedan 44p.).

Al tener 14cm. desde la sisa, cambiar a las ag. Nº3, disminuir en una hilera 7p. y tejer 2cm en p. elástico 1 y 1. Cerrar los puntos como se presentan.

Dejar en suspenso 58p. para la delantera y hacer la otra manga igual. Para hacer el cuerpo, retomar los 31p. del comienzo, 58p. de la delantera y los 31p. del final y tejer en p. jersey durante 15cm. haciendo en los bordes los 6p. de Sta. Clara. Cambiar a las ag. Nº3 y tejer 2cm. en p. elástico 1 y 1.

Cerrar los puntos como se presentan.

Armado: Coser las mangas a lo largo.

En una de las partes de la espalda, abrir 6 ojales como se indica en páginas finales.

Pegar los botones.

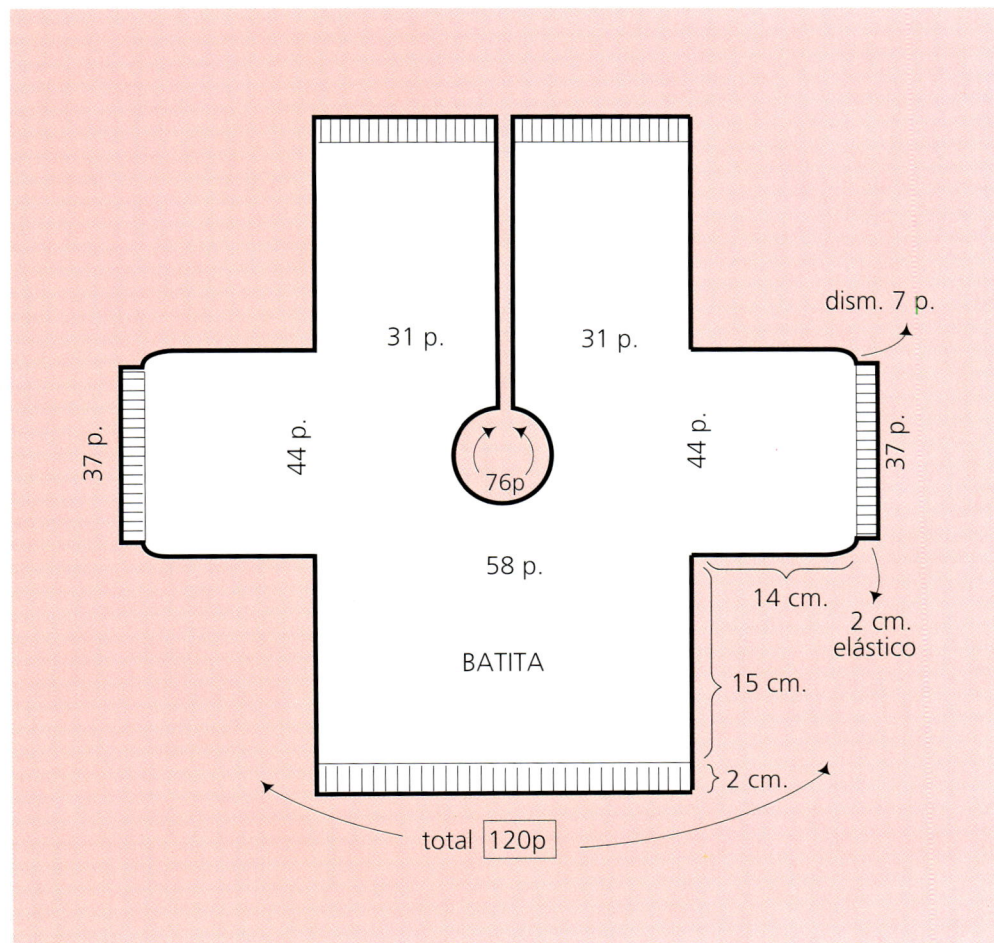

BATITA

31 p. 31 p.

dism. 7 p.

37 p. 44 p. 76p 44 p. 37 p.

58 p.

14 cm.

2 cm. elástico

15 cm.

2 cm.

total 120p

CANESÚ CON HOJAS

TALLE: 2a. medida.
MATERIALES: Fibra acrílica para bebé tejida en una hebra, aproximadamente 120gr. en color blanco. Agujas N°3. 5 botones. 45cm de elástico.

Puntos empleados:
Punto elástico 1 y 1: 1p.d., 1p.r., repetir todas las hileras.
Punto Santa Clara: todas las hileras al derecho.
Punto elástico 2 y 2: 2p.d., 2p.r., repetir todas las hileras.
Punto falso elástico: *tejer 1p.d., subir la lana, pasar 1p.r. sin tejer con la lana por delante, bajar la lana*, repetir de *a* todas las hileras del derecho y del revés.
Punto calado: 1h y 3h al derecho.
2h y todas las hileras pares, al revés.
5h) 5p.d., *1 lazada, 2p. juntos derechos, 4p.d.*, repetir toda la hilera de * a *.
7h y 9h) al derecho.
11h) 2p.d., *1 lazada, 2p. juntos derechos, 4p.d.*, repetir toda la hilera de * a *.

Repetir desde la primera hilera.
Muestra: 10cm. = 27p. en p. calado con ag. N°3.

BATITA
Se teje en una sola pieza, comenzando por el escote.
Poner 67p. en las ag. N°3 y tejer 6h. en p. Sta. Clara. Cambiar a p. elástico 1 y 1, manteniendo 6p. de cada extremo en p. Sta. Clara para las vistas y aumentando en una hilera 40p. en los 55p. centrales (quedan 107p.).
Tejer 10h., haciendo el primer punto al derecho. Cambiar nuevamente a p. elástico 2 y 2, tejiendo 2 veces cada punto del elástico, manteniendo los 6p. de las vistas en Sta. Clara (quedan 202p.), hacer 12h.

Terminar el canesú de la siguiente manera (haciendo siempre los 6p. Sta. Clara de las vistas): 1h) 2p.d., 2p.r., 2p.d., 1p.r., 1 lazada, * 1p.r., 2p.d., 2p.r., 2p.d., 2p. juntos der., 2p.d., 2p.r., 2p.d., 1p.r., 1 lazada*, repetir de * a *, 11 veces y terminar con 1p.r., 2p.d., 2p.r. y 2p.d.
2h) y todas las hileras pares, se tejen los p. como se presentan y las lazadas al revés.
3h) 2p.d., 2p.r., 2p.d., 1p.r., 1 lazada, 1p.d., *1 lazada, 1p.r., 2p.d., 2p.r., 1p.d., 3p. juntos der., 1p.d., 2p.r., 2p.d., 1p.r., 1 lazada, 1p.d.*, repetir 11 veces de * a * y terminar con 1 lazada, 1p.r., 2p.d., 2p.r., 2p.d.
5h) 2p. juntos der., 2p.r., 2p.d., 1p.r., 1 lazada, 2p.d., *1p.d., 1 lazada, 1p.r., 2p.d., 2p.r., 3p. juntos derechos, 2p.r., 2p.d., 1p.r., 1 lazada, 2p.d.*, repetir de * a *, 11 veces y terminar con 1p.d., 1 lazada, 1p.r., 2p.d., 2p.r., 2p. juntos derechos.
7h) 2p. juntos der., 1p.r., 2p.d., 1p.r., 1 lazada, 2p.d., 1 lazada, *2p. juntos der., 1p.d., 1 lazada, 1p.r., 2p.d., 1p.r., 3p. juntos der., 1p.r., 2p.d., 1p.r., 1 lazada, 2p.d., 1 lazada*, repetir 11 veces de * a * y terminar con 2p. juntos der., 1p.d., 1 lazada, 1p.r., 2p.d., 1p.r., 2p. juntos der.
9h) 2p. juntos der., 2p.d., 1p.r., 1 lazada, 4p.d., *3p.d., 1 lazada, 1p.r., 2p.d., 3p. juntos der., 2p.d., 1p.r., 1 lazada, 4p.d.*, repetir 11 veces de * a * y terminar con 3p.d., 1 lazada, 2p.r., 2p.d. y 2p. juntos der.
11h) 2p. juntos der., 1p.d., 1p.r., 1 lazada, 5p.d., *4p.d., 1 lazada, 1p.r., 1p.d., 3p. juntos der., 1p.d., 1p.r., 1 lazada, 5p.d.*, repetir 11 veces de * a * y terminar con 4p.d., 1 lazada, 1p.r., 1p.d. y 2p. juntos der.

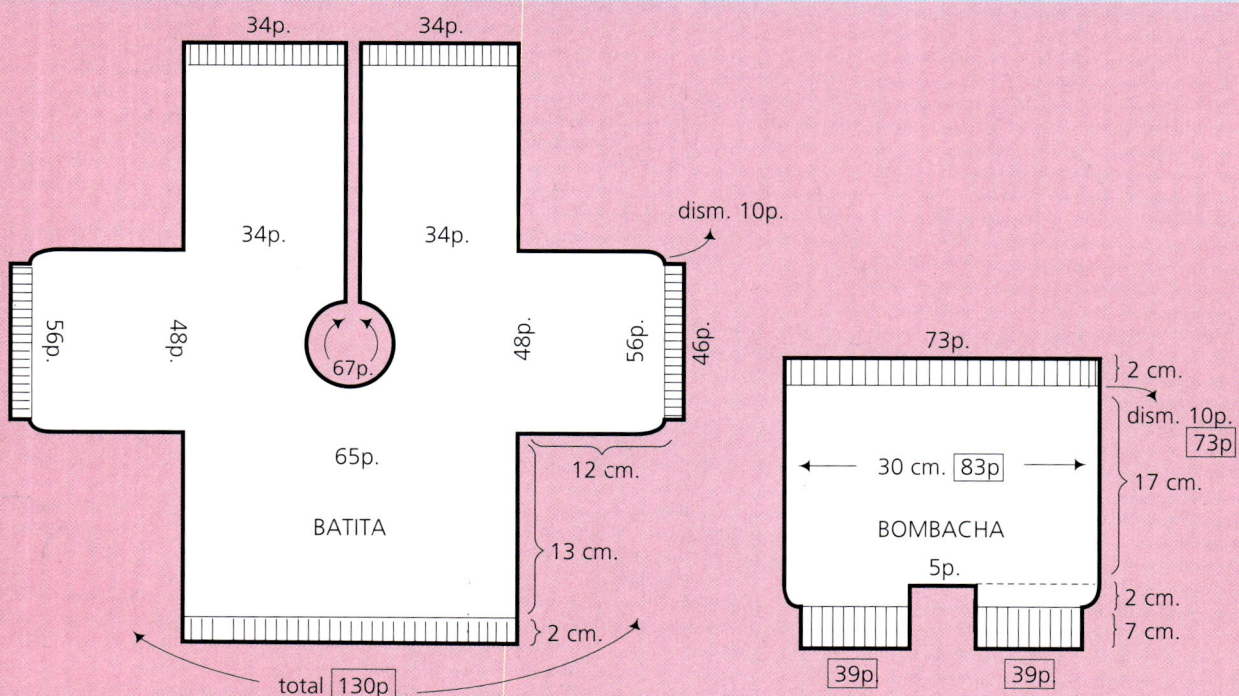

BATITA

34p.   34p.

34p.   34p.

dism. 10p.

56p.   48p.   67p.   48p.   56p.   46p.

65p.

12 cm.

13 cm.

2 cm.

total 130p

BOMBACHA

73p.

2 cm.

dism. 10p. 73p

30 cm. 83p

17 cm.

5p.

2 cm.

7 cm.

39p   39p

13h) 2p. juntos der., 1p.r., 1 lazada, 2p.d., 1 lazada, 2p. juntos revés, 2p.d., *2p.d., 1 lazada, 2p. juntos der., 1p.d., 1 lazada, 1p.r., 3p. juntos der., 1p.r., 1 lazada, 2p.d., 1 lazada, 2p. juntos der., 2p.d.*, repetir 11 veces de * a * y terminar con 2p.d., 1 lazada, 2p. juntos der., 1p.d., 1 lazada, 1p.r., 2p. juntos der.

15h) 1p.d., 1p.r., 1 lazada, 7p.d., *6p.d., 1 lazada, 1p.r., 1p.d., 1p.r., 1 lazada, 7p.d.*, repetir 11 veces de * a * y terminar con 6p.d., 1 lazada, 1p.r., 1p.d.

Una vez terminadas las 16 hileras, continuar con el p. calado como está entre los picos del canesú. Tejer 6h. y dividir los p. de la siguiente manera: 34p. para la media espalda derecha, 48p. para una manga, 65p. para la delantera, 48p. para la otra manga y 34p. para la media espalda izquierda.

Mangas: Retomar los 48p. de una manga y agregar de cada lado 4p. de una vez (quedan 56p.). Tejer 12cm en p. calado, disminuir en una hilera 10p., tejer 2cm. en p. elástico 1 y 1, 2h. en p. falso elástico y cerrar en forma tubular (ver páginas finales).
Hacer la otra manga igual.

Cuerpo: Retomar los puntos de las 2 media espaldas y la delantera, agregando entre ambas 6p. (quedan 145p.). Tejer en p. calado, continuando los 6p. Sta. Clara de las vistas durante 13cm. Disminuir 15p. en una hilera, tejer 2cm. en p. elástico 1 y 1, 2h. en p. falso elástico y cerrar en forma tubular.

Armado: Cerrar las mangas a lo largo y coser los puntos agregados en las mismas con los de las sisas. En una de las partes de la espalda, abrir 5 ojales (ver páginas finales) y pegar los botones.

PANTALÓN

Se tejen las 2 partes iguales.
Para cada pierna, poner los 39p. en las ag. N°3 y tejer 7cm. en p. elástico 1 y 1.
Luego continuar en p. calado, comenzando para la pierna derecha con 5p.d. y para la pierna izquierda, con 3p.d. Al tener 2cm. de altura, colocar ambas piernas en una ag. agregando entre ellas 5p. para la entrepiernas (quedan 83p.).
Seguir en p. calado y al tener 17cm. de altura desde la entrepiernas, disminuir en una hilera 10p. repartidos (quedan 73p.).
Tejer 2cm. en p. falso elástico y cerrar todos los p. como se presentan.

Armado: Coser los costados del pantalón y la parte interna de las piernas, teniendo en cuenta que el elástico va doblado hacia afuera. Pasar el elástico dentro de la cintura.

ESCARPINES

Materiales: Fibra acrílica para bebé tejida en 1 hebra, 30gr. en color blanco. Agujas N°3 1/2. 50cm. de cinta bebé de raso. 20cm. de puntilla. Seda vegetal blanca para bordar.

Puntos empleados:
Punto jersey: 1 hilera derecho, 1 hilera revés.
Punto inglés: 1h) 1p.d., 1p.r., repetir toda la hilera.
2h) *1p.d., subir la hebra, pasar 1p.r. sin tejer y bajar la hebra dejándola sobre la aguja en forma de lazada*, repetir de * a * en todas las hileras del derecho y del revés tejiendo juntos el p.d. y la lazada.
Punto Santa Clara: todas las hileras al derecho.
Ejecución: Se comienza por la suela. Poner 27p. en las ag. N°3 1/2 y tejer en p. jersey de la siguiente manera:
1h) 1p.d., 1 aumento, 12p.d., 1 aumento, 1p.d., 1 aumento, 12p.d., 1 aumento y 1p.d. (31p.)
2h) y todas las hileras pares, al revés.
3h) 2p.d., 1 aum., 12p.d., 1 aum., 3p.d., 1 aum., 12p.d., 1 aum. y 2p.d. (35p.)
5h) 3p.d., 1 aum., 12p.d., 1 aum., 5p.d., 1 aum., 12p.d., 1 aum. y 3p.d. (39p.)
7h) 4p.d., 1 aum., 12p.d., 1 aum., 7p.d., 1 aum., 12p.d., 1 aum. y 4p.d. (43p.)
A continuación, tejer en p. inglés y al tener

15h., cambiar a p. Sta. Clara.
Tejer como sigue: 1h) 11p.d., 5 veces 2p. juntos derechos, 1p.d., 5 veces 2p. juntos derechos y 11p.d.
2h) al derecho.
3h) 10p.d., 3 veces 2p. juntos derechos, 1p.d., 3 veces 2p. juntos derechos y 10p.d.
4h) 8p.d., cerrar 11p. y 8p.d.
Para la pulsera, continuar en p. Sta. Clara tejiendo los 8p. de cada lado y agregando en ambos 2p. en el borde interno, quedan 10p.
En la hilera siguiente, hacer 1 ojal tejiendo 2p. juntos y 1 lazada, a 2p. del borde.
Tejer una hilera más y cerrar sin ajustar.
Armado y terminación: Coser la suela y el talón. Fruncir la puntilla y coserla en el borde del p. Sta. Clara. Bordar la rococó con seda blanca (ver página N° 14). Pasar la cinta por los ojales y hacer el moño.

PRIMERA SALIDA PAQUETA

NO TAN FÁCIL

TALLE: 2a. medida.
MATERIALES: Fibra acrílica para bebé tejida en 1 hebra, 90gr. en color rosa y 45gr. en color blanco. Agujas N°2 1/2 y N°3. 6 botones. Un cuellito bordado y 45cm. de elástico.

Puntos empleados:

Punto elástico 1y1: 1p.d., 1p.r., repetir todas las hileras.

Punto jersey: 1 hilera derecho, 1 hilera revés.

Punto fantasía bicolor:

1h) al derecho, en rosa.
2h) al revés, en rosa.
3h) al derecho, en blanco.
4h) al revés, en blanco.

5h) (en rosa) *tejer 1p.d. normal y el próximo p.d., tejerlo clavando la ag. 3 hileras más abajo (es decir en la última hilera rosa)*, repetir de *a* toda la hilera y terminar con 1p.d.
6h) al revés, en rosa.
7h) al derecho, en blanco.
8h) al revés, en blanco.
9h) (en rosa) tejer 2p.d.,*tejer lp.d. clavando la ag. 3h. más abajo, 1p.d. normal*, repetir de *a* y terminar con 2p.d.
10h) al revés, en rosa.
Repetir desde la 5ª hilera.
Muestra: 10cm. = 28p. en p. jersey con ag. N°3.

BATITA

Delantera: En las ag. N°3, poner 57p. con rosa y tejer 2cm. en p. elástico 1y1.
Cambiar a p. fantasía bicolor y al tener 15cm. de altura desde el elástico, cerrar de cada lado 4p. para las sisas.
Seguir recto durante 6cm. y comenzar el escote cerrando en el centro 7p. y luego de cada lado: 3p., 2p. y 2p.
Completar 11cm. de altura de sisas y cerrar los 14p. de cada hombro.

Espalda: En las ag. N°3, poner 27p. con rosa y tejer 2cm. en p. elástico 1y1.
Cambiar a p. fantasía bicolor y al tener 15cm. de altura, cerrar los 4p. de la sisa.
Completar 11cm. de altura de sisa, cerrar los 14p. del hombro y dejar los 9p. restantes en suspenso, para el escote.
Hacer la otra parte igual pero invertida.

Mangas: En las ag. N°2 1/2, poner 40p. con rosa y tejer 2cm. en p. elástico 1y1.
Cambiar a las ag. N°3, aumentando 5p. en una hilera, quedan 45p. Tejer en p. fantasía bicolor durante 17cm. y cerrar todos los

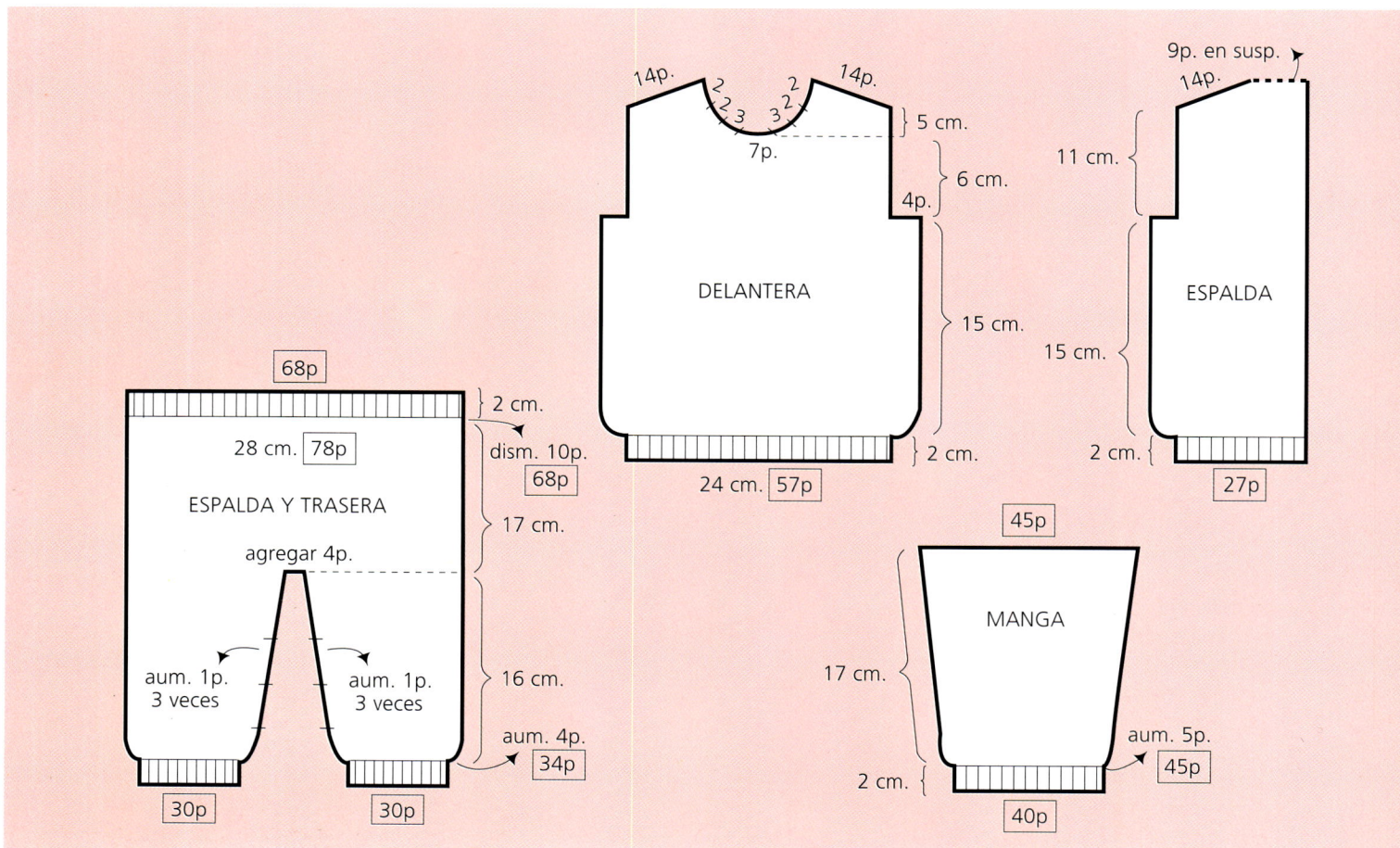

puntos de una sola vez y flojos.

Armado y terminación: Coser los costados del cuerpo hasta las sisas y las mangas a lo largo, dejando al final una abertura de 2cm. Pegar las mangas haciendo coincidir el centro de las mismas con las costuras de los hombros y la abertura de 2cm. con los puntos cerrados en las sisas, formando ángulo recto.

Con ag. N°2 1/2 y color rosa, levantar 61p. alrededor del escote y tejer 4 hileras en p. elástico 1y1. Cerrar los puntos como se presentan. En los bordes de la espalda levantar con las mismas ag. y el mismo color

90p., tejer 6h. en p. elástico 1y1 y cerrar los puntos como se presentan. En una de las partes, abrir 6 ojales como se indica en páginas finales.

Pegar los botones. Coser el cuellito.

PANTALÓN

Se hacen las dos partes iguales.
En las ag. N°2 1/2, poner para cada pierna 30p. en rosa y tejer 3cm. en p. elástico 1y1. Cambiar a las ag. N°3 y aumentar 4p. en la primera hilera, quedan 34p.
Tejer en p. jersey, aumentando en el borde

interno de cada pierna, 3 veces 1p., cada 8 hileras, quedan 37p.

Al tener 16cm. desde el elástico, colocar las dos piernas en una aguja, agregando entre ambas 4p., quedan 78p.

Seguir recto y al tener 17cm. desde la entrepiernas, disminuir en una hilera 10p., quedan 68p.

Hacer 2cm. en p. falso elástico y cerrar todos los puntos como se presentan.

Armado: Coser los costados y la parte interna de las piernas.

Pasar el elástico por dentro de la cintura.

Puntos empleados:

Punto elástico 1y1: 1p.d., 1p.r., repetir todas las hileras.

Punto fantasía: 1h, 3h y 5h) 2p.r., 1p.d., *5p.r., 1p.d.*, repetir toda la hilera de * a * y terminar con 2p.r.

2h, 4h y 6h) tejer los puntos como se presentan.

7h, 9h y 11h) *5p.r., 1p.d.*, repetir toda la hilera de * a * y terminar con 5p.r.

8h, 10h y 12h) tejer los puntos como se presentan.

Punto falso elástico: * tejer 1p.d., subir la hebra, pasar 1p.r. sin tejer, bajar la hebra *, repetir de * a * todas las hileras del derecho y del revés.

Muestra: 10cm. = 29p. en p. fantasía con ag. N°3 1/2.

CAMPERITA ROSA

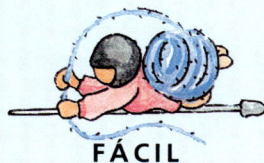

FÁCIL

TALLE: 3a. medida.
MATERIALES: Fibra acrílica para bebé tejida en 1 hebra, 90gr. en color rosa.
Agujas N°3 y N°3 1/2. 6 botones.

Espalda: Poner 77p. en las ag. N°3 y hacer 2cm. en p. elástico 1y1.
Cambiar a las ag. N°3 1/2 y tejer en p. fantasía durante 16cm.
Comenzar las sisas cerrando 6p. de cada lado y continuar recto hasta tener 12cm.
Cerrar de cada lado 20p. para los hombros y por último, los 25p. centrales para el escote de la espalda.

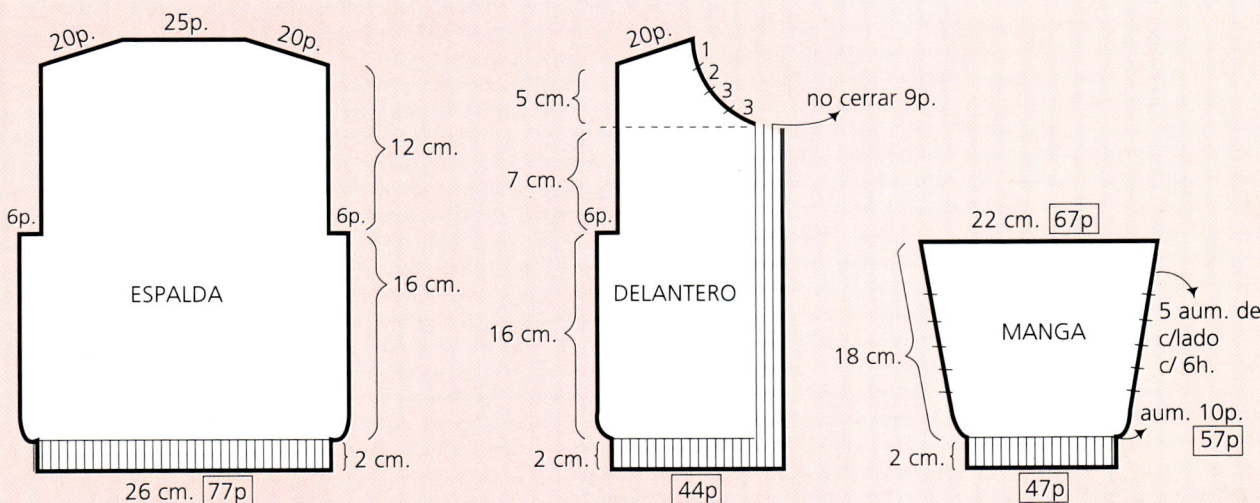

Delantera derecha: Poner 44p. en las ag. N°3 y tejer 2cm. en p. elástico 1y1, haciendo al empezar el orillo de 2p.d. (ver páginas finales).
Cambiar a las ag. N°3 1/2 y tejer en p. fantasía, manteniendo los 2p.d. de orillo y 7p. elástico para la vista.
A los 16cm. de altura desde el elástico, cerrar los 6p. de la sisa.
Seguir recto y a los 7cm., comenzar el escote, dejando en suspenso los 9p. de la vista.
Cerrar luego: 3p., 3p., 2p. y 1p. Completar 12cm. y cerrar los 20p. del hombro.

Hacer la otra delantera igual pero invertida.
Mangas: Poner 47p. en las ag. N°3 y tejer 12cm. en p. elástico 1y1.
Cambiar a las ag. N°3 1/2 y punto fantasía, aumentando en la primera hilera 10p.; quedan 57p.
Tejer haciendo de cada lado 1 aumento, cada 6 hileras, 5 veces; quedan 67p.
Completar 18cm. de altura desde el puño y cerrar todos los puntos sin ajustar.
Cuello y armado: Coser los hombros y los costados del cuerpo hasta las sisas.
Con ag. N°3, levantar 75p. alrededor del escote. Tejer 4h. en p. elástico 1y1 y 2h. en p. falso elástico, haciendo en los bordes el orillo de 2p.d. Cerrar los puntos en forma tubular (ver páginas finales). Cerrar las mangas a lo largo, dejando al final una abertura de 2cm. y pegarlas haciendo coincidir el centro de las mismas con las costuras de los hombros.
En la delantera derecha, abrir 6 ojales (ver páginas finales). Pegar los botones.

ESPALDA
20p. — 25p. — 20p.
6p. — 6p.
12 cm.
16 cm.
2 cm.
26 cm. 77p.

DELANTERO
20p.
5 cm.
7 cm.
6p.
16 cm.
2 cm.
44p
no cerrar 9p.

MANGA
22 cm. 67p
18 cm.
5 aum. de c/lado c/ 6h.
aum. 10p.
57p
2 cm.
47p

CON CUADROS CELESTES

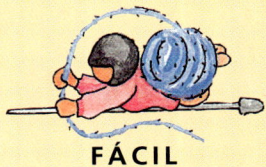

FÁCIL

TALLE: 3a. medida.
MATERIALES: Lana merino sedificada
semigorda tejida en 1 hebra, 100gr. en color
blanco y 30gr. en color celeste. Agujas N°3 ½
y N°4. 5 botones.

Puntos empleados:

Punto elástico 1y1: 1p.d., 1p.r., repetir
todas las hileras.
Punto jersey: 1 hilera derecho y 1 hilera
revés.
Muestra: 10cm = 21p. en p. jersey con ag.
N°4.
Espalda: En las ag. N°3 ½, poner 57p. con
blanco y tejer 3cm. en p. elástico 1y1.
Cambiar a las ag. N°4 distribuyendo los
puntos como sigue: 7p.d., 1p.r., (6p.d., 1p.r.)

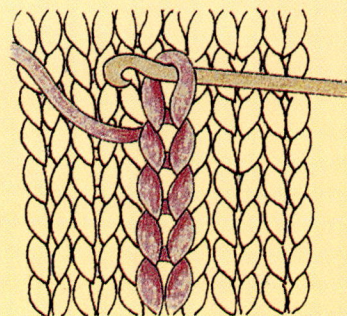

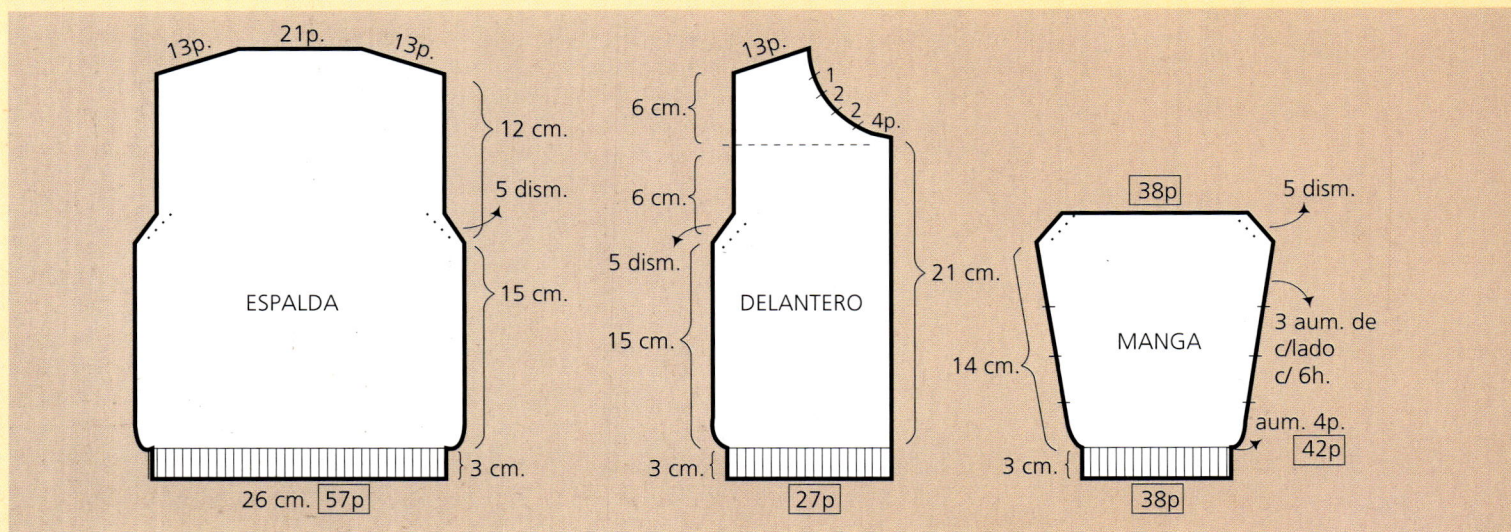

6 veces y terminar con
7p.d. Del revés, tejer los
puntos como se presentan.
Tejer alternando 8h. blanco y 2
hileras celeste.
Al tener 15cm. de altura desde el elástico,
comenzar las sisas, haciendo en todas las
hileras del derecho, al empezar y al terminar,
2p.d. de borde y 2p. juntos revés, 5 veces.
Completar 12cm. de altura de sisas, cerrar
13p. para cada hombro y por último los 21p.
centrales para el escote.
Delantera derecha: Poner 27p. en las ag.
N°3 ½ y tejer 3cm. en p. elástico 1y1.
Cambiar a las ag. N°4 y distribuir los puntos
de la siguiente forma: 5p.d., 1p.r., 6p.d.,
1p.r., 6p.d., 1p.r. y 7p.d.
Tejer alternando 8h. en blanco y 2h. celeste y
al tener 15cm. de altura desde el elástico,
hacer las disminuciones de la sisa igual que en
la espalda al final de las hileras del derecho
(del lado de los 7p.d.). A los 6cm. de altura de
sisa, cerrar para el escote al empezar las hileras
del derecho: 4p., 2p., 2p. y 1p. Completar
12cm. y cerrar los 13p. del hombro.

Hacer la otra delantera igual pero invertida.
Mangas: En las ag. N°3 ½, poner 38p. con
blanco y tejer 3cm .en p. elástico 1y1.
Cambiar a las ag. N°4, aumentando 4p. en
una hilera y distribuyendo los puntos de la
siguiente manera: 3p.d., 1p.r., 5 veces
(6p.d., 1p.r.) y terminar con 3p.d.
Tejer alternando 8h. blanco y 2h. celeste y
haciendo de cada lado 1 aumento, cada 6h.,
3 veces, quedan 48p.
Al tener 14cm. desde el puño, hacer en todas
las hileras del derecho, de ambos lados 1p.d.
de borde y 2p. juntos revés, 5 veces; quedan
38p.
Cerrar los puntos sin ajustar.
Armado y terminación: Bordar en todas las
piezas un punto cadena en celeste con ag. de
crochet (ver dibujo). Coser los hombros y los
costados del cuerpo hasta las sisas. Con ag.
N°3 ½, levantar con blanco 59p. alrededor
del escote, tejer 5h. en p. elástico 1y1 y cerrar
los puntos como se presentan.
En los bordes delanteros, levantar con las
mismas agujas 63p., tejer 6h. y cerrar.
En una de las delanteras, abrir 5 ojales como
se indica en páginas finales. Pegar los botones.
Coser las mangas haciendo coincidir el centro
de las mismas con las costuras de los hombros
y las disminuciones con las del cuerpo.

ESPALDA

- 21p.
- 13p. / 13p.
- 12 cm.
- 5 dism.
- 15 cm.
- 3 cm.
- 26 cm. 57p.

DELANTERO

- 13p.
- 1, 2, 2, 4p.
- 6 cm.
- 6 cm.
- 5 dism.
- 15 cm.
- 3 cm. 27p.
- 21 cm.

MANGA

- 38p.
- 5 dism.
- 3 aum. de c/lado c/ 6h.
- 14 cm.
- aum. 4p. 42p.
- 3 cm.
- 38p.

MI PRIMER TAPADO

DIFÍCIL

TALLE: 3a medida.
MATERIALES: Cashmilon de bebé tejido en 3 hebras (2 blancas y 1 rosa), aproximadamente 200gr. de blanco y 100gr. de rosa. Agujas N°5 y N°3 ¹/2. 4 botones grandes y 2 chicos.

Puntos empleados:
Punto falso elástico: * tejer 1p.d., subir la hebra, pasar 1p.r. sin tejer, bajar la hebra*, repetir de * a * todas las hileras del derecho y del revés.
Punto Santa Clara: todas las hileras al derecho.
Punto jersey: 1 hilera derecho, 1 hilera revés.
Punto ochito calado:
1h) Pasar 1p. sin tejer, tejer 2p.d., y montar sobre éstos el p. sin tejer.
2h) 2p. revés.
3h) 1p.d., 1 lazada, 1p.d.
4h) 3p. revés.
Repetir desde la primera hilera.
Muestra: 10cm = 17p. en p. jersey con ag. N°5.
Ejecución: Se comienza por el cuello.
Poner 72p. con las ag. N°5, tejer 2 hileras en p. falso elástico y 2 hileras en p. elástico 1 y 1. Cambiar a p. Sta. Clara y tejer de la siguiente manera:
1h) 19p.d. (delantera), 1 aumento, 3p. guía (1p.r., 1p.d., 1p.r.), 1 aum., 4p.d. (mangas), 1 aum., 3p. guía, 1 aum., 14p.d. (espalda), 1

aum., 3p. guía, 1 aum., 4p.d. (manga), 1 aum., 3p. guía, 1 aum., 3p.d. (delantera), quedan 16p. en la ag. izquierda. Volver.
2h) (del revés) 4p.d., 3p.r. (son los 3p. guía), 6p.d., 3p.r., 16p.d., 3p.r., 6p.d., 3p.r. y 4p.d., quedan 16p. en la ag. izquierda. Volver.
3h) 4p.d., 1 aum., 3p. guía, 1 aum., 6p.d., 1 aum., 3p. guía, 1 aum., 16p.d., 1 aum., 3p. guía, 1 aum., 6p.d., 1 aum., 3p. guía, 1 aum., 2p.d. Volver.
4h) 3p.d., 3p.r., 8p.d., 3p.r., 18p.d., 3p.r., 8p.d., 3p.r. y 3p.d. Volver.
5h) 3p.d., 1 aum., 3p. guía, 1 aum., 8p.d., 1 aum., 3p. guía, 1 aum., 18p.d., 1 aum., 3p. guía, 1 aum., 8p.d., 1 aum., 3p. guía, 1 aum., 21p.d.
6h) 22p.d., 3p.r., 10p.d., 3p.r., 20p.d., 3p.r., 10p.d., 3p.r. y 22p.d.
Continuar de esta manera aumentando en todas las hileras del derecho del tejido, 1p. a cada lado de los 3p. guía, en total 13 veces (quedan 13 cordones de Sta. Clara y 176p.).
En la siguiente hilera del derecho dejar 34p. en suspenso (delantera) y tejer la manga sobre los próximos 32p.
Hacer de cada lado 1 aum. (quedan 34p.), tejer 15cm. en p. jersey, disminuir 4p. en una hilera y terminar con 7 cordones (14h.) de Sta. Clara. Cerrar del derecho.
Dejar 44p. en suspenso (espalda) y hacer la otra manga.
Retomar los p. en suspenso y tejer:
16p. Sta. Clara (vista), aumentar 6p.

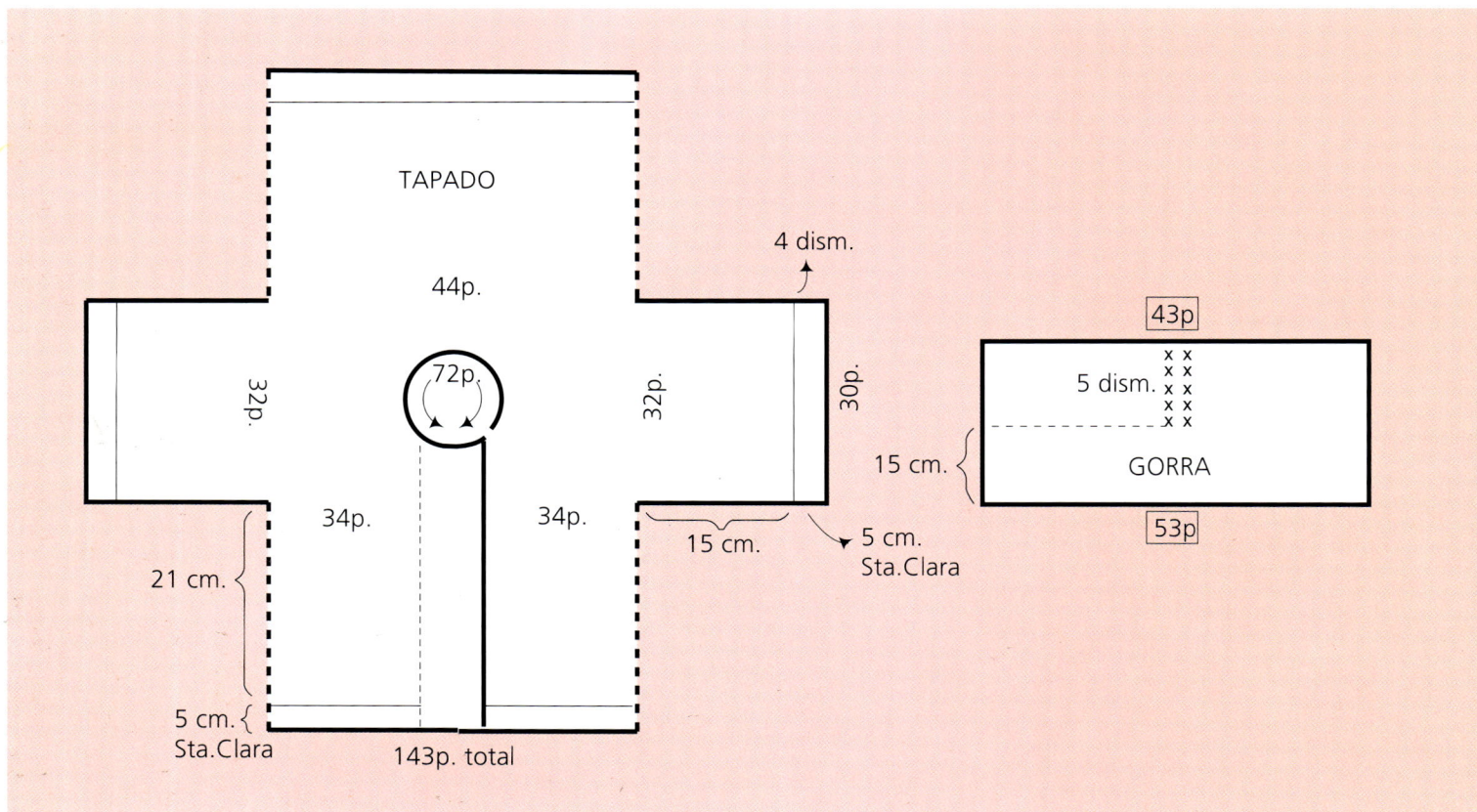

TAPADO

44p.

72p.

32p.

32p.

30p.

4 dism.

15 cm.

5 cm. Sta.Clara

34p.

34p.

21 cm.

5 cm. Sta.Clara

143p. total

43p.

5 dism.

15 cm.

GORRA

53p.

distribuidos en los siguientes 18p. (quedan 24p.), agregar 3p., aumentar 13p. distribuidos en los siguientes 44p. (quedan 57p.), agregar 3p., aumentar 6p. en los próximos 18p. y terminar con 16p. Sta. Clara (quedan 143p.).

Tejer en p. jersey y al tener 12 hileras, comenzar con el p. ochitos calados, haciendo al empezar y entre ellos 3p.r.

En la 10ª hilera, aumentar 1p. en cada ochito, para tener 143p.

Tejer 10h. en p. jersey y repetir las 10h. de p. ochitos calados.

Completar con 12h. de p. jersey y 6 cordones de p. Sta. Clara. Cerrar del lado revés.

Cuello: En las ag. N°3 1/2 poner 44p. y tejer 2cm. en p. jersey, haciendo en la 2ª hilera 1 aum. cada 2p. al empezar y al terminar el cuello (quedan 50p.).

Continuar en p. jersey durante 3cm. pero con ag. N°5.

Para terminar, levantar en cada extremo del cuello 11p. (quedan 72p.), tejer 3 cordones (6 hileras) de Sta. Clara y cerrar del revés.

Armado: Coser las mangas y sisa. Hacer en el extremo de cada delantera 1 ojalillo bordado (ver página 60) y abrir en la derecha

2 pares de ojales, el primer par a 18cm. del borde y el otro a 8cm. (ver páginas finales).

GORRA

Materiales: Cashmilon de bebé tejido en 3 hebras (2 blancas y 1 rosa), aproximadamente 40gr. en blanco y 20gr. en rosa. Agujas N°5. 1 botón.

Puntos empleados:

Punto Santa Clara: todas las hileras del derecho.

Muestra: 10cm. = 16p. en Sta. Clara con ag. N°5.

Ejecución: En las ag. N°5 poner 53p. y tejer en p. Sta. Clara. Al tener 15cm. de altura, hacer en todas las hileras del derecho, 2p. juntos derechos a cada lado del p. central, 5 veces (quedan 43p.). Cerrar los puntos sin ajustar. Para la tira del cuello, poner 64p., tejer 3 cordones en p. Sta. Clara (6 hileras) y cerrar sin ajustar.

Armado: Doblar el gorro por la mitad y coser. Pegar la tira del cuello, doblando hacia afuera un borde de 3,5cm. del gorro, dejando libres los 9cm. de un extremo.

Hacer 1 ojal bordado y pegar el botón.

Puntos empleados:

Punto elástico 1y1: 1p.d., 1p.r., repetir todas las hileras.

Punto jersey: 1 hilera derecho y una hilera revés.

Punto damero: 1h y 3h) 4p.d., 4p.r., toda la hilera.

2h y 4h) como se presentan los puntos.

5h y 7h) 4p.r., 4p.d., toda la hilera.

6h y 8h) como se presentan los puntos.

Repetir desde la primera hilera.

Punto espiga: sobre 6p.

1h) 6p.d.

2h) 6p.r.

3h) sacar 2p.d. en ag. aux. hacia atrás del tejido, tejer 1p.d. y los 2p. de la ag. aux. al derecho; sacar 1p.d. en ag. aux. hacia adelante del tejido, tejer 2p.d. y el p. de la ag. aux., al derecho.

4h) 6p.r.

Repetir desde la primera hilera.

Punto ochos: sobre 4p.

1h) 4p.d.

2h) 4p.r.

3h) sacar 2p.d. en ag. aux. hacia adelante del tejido, tejer 2p.d. y los 2p. de la ag. aux., al derecho.

4h) 4p.r.

Repetir desde la primera hilera.

Punto falso elástico: *tejer 1p.d., subir la hebra, pasar 1p.r. sin tejer, bajar la hebra*, repetir de * a * en todas las hileras del derecho y del revés.

Muestra: 10cm. = 25p. en p. damero con ag. N°3 1/2.

PULÓVER

Espalda: En las ag. N°3, poner 70p. y tejer 3cm en p. elástico 1y1.

Cambiar a las ag. N°3 1/2, aumentando 6p. en una hilera, quedan 76p.

Tejer distribuyendo los puntos de la siguiente manera: 1p.d., 16p. damero, 3p.r., 4p. ocho, 3p.r., 6p. espiga, 3p.r., 4p. ocho, 3p.r., 6p. espiga, 3p.r., 4p. ocho, 3p.r., 16p. damero, 1p.d. Los 3p.r., del revés, se tejen al revés.

Al tener 15cm. desde el elástico, comenzar las sisas tejiendo de ambos lados 2p. juntos revés a 1p.d. del borde, 4 veces en todas las hileras del derecho.

A los 12cm. de altura de sisas, cerrar los 26p. centrales para el escote y continuar para los 21p. de cada hombro en p. elástico 1y1, 4h. Cerrar los puntos como se presentan.

Delantera: Se hace igual que la espalda, pero al tener 7cm. de altura de sisas, comenzar el escote cerrando los 6p. centrales. Luego, cerrar de cada lado: 5p., 3p. y 2p. Completar 12cm. de altura de sisas, pero haciendo las últimas 4h. en p. elástico 1y1. Cerrar los puntos como se presentan.

CON AROMA A LIMÓN

NO TAN FÁCIL

TALLE: 3a. medida.

MATERIALES: Fibra acrílica para bebé tejida en 1 hebra, 180gr. en color amarillo. Agujas N°3 y N°3 1/2. 4 botones. 45cm. de elástico para la cintura.

En cada hombro, abrir 2 ojales (ver páginas finales) y pegar los botones.

PANTALÓN
Se hacen las 2 partes iguales.
Para cada pierna, poner 24p. en las ag. N°3 y tejer 3cm. en p. elástico 1y1.
Cambiar a las ag. N°3 ¹/2, aumentando 8p. en una hilera, quedan 32p.
Tejer en p. damero, haciendo en el borde interno de las piernas 1 aumento cada 8 hileras 5 veces, quedan 37p.
Al tener 17cm. de altura desde el elástico, colocar las 2 piernas en una aguja, agregando entre ellas 2p., quedan 76p.
Tejer 18cm. más, disminuir 12p. en una hilera (quedan 64p.) y tejer 2cm. en p. falso elástico. Cerrar los puntos como se presentan.
Armado: Coser la parte externa e interna de las piernas. Pasar el elástico por la cintura.

Mangas: En las ag. N°3, poner 42p. y tejer 3cm. en p. elástico 1y1.
Cambiar a las ag. N°3 ¹/2, aumentando 6p. en una hilera, quedan 48p. Tejer de la siguiente forma: 11p. damero (comenzando con 3p.d.), 3p.r., 4p. ocho, 3p.r., 6p. espiga, 3p.r., 4p. ocho, 3p.r. y 11p. damero (terminando con 3p.d.). Aumentar de cada lado 1p. cada 6h., 7 veces; quedan 62p. Los puntos aumentados se tejen en p. damero.
Al tener 15cm. desde el puño, hacer las 4 disminuciones como en el cuerpo; quedan 54p. Cerrar los puntos sin ajustar.
Cuello y armado: Coser los costados del cuerpo hasta las sisas y las mangas a lo largo.
Para el cuello de la espalda, levantar 32p. con ag. N°3, incluyendo los bordes de p. elástico, tejer 5h. en p. elástico y cerrar los p. como se presentan.
Para el cuello de la delantera, levantar 42p. y tejer de la misma manera.
Superponer las 4h. de elástico de la delantera y espalda y pegar las mangas.

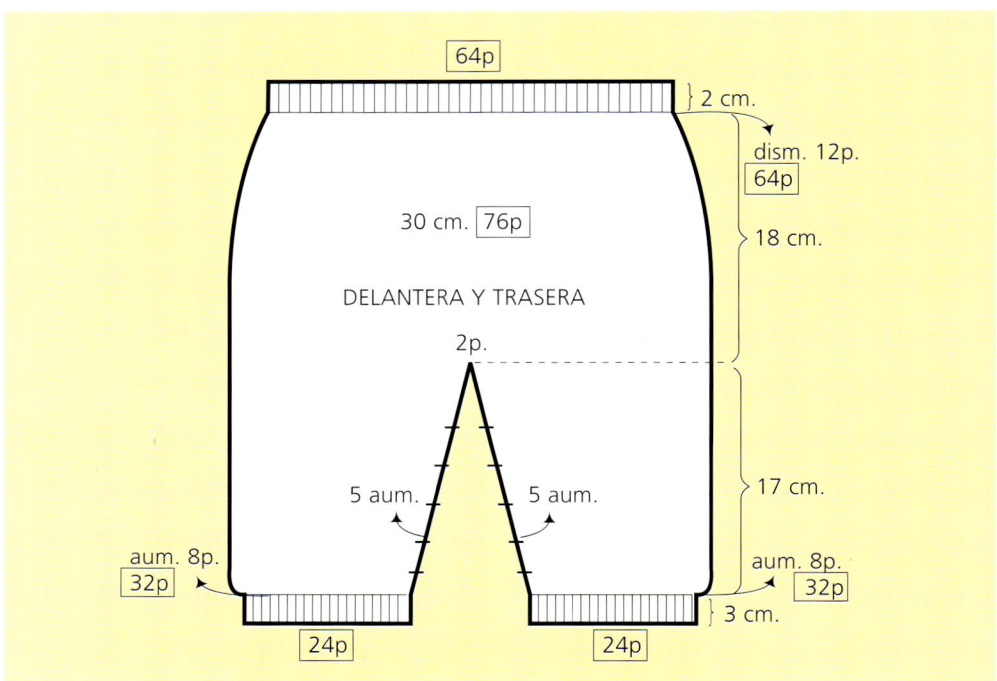

64p.
} 2 cm.
dism. 12p.
64p.
} 18 cm.
30 cm. 76p.
DELANTERA Y TRASERA
2p.
5 aum.   5 aum.
} 17 cm.
aum. 8p. 32p.   aum. 8p. 32p.
} 3 cm.
24p.   24p.

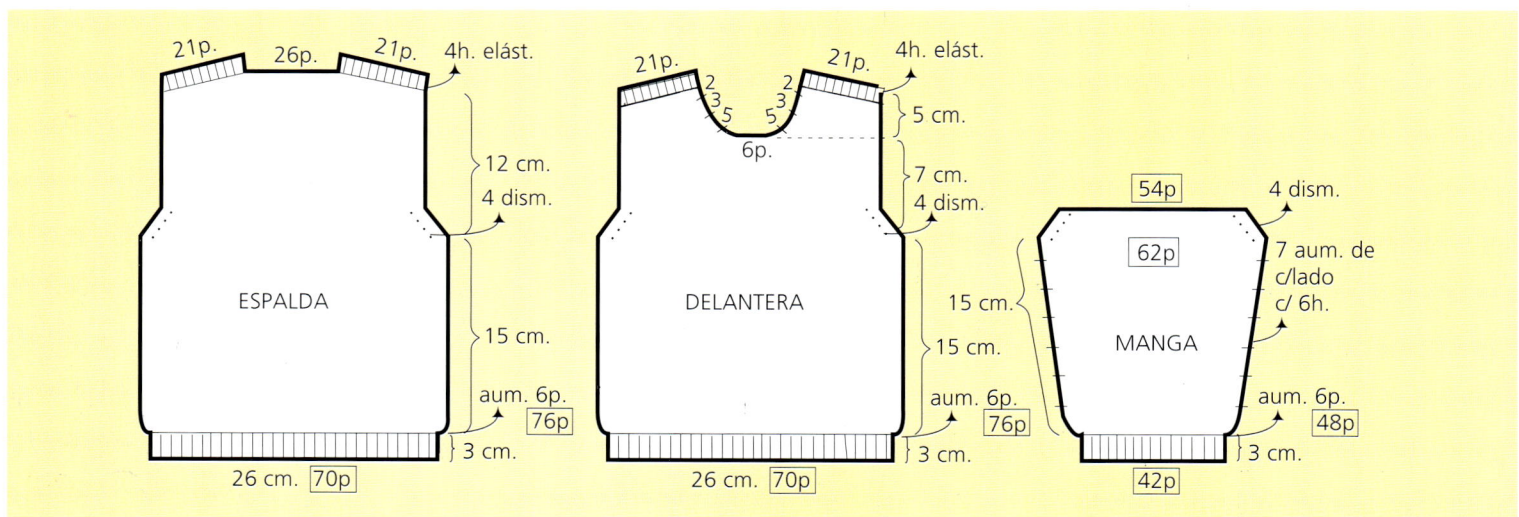

21p.   26p.   21p.   4h. elást.
} 12 cm.
4 dism.
ESPALDA
} 15 cm.
aum. 6p. 76p.
} 3 cm.
26 cm. 70p.

21p.   21p.   4h. elást.
2 3 5   2 3 5
6p.
} 5 cm.
} 7 cm.
4 dism.
DELANTERA
} 15 cm.
aum. 6p. 76p.
} 3 cm.
26 cm. 70p.

54p.   4 dism.
62p.   7 aum. de c/lado c/ 6h.
15 cm.
MANGA
aum. 6p. 48p.
} 3 cm.
42p.

¡HICO
HICO!

NO TAN FÁCIL

TALLE: 3a. medida
MATERIALES: Fibra acrílica para bebé tejida en 1 hebra, 160gr. en color blanco, 20gr. en celeste y hebras de azul, amarillo y ocre. Agujas N°3 y N°3 ¹/2. 17 botones.

Puntos empleados:
Punto elástico 1y1: 1p.d., 1p.r., repetir todas las hileras.
Punto jersey: 1 hilera derecho y 1 hilera revés.
Punto falso elástico: *tejer 1p.d., subir la hebra, pasar 1p.r. sin tejer, bajar la hebra*, repetir de * a *, en todas las hileras del derecho y del revés.
Punto ochos: sobre 3p.
1h) 3p.d.
2h) 3p.r.
3h) sacar 1p.d. en ag. aux. hacia adelante del tejido, tejer 2p.d. y el p. de la ag. aux., al derecho.
4h) 3p.r.
Repetir desde la primera hilera.
Muestra: 10cm. = 27p. jersey con ag. N°3¹/2.

JARDINERO
Se hace en una sola pieza.
Para cada pierna, poner 62p. con celeste en ag. N°3 o comenzar en forma tubular con la mitad de los puntos, como se indica en páginas finales, con ag. N°3 ¹/2.
Cambiar a las ag. N°3 y tejer en blanco alternando 2p.r. y 3p. ocho toda la hilera, durante 8 hileras. Volver a las ag. N°3 ¹/2, aumentando la primera hilera 13p., quedan 75p.
Tejer en p. jersey, haciendo de cada lado 1 aumento cada 8 hileras, 4 veces, quedan 83p. Al tener 18cm. de altura de jersey, dejar en suspenso.

A continuación, poner en una aguja 2p., colocar una pierna, poner otros 2p., colocar la otra pierna y poner 2p. al final, quedan 172p.
Tejer 17cm., disminuir 15p. en una hilera (quedan 157p.) y seguir con 8cm. en p. ochos separados por 2p.r.
Terminar con 3h. en p. falso elástico con celeste y cerrar en forma tubular como se indica en páginas finales.
Armado y terminación: Hacer la costura de la espalda.
En el borde interno de las piernas de delantera y espalda, levantar con ag. N°3 y color blanco, 115p. Tejer 5h. en p. elástico 1y1 y cerrar los puntos como se presentan.
En la delantera, abrir 9 ojales (ver páginas finales). Pegar los botones.
Para los breteles, poner 9p. en ag. N°3 con blanco y tejer 20cm. en p. elástico 1y1. Coser los breteles a la espalda, abrir 2 ojales en la delantera y pegar los botones.
En la pierna derecha, bordar el caballito siguiendo el diagrama.

CAMPERITA
Cuerpo: Se hace en una pieza.
Poner 191p. con celeste en ag. N°3 o comenzar en forma tubular, con la mitad de los puntos como se indica en páginas finales, con ag. N°3 ¹/2.
Cambiar a las ag. N°3 y con color blanco tejer: 7p. vista (2p.d. de orillo y 5p. elástico 1y1), 177p. alternando 2p.r. y 3p. ocho y 7p. vista (5p. elástico 1y1, 2p.d. de orillo). Para

hacer el orillo de 2p.d., ver páginas finales.
Al tener 8 hileras, cambiar nuevamente a las ag. N°3 ¹/2., disminuyendo 43p. en los 177p. centrales, quedan 148p.
Tejer en p. jersey, continuando con los 7p. de vista de cada lado, hasta tener 18cm. de altura total y comenzar las sisas.
Para esto, tejer 38p. (delantera), cerrar 4p., tejer 64p. (espalda), cerrar 4p. y tejer 38p. (delantera).
Para la espalda, hacer 12cm. recto, cerrar de cada lado 20p. para los hombros y por último los 24p. centrales para el escote.
En las delanteras, al tener 7cm. de altura de sisas, comenzar el escote dejando en suspenso los 7p. de la vista y cerrar luego: 4p., 3p., 2p. y 2p. Completar 12cm. y cerrar los 20p. del hombro.
Mangas: Poner 47p. con celeste en ag. N°3 o empezar en forma tubular con la mitad de los puntos como se indica en páginas finales, con ag. N°3 ¹/2.
Cambiar a las ag. N°3 y tejer 8h. alternando 2p.r. y 3p. ocho.
Volver a las ag. N°3 ¹/2 y tejer en p. jersey, aumentando de cada lado 1p., cada 6h., 6 veces; quedan 59p.
Al tener 20cm. de altura total, cerrar todos los puntos de una vez y bien flojos.
Armado y terminación: Coser los hombros y las mangas a lo largo, dejando al final una abertura de 1cm. Pegar las mangas haciendo coincidir el centro de las mismas con las costuras de los hombros y la abertura con los p. cerrados en las sisas, formando ángulo recto. Con ag. N°3 y color blanco levantar alrededor del escote 77p.
Tejer 8h. alternando 3p. ocho y 2p.r., manteniendo los 7p. de vista de cada lado.
Terminar con 3h. en p. falso elástico celeste y cerrar en forma tubular (ver páginas finales).
En la delantera izquierda, abrir 6 ojales (ver páginas finales) y pegar los botones. Bordar la cabeza del caballito.

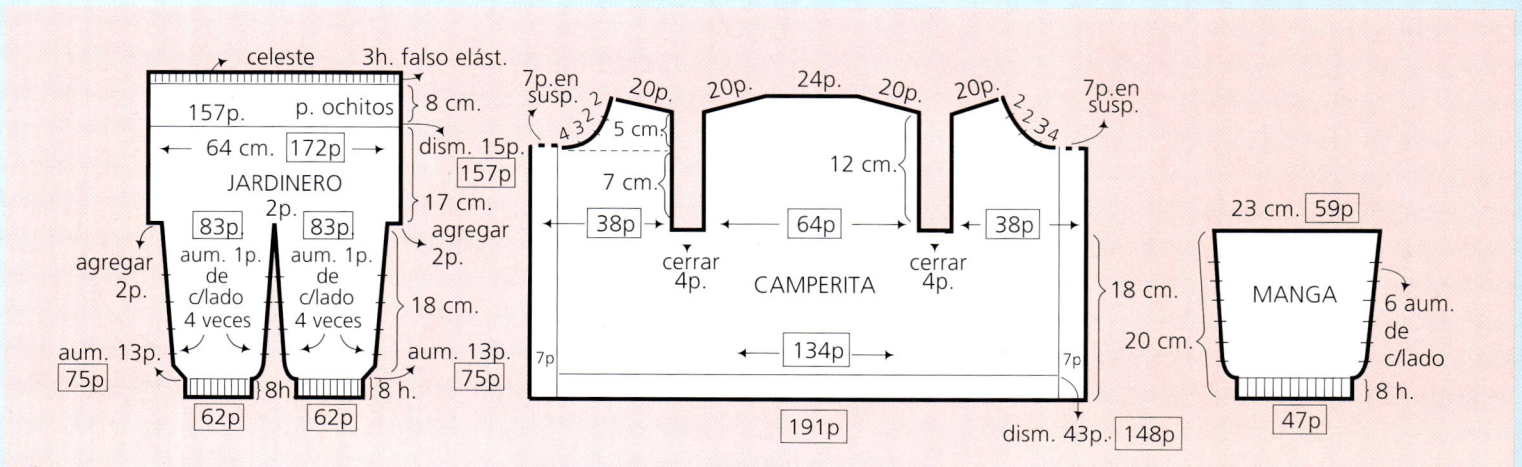

● = azul   ○ = ocre   − = amarillo   ⊠ = celeste

MI PRIMERA ROPA INTERIOR

CAMISETA ROSA
TALLE: 1a. medida.
MATERIALES: Fibra acrílica para bebé tejida en 1 hebra, 40gr. en color rosa.
Agujas N°3 1/2. 4 botones.

FÁCIL

Tejer así durante 3cm. y cerrar para el escote los 12p. centrales, quedan 15p. para cada bretel.
A los 4cm. de altura del bretel, tejer todos los puntos en p. Sta. Clara durante 1cm. y cerrar.
Armado: Coser los costados del cuerpo hasta las sisas.
En cada bretel delantero, abrir 2 ojales (ver páginas finales) y pegar los botones.

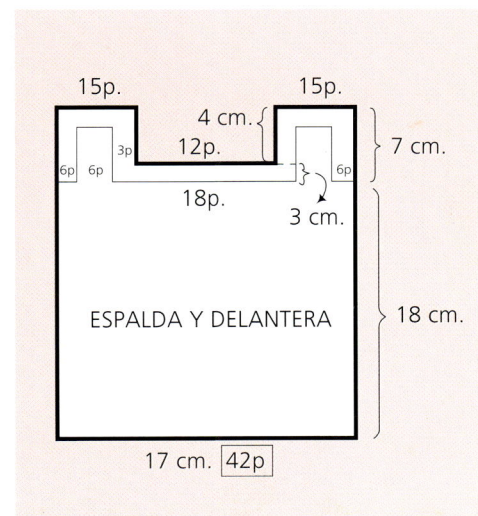

Puntos empleados:
Punto Santa Clara: todas las hileras al derecho.
Punto ochito calado: 1h) 1p.d., 1 lazada, 1p.d.
2h) 3p. revés.
3h) pasar 1p.d. sin tejer, tejer 2p.d. y montar sobre éstos el p. sin tejer.
4h) 2p. revés.
Repetir continuamente estas 4 hileras.
Muestra: 10cm. = 25p. en p. ochitos separados por 2p.r.
Ejecución: Se hacen 2 partes iguales.
Poner 42p. en las ag. N°3 1/2 y tejer 2p.r. y 2p. ochito calado, toda la hilera.
Al tener 18cm. de altura, distribuir los puntos de la siguiente manera: 6p. Sta. Clara, 2p. ochito calado, 2p.r., 2p. ochito calado, 18p. Sta. Clara, 2p. ochito calado, 2p.r., 2p. ochito calado y 6p. Sta. Clara.

15p.   15p.
4 cm.
6p 6p 3p   12p.   7 cm.
18p.
3 cm.

ESPALDA Y DELANTERA   18 cm.

17 cm. 42p

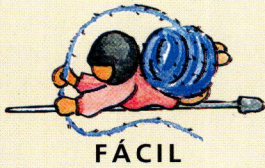

CAMISETA BLANCA

TALLE: 3a. medida
MATERIALES: Fibra acrílica para bebé tejida en 1 hebra, aproximadamente 30gr. Agujas N°3 ^{1}/2.12cm. de cinta de raso de 2 ^{1}/2 cm. de ancho.

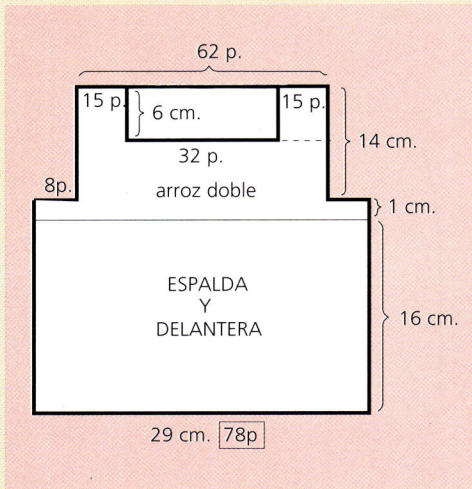

Puntos empleados:
Punto elástico 2 y 2: 2p.d., 2p.r., repetir todas las hileras.
Punto arroz doble: 1h) 1p.d., 1p.r., toda la hilera.
2h) y todas las hileras pares, como se presentan los puntos.
3h) 1p.r., 1p.d., o sea, contrariando toda la hilera.
Repetir desde la 1ª hilera.
Muestra: 10cm. = 27p. en p. arroz doble con ag. N°3 ^{1}/2.
Espalda: Poner 78p. en ag. N°3 ^{1}/2 y tejer 16cm. en p. elástico 2 y 2.
Cambiar a p. arroz doble, tejer 1cm. y cerrar 8p. para las sisas de cada lado. Continuar recto y al tener 14cm. de altura de sisas, cerrar todos los p. de una vez, sin ajustar.
Delantera: Tejer igual que la espalda, pero a los 8cm. de altura de sisas cerrar para el escote los 32 p. centrales como se presentan. Continuar con los 15p. de cada bretel, completar los 14cm. y cerrar.
Armado: Coser los hombros y los costados del cuerpo hasta las sisas. Tejer alrededor del escote y las sisas, una hilera de medio punto y otra de p. cangrejo al crochet. Pasar la cinta por el tejido, simulando un moño.

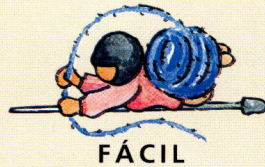

CON OCHOS

TALLE: primeros días.
MATERIALES: Fibra acrílica para bebé tejida en 1 hebra, 60gr. en color blanco. Agujas N°2 ^{1}/2 y N°3. 4 botones.

Puntos empleados:
Punto elástico 2 y 2: 2p.d., 2p.r., repetir todas las hileras.
Punto Sta. Clara: todas las hileras al derecho.
Puntos ochos dobles: sobre 6p.
1h) 6p.d.
2h) y todas las pares: 6p.r.
3h) sacar 1p.d. en ag. aux., hacia adelante del tejido, tejer 2p.d. y el p. de la ag. aux. al derecho, 3p.d.
5h) 3p.d., sacar 1p. en ag. aux. hacia adelante del tejido, tejer 2p.d. y el p. de la ag. aux., al derecho.
Repetir desde la 3ª hilera.
Muestra: 10cm. = 44p. en p. elástico 2 y 2.
Espalda: Poner 70p. en las ag. N°3 y tejer en p. elástico 2 y 2, haciendo 2p.d. de borde.
Al tener 15cm de altura, cambiar a las ag. N°2 ^{1}/2 y tejer en p. Sta. Clara 4 cordones (8 hileras). A continuación, cerrar de cada lado 6p. para las sisas y seguir hasta tener 11 cordones (aproximadamente 4cm.).

Para el escote, cerrar 38p. y continuar para los breteles sobre los 10p. de cada lado. Tejer 9cm y cerrar.
Delantera: En las ag. N°3, poner 70p. y tejer 2p.d., 8 veces (2p.r. y 6p. ochos dobles), 2p.r. y 2p.d. Al tener 15cm. de altura, cambiar a las ag. N°2 ^{1}/2 y tejer: 26p. Sta. Clara, 2p.r., 6p. ochos dobles, 2p.r., 6p. ochos dobles, 2p.r. y 26p. Sta. Clara. Hacer 4 cordones de Sta. Clara y cerrar de cada lado 6p. para las sisas. Seguir hasta tener 9 cordones y luego tejer sobre todos los puntos 2 cordones más. Cerrar todos los puntos en una hilera del lado del revés.
Armado: Coser los costados hasta las sisas. En la delantera, abrir 4 ojales como se indica en páginas finales y en cada bretel, coser los botones.

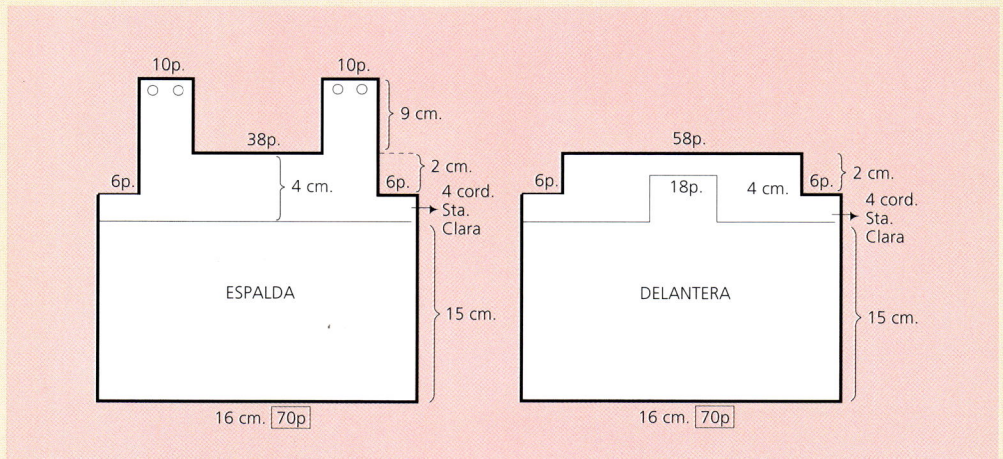

BOMBACHA

TALLE: 2a. medida.
MATERIALES: Cadenita de fibra acrílica tejida en una hebra, aproximadamente 60gr. en color blanco. Agujas N°4 1/2. 45cm. de elástico. 1,20m. de cinta.

Puntos empleados:
Punto jersey: 1 hilera derecho y 1 hilera revés.
Punto falso elástico: *tejer 1p.d., subir la hebra, pasar 1p. sin tejer con la hebra por delante, bajar la hebra*, repetir de *a* todas las hileras del derecho y del revés.
Punto ochos alternados: 1h) al derecho.
2h) y todas las hileras pares, al revés.
3h) *6p.d.; sacar 2p. en ag. aux. hacia adelante del tejido, tejer 2p.d. y los 2p. de la ag. aux., al derecho*, repetir de * a * y terminar con 6p.d.
5h) al derecho.
7h) 1p.d.; * sacar 2p. en ag. aux. hacia adelante del tejido, tejer 2p.d. y los 2p. de la ag. aux., al derecho; 6p.d.*, repetir de *a* y

terminar con 1p.d.
Repetir desde la 1ª hilera.
Muestra: 8cm = 17p. en p. ochos trenzados con ag. N°4 1/2.
Ejecución: Se tejen las dos partes iguales.
Poner para cada pierna 33p. en las ag. N°41/2 y tejer 1,5cm en p. falso elástico.
Colocar ambas piernas en una ag., agregando en el centro 11p.
Tejer 33p. ochos alternados (terminando con 3p.d.), 11p.d. para el triángulo de entrepiernas y 33p. en p. ochos alternados (comenzando con 3p.d.).
Para formar el triángulo, hacer en todas las hileras del derecho, al comenzar, 1 disminución simple (ver páginas finales) y al terminar, 2p. juntos derechos, hasta que queden 66p.
Completar 22cm. desde la entrepiernas, tejer 2cm en p. falso elástico y cerrar los p. como

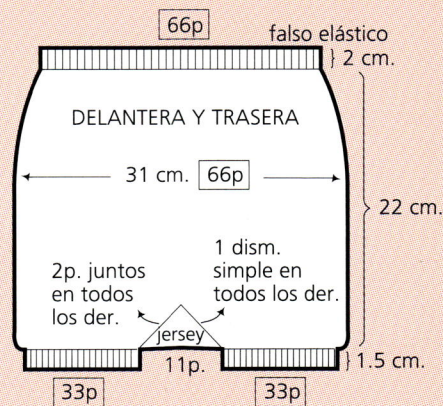

se presentan, sin ajustar.
Armado: Coser los costados, la entrepiernas y pasar el elástico por dentro de la cintura. Pegar los moños.

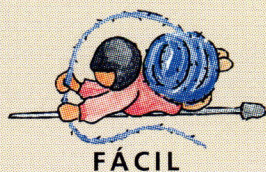

CON BORDADO CELESTE

TALLE: 2da. medida.
MATERIALES: Fibra acrílica para bebé tejida en 1 hebra, 30gr. en color blanco.
Agujas N°3 1/2 . 4 botones. Hebras de celeste para bordar y un poco de cinta.

Puntos empleados:
Punto canelón 3y3: 3p.d., 3p.r., repetir todas las hileras.

Punto elástico 1y1: 1p.d., 1p.r., repetir todas las hileras.
Muestra: 10cm. = 26p. en p. canelón 3y3 con ag. N°3 1/2.
Ejecución: Se hacen las dòs partes iguales.
Poner 69p. en las ag. N°3 1/2 y tejer en p. canelón, empezando con 3p.d., durante 13cm. Entonces, comenzar las sisas, tejiendo: 12p. elástico 1y1 (comenzando con 1p.d.), 45p. en p. canelón y 12p. en p. elástico 1y1.
Al tener 2cm., cerrar de cada lado 6p. y continuar durante 6cm. con 6p. elástico de borde de ambos lados.
Para empezar el escote, tejer durante 2cm.: 6p. elástico 1y1, 3p.d., 39p. elástico 1y1, 3p.d. y 6p. elástico 1y1.
Cerrar los 27p. centrales como se presentan,

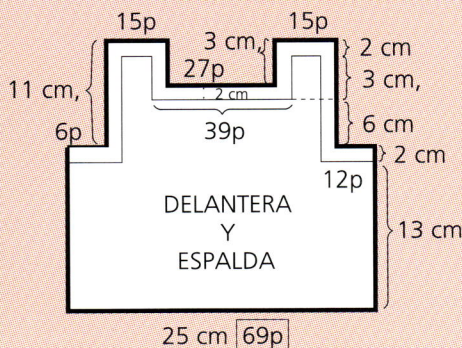

continuar para los breteles los 15p. de cada extremo como están y luego tejer sobre ellos 2cm. en p. elástico.
Cerrar los puntos como se presentan.
Armado: Coser los costados hasta las sisas. Bordar con celeste en punto cadena con aguja de crochet (ver página 78). En cada bretel delantero, abrir 2 ojales (ver páginas finales). Pegar los botones y los moñitos.

PARA JUGAR ABRIGADOS

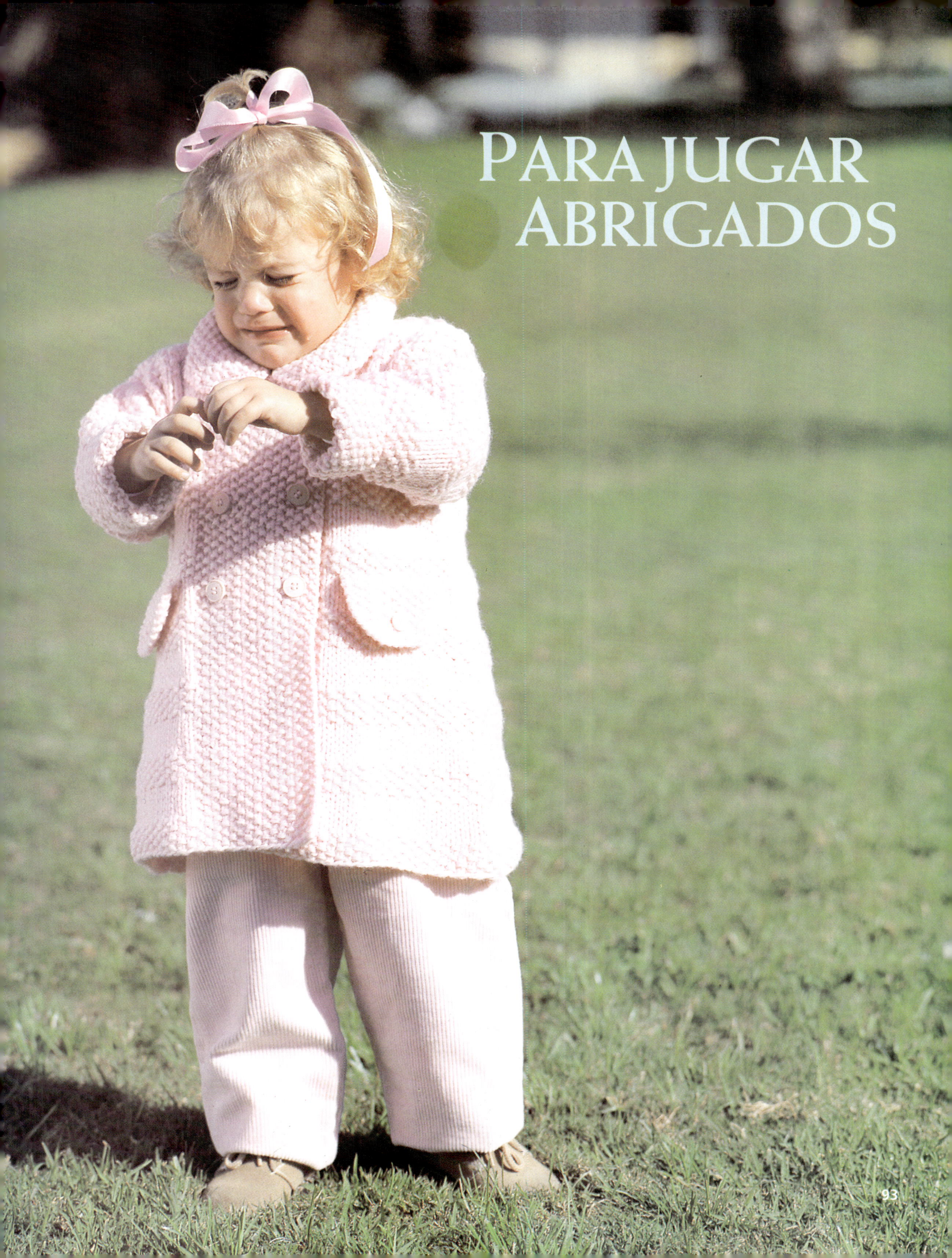

FÁCIL

TALLE: 1 año.
MATERIALES: Lana shetland semigorda tejida en 2 hebras, 350gr. en color celeste. Agujas N°5 ¹/2. 6 botones grandes y 3 chicos, al tono.

do del lado izquierdo 1p. cada 10 hileras, 5 veces.

Al tener 29cm. de altura, hacer las 5 disminuciones de la sisa como en la espalda. A los 9cm. de altura de sisa, cerrar para el escote: 10p., 3p., 2p., 1p. y 1p. Completar 15cm. de altura de sisa y cerrar los 12p. del hombro.

Mangas: En las ag. N°5 ¹/2, poner 28p. y tejer en p. arroz.

Hacer 4 cm. recto y aumentar de cada lado 1p. cada 6 hileras, 6 veces, quedan 40p. Al tener 23cm. de altura, hacer de cada lado las 5 disminuciones como en el cuerpo, quedan 30p. Cerrar los puntos sin ajustar.

Cuello y bolsillos: Para el cuello, poner 51p. en las ag. N°5 ¹/2 y tejer 6cm. en p. arroz. Cerrar de cada lado 1p., 2 veces al comenzar, quedan 47p. Cerrar los puntos como se presentan sin ajustar.

Para los bolsillos, poner 13p., tejer 8cm. y cerrar de cada lado 1p., 2 veces; quedan 9p. Cerrar los puntos como se presentan.

Armado y terminación: Hacer alrededor de los puños, cuello, bordes delanteros y bordes de los bolsillos, una hilera de p. cangrejo al crochet (ver páginas finales) con 1 hebra de lana y ag. N°3.

Coser los hombros, los costados del cuerpo hasta las sisas y las mangas a lo largo. Pegar las mangas haciendo coincidir el centro de las mismas con las costuras de los hombros y las disminuciones con las del cuerpo.

Hacer alrededor del escote una hilera de medio punto al crochet (ver páginas finales) para sujetar. Coser el cuello y los bolsillos.

En la delantera izquierda, abrir 3 pares de ojales (ver páginas finales) con 8p. de separación entre sí. El primer par a 19cm. del borde inferior y los otros cada 8cm. En el extremo de esa delantera, bordar un ojalillo (ver página 60). Coser los botones.

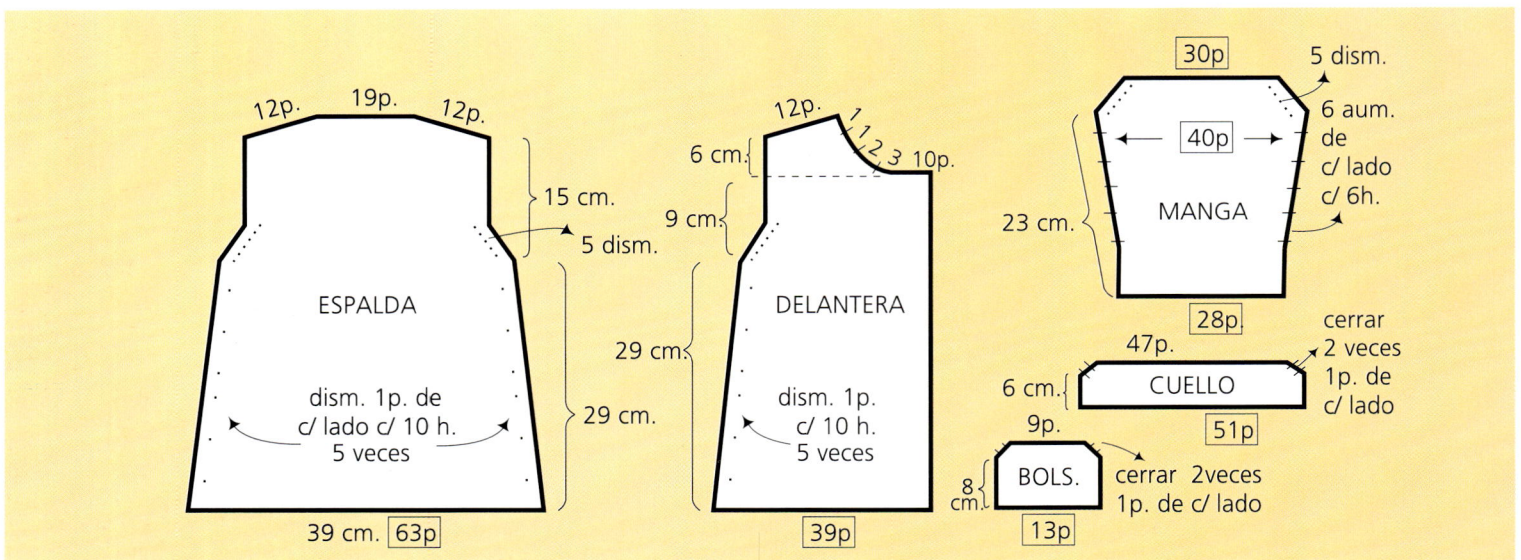

Puntos empleados:
Punto arroz: 1h) 1p.d., 1p.r., repetir toda la hilera.
2h)1p.r., 1p.d., o sea contrariando toda la hilera.
Repetir siempre estas 2 hileras.
Muestra: 10cm. = 16p. en p. arroz con ag. N°5 ¹/2.
Espalda: Poner 63p. en ag. N°5 ¹/2 y tejer en p. arroz, disminuyendo de cada lado 1p.,

cada 10 hileras, 5 veces; quedan 53p.
Al tener 29cm. de altura, comenzar las sisas, tejiendo en todas las hileras del derecho, al empezar y terminar, 2p. juntos revés a 1p. del borde, 5 veces.
Completar 15cm. de altura de sisas, cerrar de cada lado 12p. para los hombros y por último los 19p. centrales para el escote.
Delantera derecha: En las ag. N°5 ¹/2, poner 39p. y tejer en p. arroz, disminuyen-

Puntos empleados:

Punto arroz : 1h) 1p.d., 1p.r., toda la hilera. 2h) 1p.r., 1p.d., es decir contrariando toda la hilera.

Repetir siempre estas 2 hileras.

Punto jersey: 1 hilera derecho y 1 hilera revés.

Muestra: 10cm. = 16p. en p. arroz con ag. N°5 1/2.

Espalda: En las ag. N°5 1/2, poner 67p. y tejer alternando 6h. en p. arroz y 6h. en p. jersey, disminuyendo de cada lado 1p., cada 8 hileras, 7 veces, quedan 53p.

Al tener 29cm. de largo, comenzar las sisas, tejiendo en todas las hileras del derecho, al empezar y terminar, 2p. juntos revés a 2p. del borde, 5 veces.

Completar 15cm. de altura de sisas, cerrar los 12p. de cada hombro y por último los 19p. del escote.

Delantera derecha: Poner 41p. en las ag. N°5 1/2 y tejer alternando 6h. en p. arroz y 6h. en p. jersey, pero haciendo al comenzar l5p. para la vista en p.arroz a lo largo de toda la delantera.

Del lado opuesto a la vista, disminuir 7 veces 1p. cada 8 hileras.

Al tener 29cm. de altura, hacer las 5 disminuciones de la sisa como en la espalda.

A los 9cm. de altura de sisa, hacer el escote cerrando: 10p., 3p., 2p., 1p. y 1p.

Completar los 15cm. y cerrar los 12p. del hombro.

Mangas: Poner 28p. en las ag. N°5 1/2 y tejer 6cm. en p. arroz. Continuar alternando 6h. en p. jersey y 6h. en p. arroz. Aumentando de cada lado 1p., cada 6 hileras, 6 veces, quedan 40p.

Al tener 23cm. de altura total, hacer de cada lado las 5 disminuciones como en el cuerpo quedan 30p.

Cerrar los puntos como se presentan y sin ajustar.

Cuello y tapitas: Poner para el cuello 51p. en ag. N°5 1/2 y tejer en p. arroz, 6cm.

A continuación, cerrar de cada lado 2 veces 2p. al comenzar, quedan 43p.

Cerrar los puntos como se presentan.

Para las tapitas, poner 13p., tejer 4cm., y cerrar de cada lado 2 veces 1p.; quedan 9p.

Cerrar como se presentan los puntos.

Armado y terminación: Hacer alrededor del cuello, tapitas, puños y bordes delanteros, una hilera en p. cangrejo al crochet (ver páginas finales), con 1 hebra de lana y ag. N°3.

Coser los hombros y los costados del cuerpo hasta las sisas. Cerrar las mangas a lo largo y pegarlas haciendo coincidir el centro de las mismas con las costuras de los hombros y las disminuciones con las del cuerpo.

Hacer alrededor del escote una hilera de medio punto al crochet para sujetar (ver páginas finales) y coser el cuello.

En la delantera derecha, abrir 3 pares de ojales (ver páginas finales), con 9p. de separación entre sí, el primero a 20cm. del borde y los otros cada 7cm.

En el extremo superior de esa delantera, bordar un ojalillo (ver página 60).

Coser las tapitas y los botones.

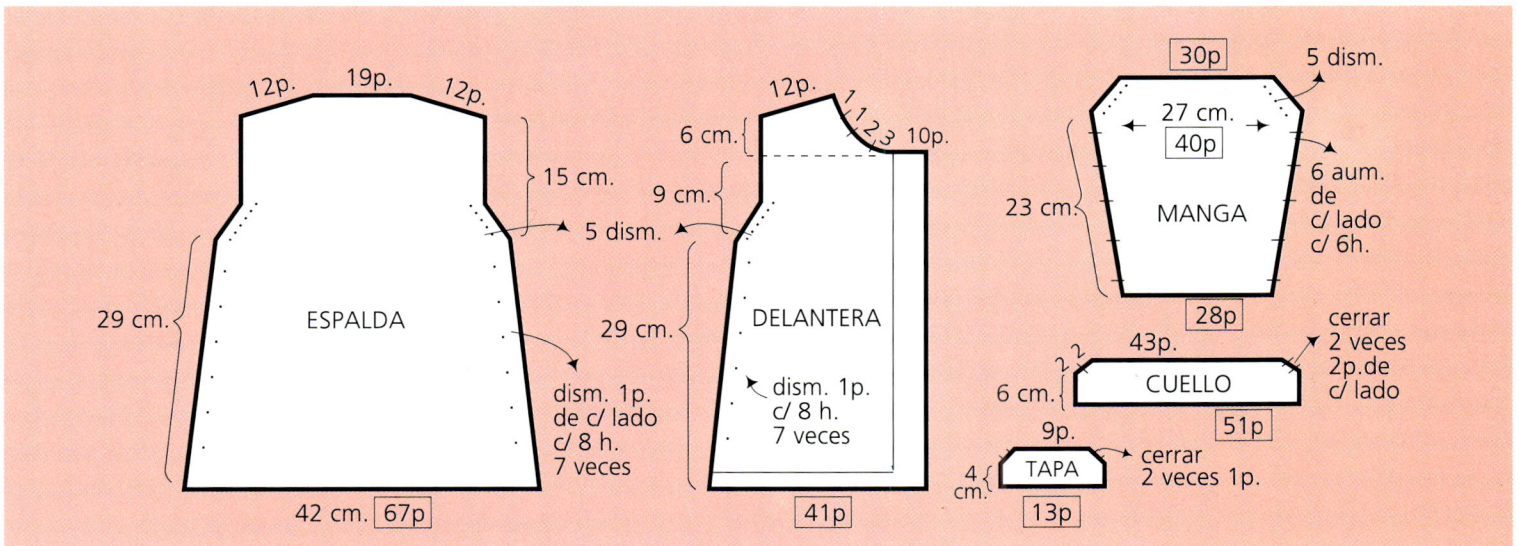

FÁCIL

TALLE: 1 año.
MATERIALES: Lana semigorda shetland, tejida en 2 hebras, 320 gr. en color rosa. Agujas N°5 1/2. 6 botones grandes y 3 chicos, al tono.

Esquema

ESPALDA
12p. 19p. 12p.
29 cm.
42 cm. 67p.
dism. 1p. de c/ lado c/ 8 h. 7 veces

15 cm.
5 dism.

DELANTERA
12p. 1 2 3 10p.
6 cm.
9 cm.
5 dism.
29 cm.
41p.
dism. 1p. c/ 8 h. 7 veces

MANGA
30p. 5 dism.
27 cm.
40p.
6 aum. de c/ lado c/ 6h.
23 cm.
28p.

CUELLO
43p.
6 cm.
51p.
cerrar 2 veces 2p. de c/ lado

TAPA
2 2
9p.
4 cm.
13p.
cerrar 2 veces 1p.

PARA LOS DÍAS FRÍOS

Puntos empleados:

Punto elástico 1y1: 1p.d., 1p.r., repetir todas las hileras.

Punto fantasía: 1h) *3p.r., bajar la lana, pasar 1p. sin tejer, subir la lana*, repetir toda la hilera de * a *.

2h) tejer todos los puntos al revés.

Repetir siempre estas 2 hileras.

Punto falso elástico: *tejer 1p.d., subir la hebra, pasar 1p.r. sin tejer, bajar la hebra*, repetir de * a * todas las hileras del derecho y del revés.

Muestra: 10cm. = 17p. en p. fantasía con ag. N°5.

Espalda: En las ag. N°4, poner 51p. con 3 hebras (2 rosa y 1 celeste) y tejer 4cm. en p. elástico 1y1.

Cambiar a las ag. N°5 y tejer en p. fantasía, pero empezando con 1p.r. en lugar de 3p.r. Al tener 16cm. de altura desde el elástico, comenzar las sisas, tejiendo en todas las hileras del derecho al empezar y terminar, 2p. de borde y 2p. juntos revés, 4 veces.

Completar 14cm. de altura de sisas, cerrar de cada lado 12p. para los hombros y en el centro 19p. para el escote.

Delantera derecha: Poner 27p. en ag. N°4 y hacer 4cm en p. elástico 1y1, comenzando con 2p.d. de orillo (ver páginas finales). Cambiar a las ag. N°5 y tejer en p. fantasía continuando con los 2p.d. de orillo en el borde.

A los 16cm. desde el elástico, hacer al

NO TAN FÁCIL

TALLE: 1 año.

MATERIALES: Fibra acrílica para bebé tejida en 3 hebras (2 rosas y 1 celeste), 140gr. en rosa y 70 gr. en celeste. Agujas N°4 y N°5. Un cierre desmontable rosa de 30cm.

terminar las hileras del derecho, las 4 disminuciones como en la espalda.

Al tener 8cm. de altura de sisa, cerrar para el escote: 4p., 3p., 2p., 1p. y 1p. Completar 14cm y cerrar los 12p. del hombro.

Mangas: Poner 28p. en las ag. N°4 y tejer 3cm. en p. elástico 1y1.

Cambiar a las ag. N°5, aumentando 5p. en una hilera, quedan 33p.

Tejer en p. fantasía comenzando con 2p.r. en lugar de 3p.r. y aumentar de cada lado1p., cada 6h., 6 veces, quedan 45p. Al tener 13cm. de altura desde el puño, hacer las disminuciones tejiendo 2p. juntos revés en el borde, al empezar y terminar las hileras del derecho, 4 veces; quedan 37p.

Cerrar todos los puntos sin ajustar.

Cuello y armado: Coser los hombros y los costados del cuerpo hasta las sisas.

Con ag. N°4, levantar 61p. alrededor del escote, tejer 5h. en p. elástico 1y1, 2h. en p. falso elástico con rosa triple y cerrar en forma tubular (ver páginas finales).

Cerrar las mangas a lo largo y pegarlas haciendo coincidir el centro de las mismas con las costuras de los hombros y las disminuciones con las del cuerpo. Bordar un punto cadena con 3h. de rosa y aguja de crochet alrededor del cuello, puños, cuerpo y en los bordes delanteros. (como se ve en el dibujo). Coser el cierre

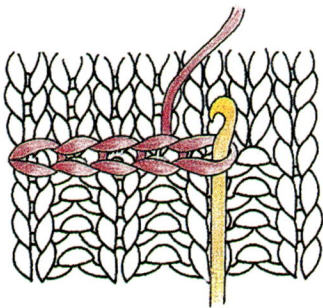

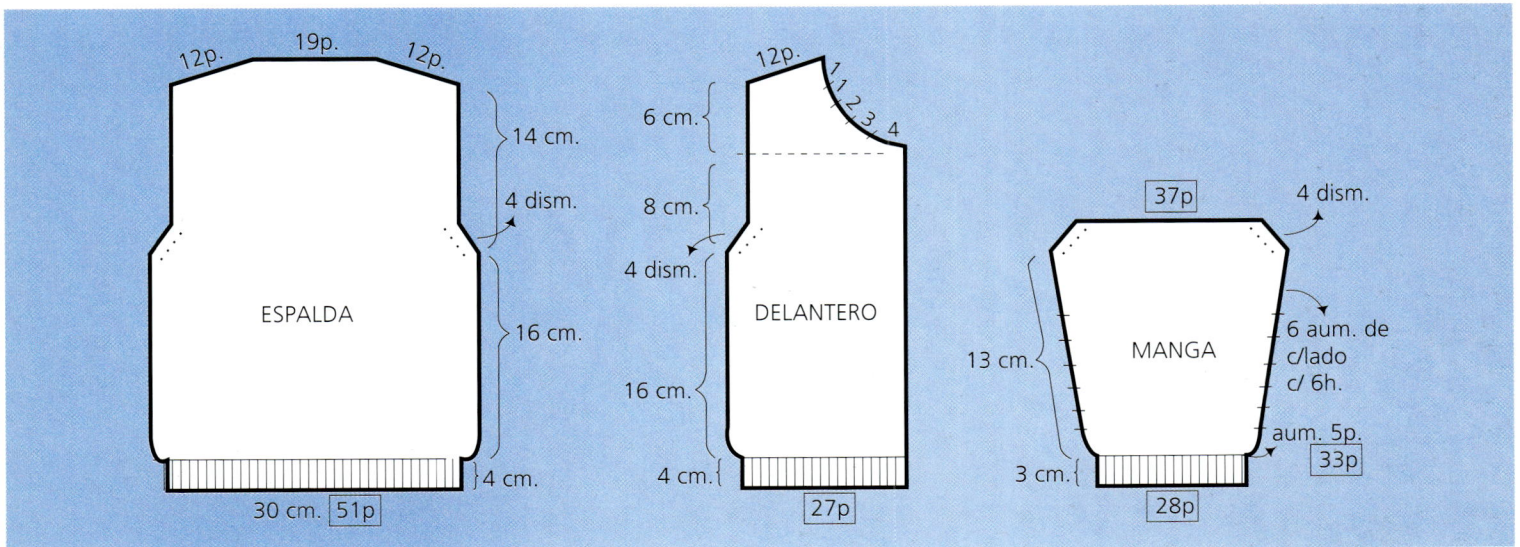

MITONES

TALLE: 1 año.
MATERIALES: Fibra acrílica para bebé tejida en 1 hebra, 30gr. en color rosa. Agujas Nº3.

GORRA CON BUFANDA

TALLE: 1 año.
MATERIALES: Fibra acrílica para bebé, aproximadamente 60gr. en color rosa. Agujas Nº3, Nº3 1/2 y Nº4.

MITONES

Puntos empleados:

Punto elástico 2 y 2: 2p.d., 2p.r., repetir todas las hileras.

Punto jersey: 1 hilera derecho, 1 hilera revés.

Muestra: 10cm. = 30p. en p. jersey con ag. Nº3.

Ejecución mano derecha: Poner 34p. en las ag. Nº3 y tejer 5cm en p. elástico 2 y 2.
Cambiar a p. jersey, aumentando 4p. en una hilera, quedan 38p.
Para formar la base del dedo pulgar, tejer de la siguiente manera: 1h) 20p.d. (parte superior), 1 aumento, 1p.d., 1 aumento,

17p.d. (palma de la mano).
2h y todas las pares, al revés.
3h) 20p.d., 1 aumento, 3p.d., 1 aumento, 17p.d.
5h) 20p.d., 1 aumento, 5p.d., 1 aumento, 17p.d.
Continuar de esta manera, haciendo en total 7 aumentos de cada lado, quedan 52p.
Hacer el dedo pulgar dejando en suspenso los 20p. del comienzo y los 17p. del final y tejiendo sobre los 15p. centrales.
Aumentar 1p. de uno de los lados, quedan 16p. Tejer en p. jersey y en la 4ªh., disminuir 1p. de cada lado, quedan 14p.
Al tener 3cm. de largo, tejer en una hilera de a 2p. juntos, quedan 7p.
Cortar la hebra dejando para coser y pasándola por dentro de los 7p. para fruncir.
Para tejer la mano, retomar los 20p. del comienzo, poner 1p. y retomar los 17p. del final, quedan 38p.
Tejer 4cm. en p. jersey y comenzar con las disminuciones de la siguiente forma:
1h) 1p.d., 1 disminución simple (ver páginas finales), 13p.d., 2p. juntos derecho, 2p.d., 1 dism. simple, 13p.d., 2p. juntos der. y 1p.d. (34p.)
2h) al revés.
3h) 1p.d., 1 dism. simple, 11p.d., 2p. juntos der., 2p.d., 1 dism. simple, 11p.d., 2p. juntos der. y 1p.d. (30p.)
4h) al revés.
5h) 1p.d., 1 dism. simple, 9p.d., 2p. juntos der., 2p.d., 1 dism. simple, 9p.d., 2p. juntos der. y 1p.d. (26p.)
6h) 1p.r., 2p. juntos revés, 7p.r., 2p. juntos revés, 2p.r., 2p. juntos revés, 7p.r., 2p. juntos revés y 1p.r. (22p.)
7h) 1p.d., 1 dism. simple, 5p.d., 2p. juntos der., 2p.d., 1 dism. simple, 5p.d., 2p. juntos der. y 1p.d. (18p.)
8h) 1p.r., 2p. juntos revés, 3p.r., 2p. juntos

revés, 2p.r., 2p. juntos revés, 3p.r., 2p. juntos revés y 1p.r. Cerrar los 14p.
Hacer el otro mitón igual pero invertido.
Armado: Coser el lado externo del mitón y el dedo pulgar.

GORRA CON BUFANDA

Puntos empleados:

Punto elástico 1 y 1: 1p.d., 1p.r., repetir todas las hileras.

Punto elástico 2 y 2: 2p.d., 2p.r., repetir todas las hileras.

Punto jersey: 1 hilera derecho y 1 hilera revés.

Ejecución: Se comienza por la parte de arriba.
Poner 9p. en las ag. Nº3 1/2 y tejer en p. elástico 1 y 1.
En la tercera hilera, tejer 2 veces cada punto, menos el último punto (quedan 17p.).
Repetir esto 2 veces más en la 5ª y 7ª hileras (quedan 65p.).
Cambiar a las agujas Nº4, y tejer en p. elástico 2 y 2, aumentando en la primera hilera 33p. (quedan 98p.). Al tener 13cm .de este punto, cerrar los primeros 10p., tejer 26p., cerrar 26p., tejer 26p. y cerrar 10p.
Para hacer la bufanda, tejer los 26p. de cada

lado en p. elástico 2 y 2 durante 31cm.
A continuación formar la punta tejiendo en todas las hileras del derecho y del revés, 2p. juntos al comienzo y al final.
Armado: Coser la parte de atrás. Hacer un pompón (ver dibujo) y colocar en la parte superior.

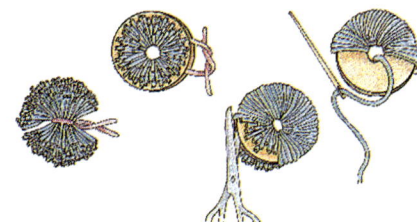

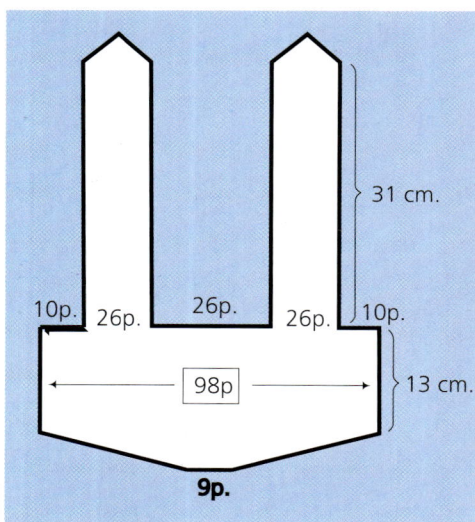

(diagrama) 31 cm. · 13 cm. · 10p. · 26p. · 26p. · 26p. · 10p. · 98p. · 9p.

CHALECO JASPEADO

FÁCIL

TALLE: 18 meses.
MATERIALES: Lana merino finita tejida en 2 hebras (una de cada color), 90gr. en azulino y 60gr. en celeste. Agujas N°4 y N°5.

2h) 4p.r.
3h) sacar 2p.d. en ag. aux. hacia adelante del tejido, tejer 2p.d. y los 2p. de la ag. aux., al derecho. Repetir esto cada 6h.
Muestra: 10cm. = 18p. en p. jersey con ag. N°5.
Espalda: En las ag. N°4, poner 50p. con 2 hebras (una de cada color) y tejer 4cm. en p. elástico 1y1.
Cambiar a las ag. N°5, aumentando 6p. en una hilera, quedan 56p.
Tejer en p. jersey y al tener 11cm. desde el elástico, comenzar las sisas cerrando de cada lado: 3p., 2p., 2p. y 1p.
Completar 15cm. de altura de sisas, cerrar de cada lado 9p. para los hombros y dejar en suspenso los 22p. centrales para el escote.
Delantera: Hacer el elástico igual que en la espalda. Cambiar a las ag. N°5, aumentando 12p. en una hilera (quedan 62p.) y tejer como sigue: 25p.d. jaspeado, 1p.r., 4p. ocho a la derecha, 2p.r., 4p. ocho a la izquierda, 1p.r. en azulino (doble) y 25p.d. jaspeado. Para esto usar 3 ovillos (2 jaspeados y 1 azulino), cruzando las lanas por el revés del tejido.

Puntos empleados:
Punto elástico 1y1: 1p.d., 1p.r., repetir todas las hileras.
Puntos jersey: 1 hilera derecho, 1 hilera revés.
Punto ocho cruzado a la derecha: sobre 4p.
1h) 4p.d.
2h) 4p.r.
3h) sacar 2p.d. en ag. aux. hacia atrás del tejido, tejer 2p.d. y los 2p. de la ag. aux., al derecho. Repetir esto cada 6h.
Punto ocho cruzado a la izquierda: sobre 4p.
1h) 4p.d.

Al tener 11cm. de altura desde el elástico, comenzar simultáneamente las sisas y el escote, separando el tejido en 2 partes. Para las sisas, cerrar de cada lado: 4p., 3p. y 1p. Para el escote, tejer del lado derecho, 1 disminución simple (ver páginas finales) en los últimos 2p. jaspeados.
Del lado izquierdo, tejer 2p. juntos derechos después de los 6p. azulinos.
Hacer esto 14 veces de cada lado.
Completar 15cm. de altura de sisas y cerrar los 9p. de los hombros.
Cuello, sisas y armado: Coser un hombro. Levantar 37p. con las dos lanas a lo largo de una de las partes del escote delantero, tejer 5h. en p. elástico 1y1 y cerrar los puntos como se presentan con azulino. A lo largo de la otra delantera y escote de la espalda, levantar 59p. y tejer de la misma manera. Coser el otro hombro.
Alrededor de cada sisa, levantar 62p. con ag. N°4 y las dos lanas, tejer 5h. en p. elástico 1y1 y cerrar los puntos como se presentan con azulino. Coser los costados del cuerpo.

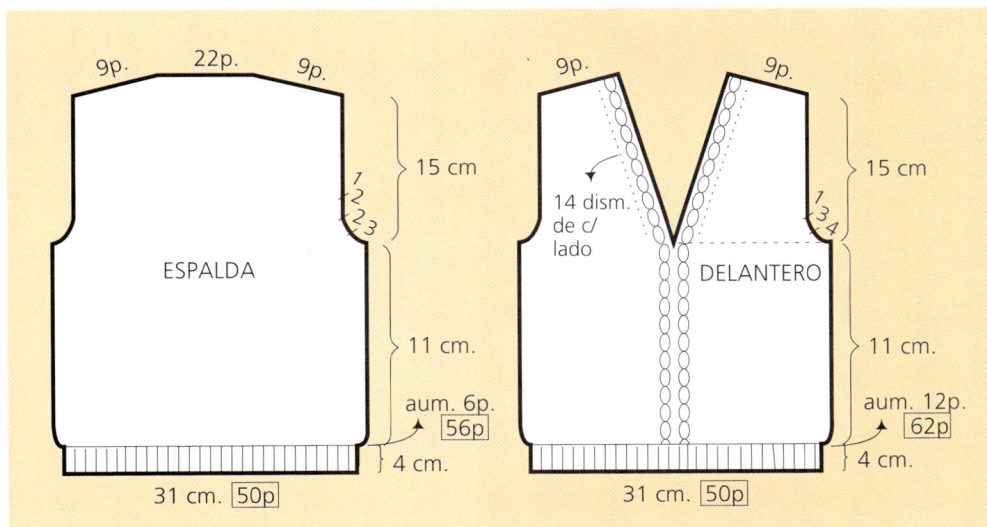

ESPALDA — 9p. | 22p. | 9p. — 15 cm — 11 cm. — aum. 6p. 56p — 4 cm. — 31 cm. 50p

DELANTERO — 9p. | 9p. — 14 dism. de c/ lado — 15 cm — 11 cm. — aum. 12p. 62p — 4 cm. — 31 cm. 50p

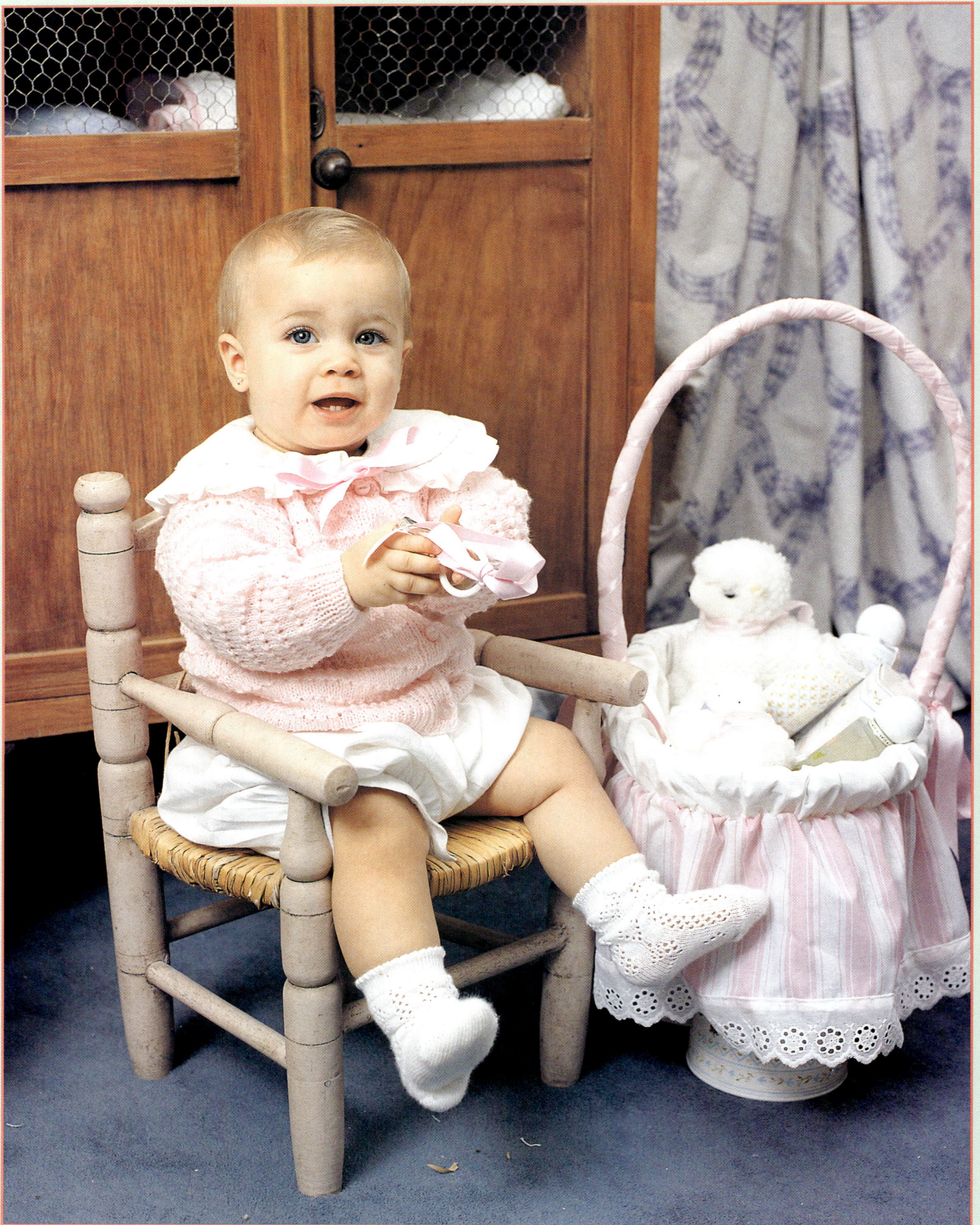

CON RAYITAS CALADAS

Puntos empleados:

Punto elástico 1y1: 1p.d., 1p.r., repetir todas las hileras.

Punto caladito: 1h y 3h) al derecho.

2h y 4h) al revés.

5h) tejer 2p. juntos derechos toda la hilera y terminar con 1p.d.

6h) tejer 1p.d., levantar la hebra entre este punto y el siguiente y tejerla al derecho, repetir esto toda la hilera. De esta manera se vuelve a tener la cantidad inicial de puntos. Repetir desde la primera hilera.

Punto falso elástico: * tejer 1p.d., subir la hebra, pasar 1p.r. sin tejer, bajar la hebra*, repetir toda la hilera de * a * en todas las hileras del derecho y del revés.

Muestra: 10cm. = 28p. en p. caladito con ag. N°3 $^1/_2$.

Espalda: En las ag. N°3, poner 77p. y tejer 3cm. en p. elástico 1y1.

Cambiar a las ag. N°3 $^1/_2$, aumentando 12p. en una hilera, quedan 79p.

Tejer en p. caladito y al tener 15cm. de altura desde el elástico, cerrar de cada lado 4p. para las sisas.

A los 12cm. de altura de sisas, cerrar para los hombros 21p. de cada lado y para el escote los 29p. centrales.

Delantera derecha: Poner 44p. en las ag. N°3 y tejer 3cm. en p. elástico 1y1, haciendo al comenzar el orillo de 2p.d. (ver páginas finales). Cambiar a las ag. N°3 $^1/_2$ y punto caladito, continuando para la vista con 2p.d. de orillo y 7p. elástico 1y1. A los 15cm de altura desde el elástico, cerrar 4p. para la sisa y continuar durante 7cm. más.

Para el escote, dejar en suspenso los 9p. de la vista y cerrar luego: 3p., 3p., 2p. y 2p. Completar 12cm. de altura de sisa y cerrar los 21p. del hombro.

Hacer la otra delantera igual pero invertida.

Mangas: Poner 44p. en las ag. N°3 y tejer

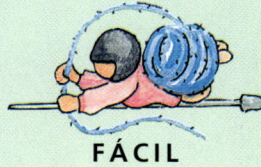

FÁCIL

TALLE: 1 año.
MATERIALES: Fibra acrílica para bebé tejida en 1 hebra, 100gr. en color rosa. Agujas N°3 y N°3 $^1/_2$. 6 botones.

3cm. en p. elástico 1y1. Cambiar a las ag. N°3 $^1/_2$ y aumentar en una hilera 11p., quedan 55p.

Tejer en p. caladito, aumentando de cada lado 1p. cada 8 hileras, 5 veces; quedan 65p. Completar 17cm. de altura desde el puño y cerrar todos los puntos bien flojos.

Cuello y armado: Coser los hombros y los costados del cuerpo hasta las sisas.

Con ag. N°3, levantar 93p. alrededor del escote, incluyendo las vistas y tejer manteniendo el orillo de 2p.d. en ambos bordes, 4h. en p. elástico 1y1 y 2h. en p. falso elástico. Cerrar en forma tubular como se indica en páginas finales.

Coser las mangas a lo largo, dejando al final una abertura de 2cm y pegarlas haciendo coincidir el centro de las mismas con las costuras de los hombros y los 2cm. de abertura con los puntos cerrados en las sisas, formando ángulo recto.

En la delantera derecha, abrir 6 ojales como se indica en páginas finales.

Pegar los botones.

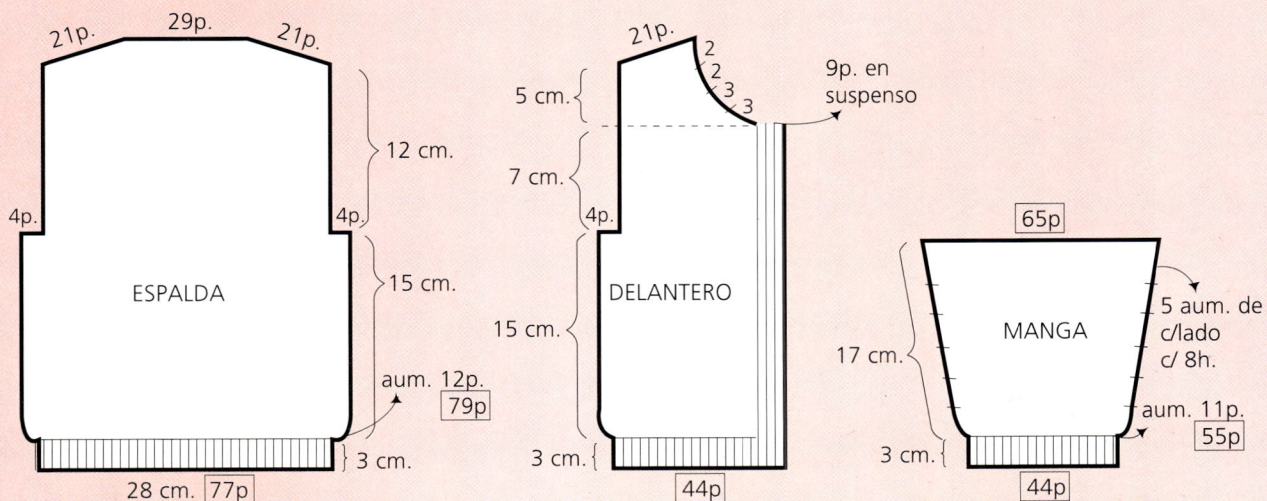

ESPALDA
21p. 29p. 21p.
4p. 4p.
12 cm.
15 cm.
aum. 12p. 79p
3 cm.
28 cm. 77p

DELANTERO
21p. 2 2 3 3
5 cm.
9p. en suspenso
7 cm.
4p.
15 cm.
3 cm.
44p

MANGA
65p
5 aum. de c/lado c/ 8h.
17 cm.
aum. 11p. 55p
3 cm.
44p

IRLANDESES EN DOS VERSIONES

NO TAN FÁCIL

IRLANDÉS CON BOTONES

TALLE: 1 año.
MATERIALES: cadenita de lana tejida en 1 hebra, aproximadamente 160gr. en color crudo.
Agujas N°3 y N°4. 3 botones.

Puntos empleados:

Punto elástico 1 y 1: 1p.d., 1p.r., repetir todas las hileras.

Punto falso elástico: *tejer 1p.d., subir la lana, pasar 1p.r. sin tejer, bajar la lana*, repetir de *a* todas las hileras del derecho y del revés.

Punto arroz doble: 1h) 1p.d., 1p.r., repetir toda la hilera.

2h) y todas las pares, como se presentan los puntos.

3h) 1p.r., 1p.d., o sea contrariando. Repetir siempre desde la primera hilera.

Dos puntos retorcidos: tejer 2p. juntos al derecho y sin sacarlos de la ag. izquierda, volver a tejer el 1er p. al derecho; soltar. Del revés, tejer los 2p. al revés.

Punto ochos: sobre 6p.
Tejer 2h. jersey y en la 3ª h.: sacar 3p. en ag. aux. hacia adelante del tejido, tejer 3p.d. y los 3p. de la ag. aux. al derecho. Repetir esto cada 6 hileras.

Punto rombos: sobre 10p., seguir el diagrama.

Muestra: 10cm. = 24p. en p. arroz doble con ag. N°4.

Espalda: En las ag. N°3, poner 82p. y tejer 3cm. en p. elástico 1 y 1.

Cambiar a las ag. N°4, aumentando 8p. en una hilera, quedan 90p. que se distribuyen de la siguiente manera: 1p.r., 2p. retorcidos, 2p. retorcidos, 2p.r., 11p. arroz, 2p.r., 2p. retorcidos, 2p. retorcidos, 2p.r., 6p. ocho, 2p.r., 2p. retorcidos, 2p. retorcidos, 2p.r.,

10p. rombo, 2p.r., 2p. retorcidos, 2p. retorcidos, 2p.r., 6p. ocho, 2p.r., 2p. retorcidos, 2p. retorcidos, 2p.r., 11p. arroz, 2p.r., 2p. retorcidos, 2p. retorcidos y 1p.r.

Al tener 30cm. de altura desde el elástico, cerrar del lado derecho 29p. para el hombro, dejar en suspenso los 32p. centrales para el escote y continuar 4h. en p. elástico para el hombro izquierdo. Cerrar los puntos como se presentan.

Delantera: Hacer todo igual que en la espalda. Al tener 24cm. desde el elástico, empezar el escote cerrando los 10p. centrales

hilera, quedan 58p. y tejer como sigue: 18p. arroz, 2p.r., 2p. retorcidos, 2p. retorcidos, 2p.r., 6p. ocho, 2p.r., 2p. retorcidos, 2p. retorcidos, 2p.r., y 18p. arroz.

Hacer de cada lado 1 aumento, dejando 1p. de borde, cada 6h. ocho veces (quedan 74p). Completar 20cm. desde el puño y cerrar flojo.

Cuello y armado: Coser un hombro y levantar 88p. alrededor del escote con ag. N°3. Tejer 6h. en p. elástico, 2h. en p. falso elástico y cerrar en forma tubular (ver páginas finales).

Coser los costados del cuerpo, dejando de

y luego de cada lado: 4p., 3p. 2p. y 2p. Completar 30cm. haciendo las 4 últimas hileras del hombro derecho en p. elástico. Cerrar los 29p. de cada hombro.

Mangas: Poner 42p. en las ag. N°3 y tejer 3cm. en p. elástico.

Cambiar a las ag. N°4, aumentar 16p. en una

cada lado una abertura de 15cm. para las sisas. Cerrar las mangas a lo largo y pegarlas haciendo coincidir el centro con las costuras de los hombros.

En el hombro izquierdo superponer las 4h. de p. elástico y en la parte delantera abrir 3 ojales. Pegar los botones.

X	X	O	X	O	X	O	X	O	X	20
	x	O	X	O	X	O	X			19
O	X	X	O	X	O	X	O	X	O	18
O		x	O	X	O	X			O	17
O	O	X	X	O	X	O	X	O	O	16
O	O		x	O	X			O	O	15
O	O	O	X	X	O	X	O	O	O	14
O	O	O		x			O	O	O	13
O	O	O	O	X	X	O	O	O	O	12
O	O	O	O			O	O	O	O	11
O	O	O	O	X	X	O	O	O	O	10
O	O	O	O			O	O	O	O	9
O	O	O	X	X	O	X	O	O	O	8
O	O	O		X	O		O	O	O	7
O	O	X	X	O	X	O	X	O	O	6
O	O		X	O	X	O		O	O	5
O	X	X	O	X	O	X	O	X	O	4
O		X	O	X	O	X	O		O	3
X	X	O	X	O	X	O	X	O	X	2
X	X	O	X	O	X	O	X	O	X	1

repetir de la 3a, a la 20a hileras

O =1p.revés   X =1p. derecho.

O =sacar 1pd. en ag. aux. hacia adelante del tejido, tejer 1p. r. y el p. de la ag. aux., al derecho.

O = sacar 1p. d. en ag. aux. hacia atrás del tejido , tejer 1p. d. y el p. de la ag. aux., al revés.

=sacar 1p. d. en ag. aux. hacia atrás del tejido , tejer 1p. d. y el p. de la ag. aux., al derecho.

=sacar 1 p. r. en ag. aux. hacia atrás del tejido , tejer 1p. d. y el p. de la ag. aux., al revés.

x =sacar 1pd. en ag. aux. hacia adelante del tejido, tejer 1p. d. y el p. de la ag. aux., al derecho.

ESPALDA
29 p — 32 p — 29 p
4h
30 cm.
aum. 8p. 90p
30 cm. 82p
3 cm.

DELANTERA
29 p — 29 p
2 2 2 2 3 4 4 3
10p
6 cm.
4h
24 cm.
aum. 8p. 90p
30 cm. 82p
3 cm.

MANGA
74p
aum. 1p. de c/lado c/6h 8 veces.
20 cm.
aum. 16p. 58p
42p
3 cm.

Puntos empleados:

Punto elástico 1 y 1: 1p.d., 1p.r., repetir todas las hileras.

Punto falso elástico: *tejer 1p.d., subir la lana, pasar 1p.r. sin tejer, bajar la lana*, repetir de *a* en todas las hileras del derecho y del revés.

Punto arroz doble: 1h) 1p.d., 1p.r., repetir toda la hilera.

2h) y todas las pares, como se presentan los puntos.

3h) 1p.r., 1p.d., o sea contrariando.

Repetir siempre desde la primera hilera.

NO TAN FÁCIL

IRLANDÉS

TALLE: 1 año.

MATERIALES: cadenita de lana tejida en 1 hebra, aproximadamente 160gr. en color crudo. Agujas N°3 y N°4.

Muestra: 10cm. = 24p. en p. arroz doble con ag. N°4.

Espalda: En las ag. N°3, poner 82p. y tejer 3cm. en p. elástico 1 y 1.

Cambiar a las ag. N°4, aumentando 14p. en una hilera, quedan 96p.

Tejer de la siguiente manera: 1p.r., 2p. retorcidos, 2p. retorcidos, 2p.r., 8p. arroz, 2p.r., 10p. rombo, 2p.r., 8p. arroz, 2p.r., 2p. retorcidos, 2p. retorcidos, 2p.r., 6p. ocho, 2p.r., 2p. retorcidos, 2p. retorcidos, 2p.r., 8p. arroz, 2p.r., 10p. rombo, 2p.r., 8p. arroz, 2p.r., 2p. retorcidos, 2p. retorcidos y 1p.r. A los 30cm. de altura desde el elástico, cerrar 32p. para cada hombro y dejar en suspenso los 32p. del escote.

Delantera: Hacer todo igual que en la espalda, pero al tener 24cm desde el elástico, cerrar para el escote los 10p. centrales y luego de cada lado: 4p., 3p., 2p. y 2p.

Completar los 30cm. y cerrar los 32p. de cada hombro.

Mangas: Poner 42p. en las ag. N°3 y tejer 3cm. en p. elástico.

Cambiar a las ag. N°4, aumentar 16p. en una hilera y distribuir como sigue: 22p. arroz, 2p.r., 10p. rombo, 2p.r. y 22p. arroz. Tejer aumentando de cada lado 1p., dejando 1p. de borde, cada 6h., 8 veces (quedan 74p.).

Completar 20cm .desde el puño y cerrar todos los puntos bien flojos.

Cuello y armado: Coser un hombro y levantar con ag. N°3, alrededor del escote 83p. Tejer 6h. en p. elástico, 2h. en p. falso elástico y cerrar en forma tubular (ver páginas finales).

Coser el otro hombro y los costados del cuerpo, dejando de cada lado una abertura de 15cm. para las sisas. Coser las mangas a lo largo y pegarlas haciendo coincidir el centro con las costuras de los hombros.

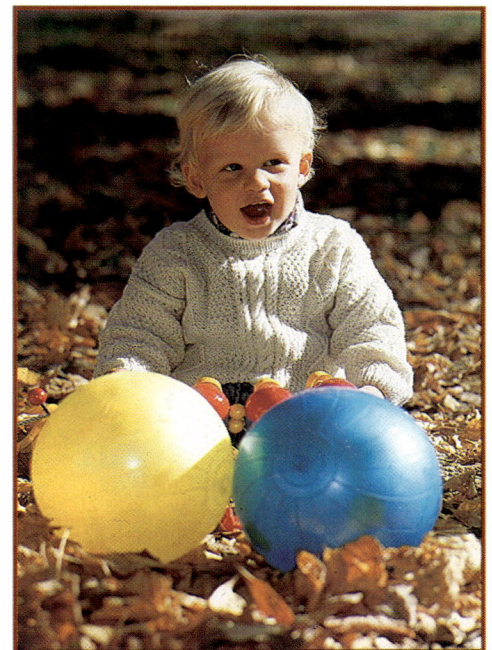

Dos puntos retorcidos: tejer 2p. juntos al derecho y sin sacarlos de la ag. izquierda, volver a tejer el 1erp. al derecho; soltar. Del revés, tejer los 2p. al revés.

Punto ochos: sobre 6p.

Tejer 2h. jersey y en la 3ªh.: sacar 3p. en ag. aux. hacia adelante del tejido, tejer 3p.d. y los 3p. de la ag. aux. al derecho. Repetir esto cada 6 hileras.

Punto rombos: sobre 10p., seguir el diagrama cambiando el p. de fondo de p. arroz a p. jersey revés.

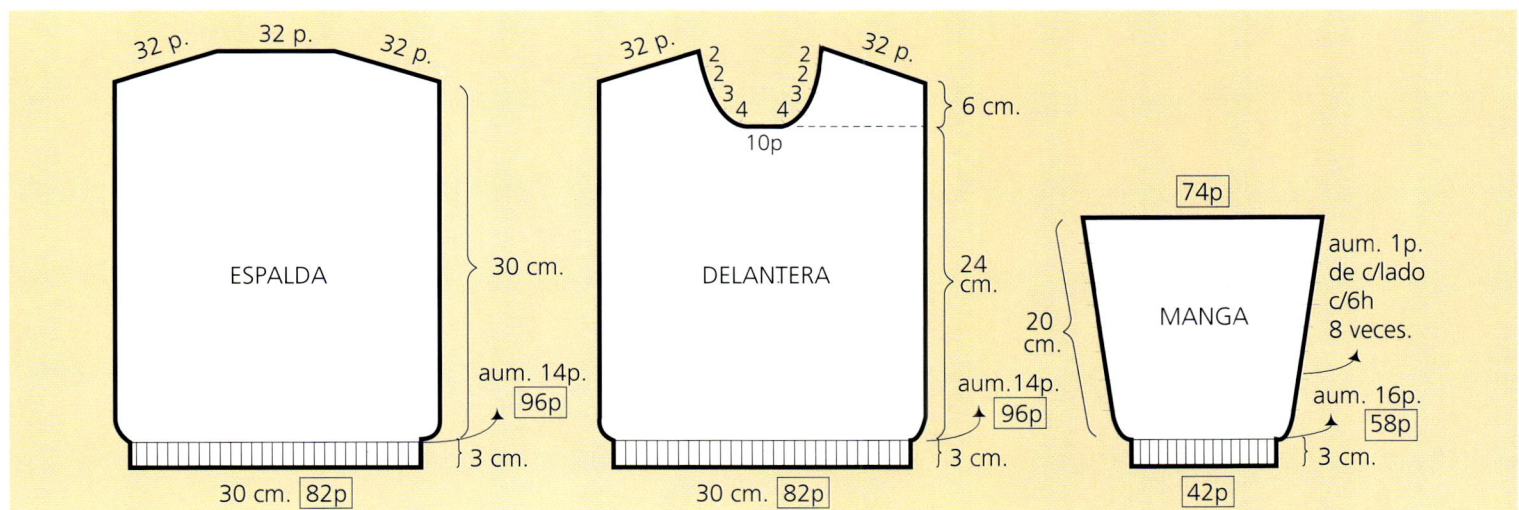

ROMBOS A TODO COLOR

NO TAN FÁCIL

CON GUARDA DE ROMBOS

TALLE: 2 años.

MATERIALES: Lana merino sedificada semigorda tejida en una hebra, 150gr. en color gris, 40gr. en color verde y 50gr. en color colorado y un poco de amarillo para bordar.

Agujas N°3 ¹/2 y N°4. 6 botones.

Puntos empleados:

Punto elástico 1y1: 1p.d., 1p.r., repetir toda la hilera.

Punto jersey: 1 hilera derecho, 1 hilera revés.

Muestra: 10cm. = 21p. en p. jersey con ag. N°4.

Espalda: En las ag. N°3 ¹/2, poner 63p. con colorado y tejer 4cm. en p. elástico 1y1, haciendo la primera hilera en colorado y el resto en gris.

Cambiar a las ag. N°4, aumentando 8p. en una hilera revés del lado revés del tejido, quedan 71p.

Tejer siguiendo el diagrama de la guarda.

En la primera hilera de los rombos, distribuir los puntos de la siguiente manera: 5p. gris, 1p. verde, 9p. gris, 1p. colorado, 9p. gris, 1p. verde, 9p. gris, 1p. colorado, 9p. gris, 1p. verde, 9p. gris, 1p. colorado, 9p. gris, 1p. verde y 5p. gris.

Usar un ovillo para cada rombo y pasar por atrás la lana gris.

Continuar en gris y al tener 17cm. de altura

[x] = verde. [o] = colorado. [V] = diagonal amarilla.
fondo gris.

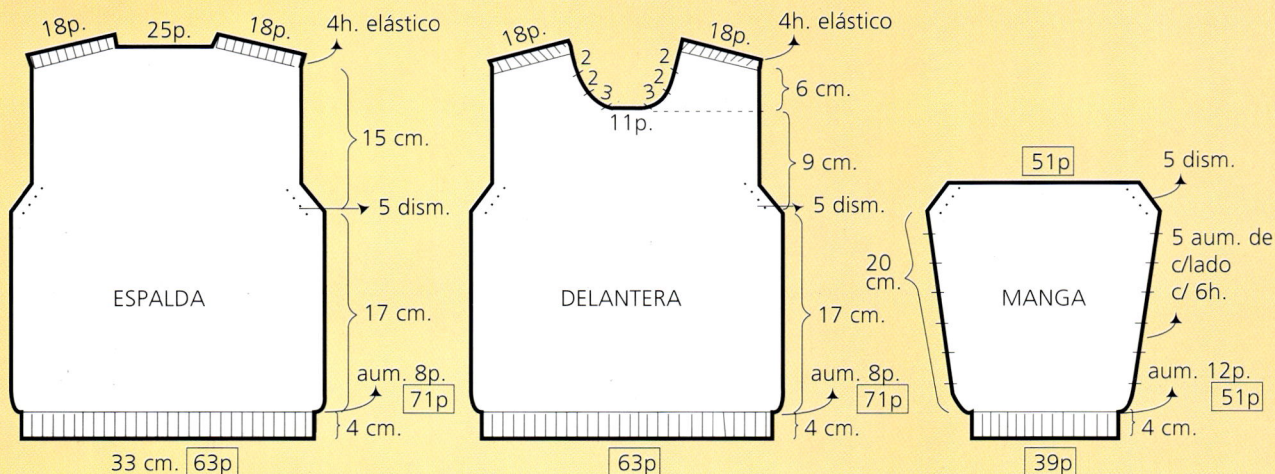

ESPALDA — 18p. · 25p. · 18p. · 4h. elástico · 15 cm. · 5 dism. · 17 cm. · aum. 8p. [71p] · 4 cm. · 33 cm. [63p]

DELANTERA — 18p. · 18p. · 4h. elástico · 2 2 · 2 3 3 2 · 11p. · 6 cm. · 9 cm. · 5 dism. · 20 cm. · 17 cm. · aum. 8p. [71p] · 4 cm. [63p]

MANGA — [51p] · 5 dism. · 5 aum. de c/lado c/ 6h. · [51p] · aum. 12p. · 4 cm. · [39p]

desde el elástico, comenzar las sisas tejiendo en todas las hileras del derecho, 2p.d. de borde y 2p. juntos al revés de ambos lados, 5 veces.

Completar 15cm. de altura de sisas, dejar en suspenso los 25p. centrales y continuar con 4h. de p. elástico 1y1 en los 18p. de cada hombro. Cerrar los puntos como se presentan.

Delantera: Hacer igual que la espalda invirtiendo los colores de los rombos, pero al tener 9cm. de altura de sisas, comenzar el escote.

Para ello, cerrar los 11p. centrales y luego de cada lado: 3p., 2p. y 2p.

Completar 15cm. haciendo las últimas 4h. en p. elástico 1y1 y cerrar los puntos como se presentan.

Mangas: Poner 39p. con colorado en las ag. N°3 $^1/_2$ y tejer 4cm. en p. elástico 1y1, haciendo la primera hilera con colorado y el resto en gris.

Cambiar a las ag. N°4, aumentando 12p. en una hilera revés del lado revés del tejido; quedan 51p.

Tejer la guarda como en el cuerpo y luego seguir con gris, haciendo de cada lado 1 aumento cada 6 hileras, 5 veces, quedan 61p.

Al tener 20cm. desde el puño, hacer las disminuciones como en el cuerpo, quedan 51p.

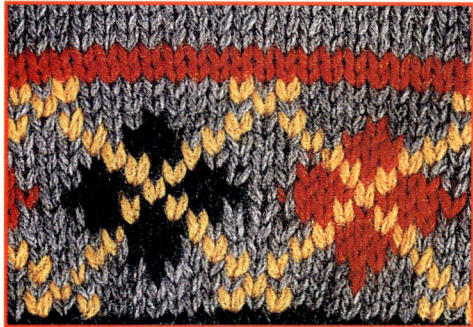

Cerrar todos los puntos sin ajustar.

Cuello y armado: Bordar con amarillo las diagonales en todas las piezas, como se indica en el diagrama.

Para el cuello de la espalda, levantar 35p. con gris y ag. N°3 $^1/_2$. Tejer 4h. en gris, 1h. en colorado y cerrar los puntos como se presentan en colorado.

Para el cuello delantero, levantar 47p. y tejer de la misma manera.

Coser los costados del cuerpo hasta las sisas y las mangas a lo largo.

Superponer los bordes de elástico de los hombros. Pegar las mangas haciendo coincidir las disminuciones con las del cuerpo. En cada hombro delantero, abrir 3 ojales (ver páginas finales). Pegar los botones.

CCN ROMBOS GRANDES

TALLE: 18 meses.
MATERIALES: Lana merino secificada, tejida en 1 hebra, aproximadamente 100gr. en color gris, 20gr. en color colorado, 20gr. en color verde. Un poco de amarillo para bordar. Agujas N°3 $^1/_2$ y N°4. 3 botones.

Puntos empleados:
Punto elástico 1 y 1: 1p.d., 1p.r., repetir todas las hileras.
Punto jersey: 1 hilera derecho, 1 hilera revés.
Punto falso elástico: *tejer 1p.d., subir la lana, pasar 1p.r. sin tejer, bajar la lana*, repetir de * a * todas las hileras del derecho y del revés.
Muestra: 10cm. = 20p. en p. jersey con ag. N°4.
Espalda: Poner 61p. en ag. N°3 $^1/_2$ con gris y tejer 4cm. en p. elástico 1 y 1.
Cambiar a las ag. N°4 y tejer en p. jersey durante 31cm.
Cerrar del lado derecho 19p. para el hombro y en el centro 23p. para el escote.
En los 19p. del otro hombro, tejer 4 hileras de p. elástico y cerrar los puntos como se presentan.
Delantera: Hacer el elástico como en la espalda.
Cambiar a las ag. N°4 y tejer siguiendo el diagrama de los rombos, utilizando 7 ovillos (4 gris, 2 colorado y 1 verde) y cruzando las

lanas por el revés del tejido (ver páginas finales, para tejer con 2 o más colores).
Distribuir los puntos de la siguiente manera para empezar: 10p. gris, 1p. colorado, 19p. gris, 1p. verde, 19p. gris, 1p. colorado y 10p. gris.
Al terminar los rombos, hacer 2h. gris de separación y volver a empezar, alternando los colores.
Al tener 25cm. desde el elástico, comenzar el escote, cerrando los 9p. centrales y luego de cada lado: 3p., 2p. y 2p.
Completar los 31cm pero haciendo del lado derecho, las últimas 4h. en elástico.
Mangas: Poner con gris 36p. en las ag. N°3$^1/_2$ y tejer 4cm. en p. elástico 1 y 1.
Cambiar a las ag. N°4 y tejer en p. jersey, aumentando en una hilera 11p. (quedan 47p.).
Hacer de cada lado 1 aumento, dejando 1p. de borde, cada 6 hileras 6 veces (quedan 59p.).
Completar 22cm. desde el elástico y cerrar todos los puntos bien flojos.
Cuello y armado: Coser un hombro y

levantar 74p. con gris en las ag. N°3 $^1/2$, incluyendo los bordes del elástico.
Tejer 5 hileras en p. elástico, 2h. en p. falso elástico y cerrar en forma tubular (ver páginas finales). En la delantera, bordar las diagonales en amarillo como se indica en el diagrama (ver páginas finales).

Coser los costados del cuerpo, dejando una abertura de 15cm. para las sisas.
Cerrar las mangas a lo largo y pegarlas haciendo coincidir el centro de las mismas con la costura de los hombros.
En el hombro izquierdo, abrir 3 ojales en la delantera. Pegar los botones.

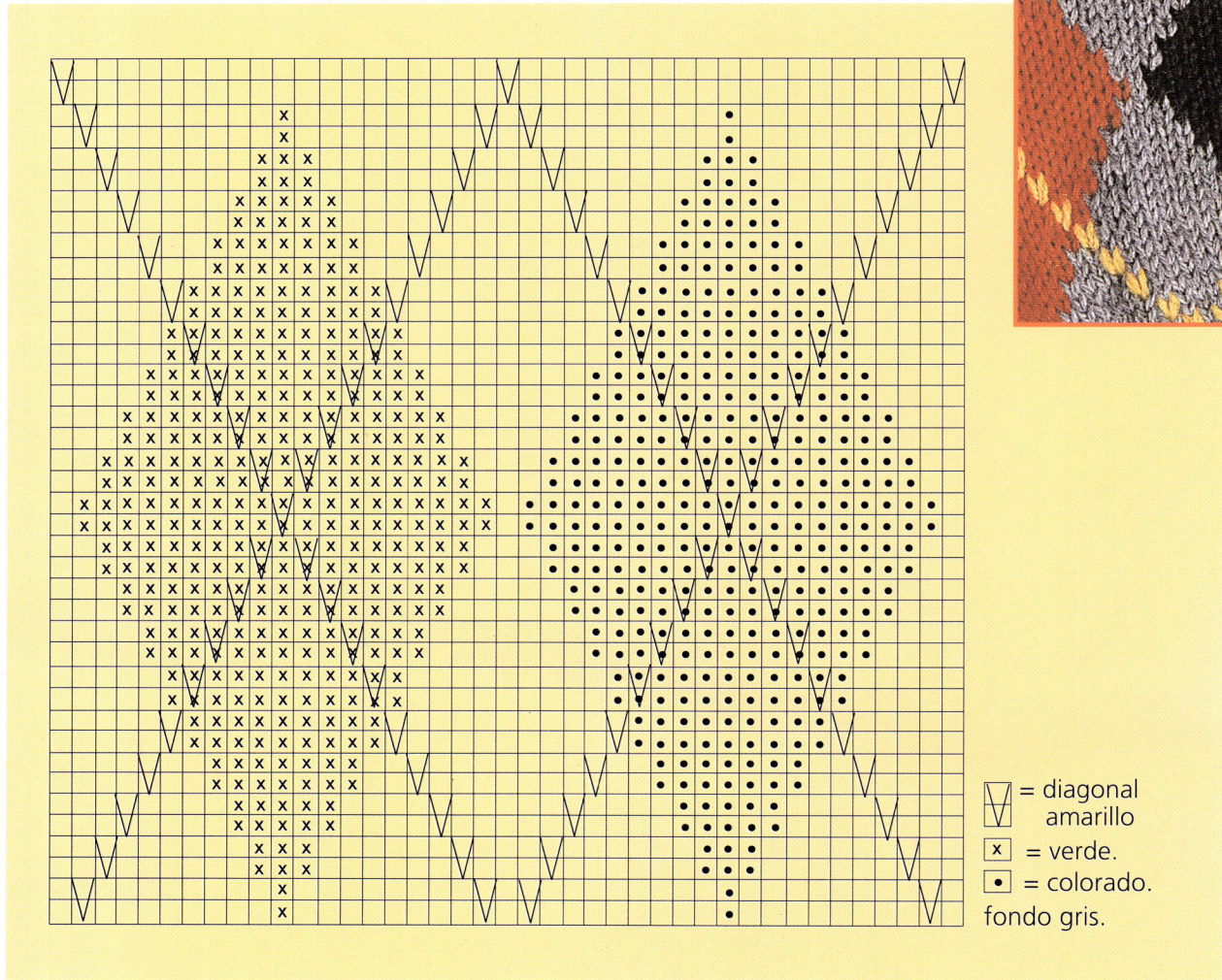

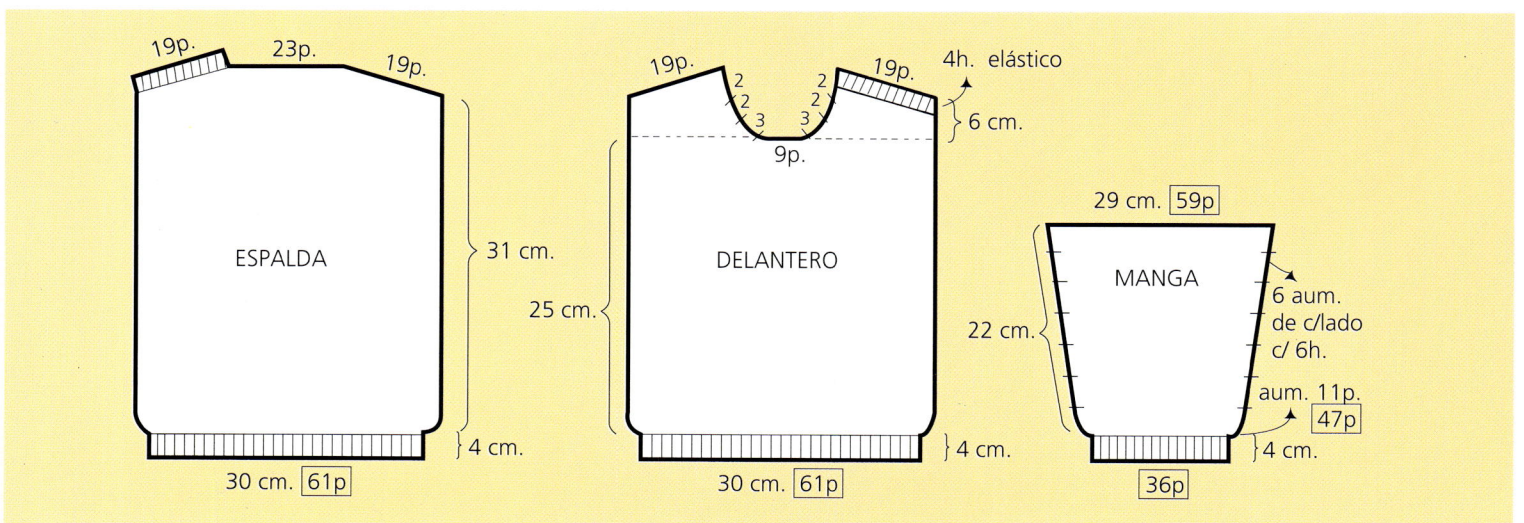

$\bigvee$ = diagonal amarillo
$\boxed{x}$ = verde.
$\boxed{\bullet}$ = colorado.
fondo gris.

ESPALDA
19p. 23p. 19p.
31 cm.
4 cm.
30 cm. [61p]

DELANTERO
19p. 2 2 19p. 4h. elástico
2 2
3 3
9p.
6 cm.
25 cm.
4 cm.
30 cm. [61p]

MANGA
29 cm. [59p]
6 aum. de c/lado c/ 6h.
22 cm.
aum. 11p. [47p]
4 cm.
[36p]

110

TODO UN HOMBRECITO

FÁCIL

TALLE: 18 meses.
MATERIALES: Lana merino sedificada semigorda tejida en 1 hebra, 100gr. en azulino, 30gr. en blanco y 30gr. en amarillo. Agujas N° 3 1/2 y N°4. 3 botones.

Cambiar a las ag. N°4 y tejer en p. jersey con azulino, aumentando en la primera hilera 6p., quedan 62p.

Al tener 14,5cm. desde el elástico, tejer 2h. blanco, 2h. amarillo, y 2h. blanco.

A continuación, cerrar de cada lado 4p. para las sisas y continuar recto con azulino durante 14cm.

Para los hombros, cerrar 16p. de cada lado y por último, dejar en suspenso los 22p. centrales para el escote.

Delantera: Hacer todo igual que en la espalda y, simultáneamente con los 4p. de las sisas, cerrar los 4p. centrales para la abertura, quedando así el tejido dividido en 2 partes. Tejer las 2 partes por separado y al tener 9cm. de altura de sisas, cerrar para el escote: 3p., 3p., 2p. y 1p.

Completar 14cm y cerrar los 16p. de cada hombro.

Mangas: Poner con azulino 38p. en las ag. N°3 1/2 y tejer en p. elástico 1y1: 1h. azulino, 2h. blanco, 2h. amarillo y 2h. azulino.

Cambiar a las ag. N°4 y tejer en p. jersey con azulino, haciendo 4 aumentos en la primera hilera, quedan 42p.

Seguir aumentando de cada lado 1p., dejando 1p. de borde, cada 6 hileras 6 veces, quedan 54p. Completar 17,5cm. de altura desde el puño, tejer 2h. blanco, 2h. amarillo, 3h. blanco y cerrar todos los puntos bien flojos.

Cuello y armado: Coser los hombros y los costados del cuerpo hasta las sisas.

Con ag. N°3 1/2 y azulino, levantar 71p. alrededor del escote y tejer en p. elástico 1y1 de la siguiente manera: 10h. azulino, 2h. amarillo, 2h. blanco, 1h. azulino y cerrar con este color los puntos como se presentan y sin ajustar.

Cerrar las mangas a lo largo, dejando al final una abertura de 2cm. Pegarlas haciendo coincidir el centro de las mismas con las costuras de los hombros y los 2cm. de la abertura con los puntos cerrados en las sisas formando ángulo recto.

En cada uno de los bordes de la abertura delantera, levantar 24p. con azulino y ag. N°3 1/2. Tejer 7h. en p. elástico 1y1 y cerrar los puntos como se presentan.

En el borde del lado derecho, abrir 3 ojales (ver páginas finales) y pegar los botones.

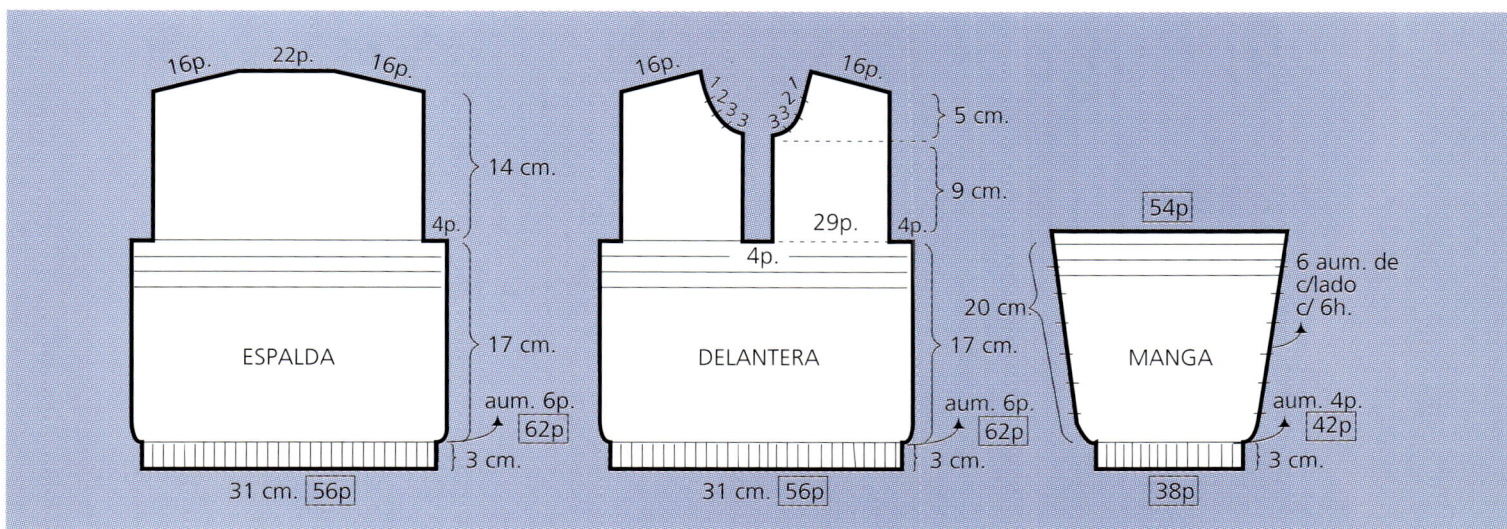

Puntos empleados:

Punto elástico 1y1: 1p.d., 1p.r., repetir todas las hileras.

Punto jersey: 1 hilera derecho, 1 hilera revés.

Muestra: 10cm. = 20p. en p. jersey con ag. N°4.

Espalda: Poner 56p. en las ag. N°3 1/2 con azulino y tejer en p. elástico 1y1 haciendo: 1h. azulino, 2h. blanco, 2h. amarillo y 4h. azulino.

ESPALDA — 16p. 22p. 16p. — 14 cm. — 4p. — 17 cm. — aum. 6p. 62p — 3 cm. — 31 cm. 56p

DELANTERA — 16p. 16p. — 5 cm. — 9 cm. — 29p. 4p. — 4p. — 20 cm — 17 cm. — aum. 6p. 62p — 3 cm. — 31 cm. 56p

MANGA — 54p — 6 aum. de c/lado c/ 6h. — aum. 4p. 42p — 3 cm. — 38p

¡FELIZ CUMPLE!

NO TAN FÁCIL

CON ELEFANTITOS

Talle: 2 años.
Materiales: Fibra acrílica tejida en 1 hebra, 130gr. en blanco y 40gr. en celeste.
Agujas N°3 y N°3 ¹/2. 3 botones.

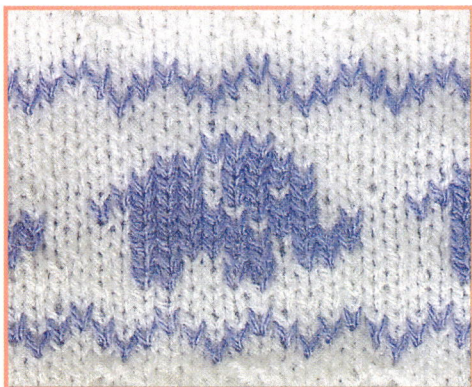

Puntos empleados:
Punto elástico 1y1: 1p.d., 1p.r., repetir todas las hileras.
Punto jersey: 1 hilera derecho, 1 hilera revés.
Punto falso elástico: *tejer 1p.d., subir la hebra, pasar 1p.r. sin tejer, bajar la hebra*, repetir de * a * en todas las hileras del derecho y del revés.
Punto canelón: 1h)*2p.r., 4p.d.*, repetir toda la hilera de * a * y terminar con 2p.r. 2h) todos los puntos al revés.
Repetir siempre estas 2 hileras.
Muestra: 10cm. = 26p. en p. canelón con ag. N°3 ¹/2.
Espalda: En las ag. N°3, poner 80p. con celeste y tejer 3cm. en p. elástico 1y1, haciendo la primera hilera en celeste y luego en blanco. Cambiar a las ag. N°3 ¹/2, aumentando en una hilera 6p., quedan 86p. Tejer en p. canelón durante 11cm., luego hacer 20 hileras en p. jersey y terminar con 15cm. en p. canelón.
Cerrar para el hombro izquierdo 28p. y para el cuello los 30p. centrales.
Continuar sobre los 28p. del hombro derecho, 4h. en p. elástico 1y1.
Cerrar los puntos como se presentan.
Delantera: Se hace igual que la espalda, pero al tener 9cm. de altura desde el jersey, comenzar el escote.
Para ello, cerrar los 14p. centrales y luego de cada lado: 3p., 3p. y 2p.

Completar 15cm. y cerrar los 28p. de los hombros, pero en el hombro de la izquierda hacer las últimas 4h. en p. elástico 1y1.
Mangas: En las ag. N°3 poner 44p. con celeste y tejer 3cm. en p. elástico 1y1, haciendo la primera hilera en celeste y luego seguir en blanco. Cambiar a las ag. N°3 ¹/2 y aumentar 8p. en una hilera; quedan 52p.
Tejer en p. canelón comenzando con 4p.d. y aumentando de cada lado 1p. cada 6h., 9 veces, quedan 70p.
Al tener 14cm. de p. canelón, tejer 22h. en p. jersey y cerrar todos los puntos sin ajustar.
Cuello y armado: Bordar la guarda de elefantes con celeste siguiendo el diagrama, en todas las piezas, en las 20h. de p. jersey.
Coser un hombro y los costados del cuerpo, dejando de cada lado una abertura de 15cm. para las sisas. Levantar alrededor del escote 87p., tejer en blanco 4h. en p. elástico 1y1, en celeste 2h. de falso elástico y cerrar en forma tubular (ver páginas finales). Cerrar las mangas a lo largo y pegarlas haciendo coincidir el centro con la costura de los hombros, superponiendo en uno las 4h. de p. elástico de delantera y espalda. Abrir en este hombro 3 ojales (ver páginas finales) y pegar los botones.

x =celeste   ☐ =fondo

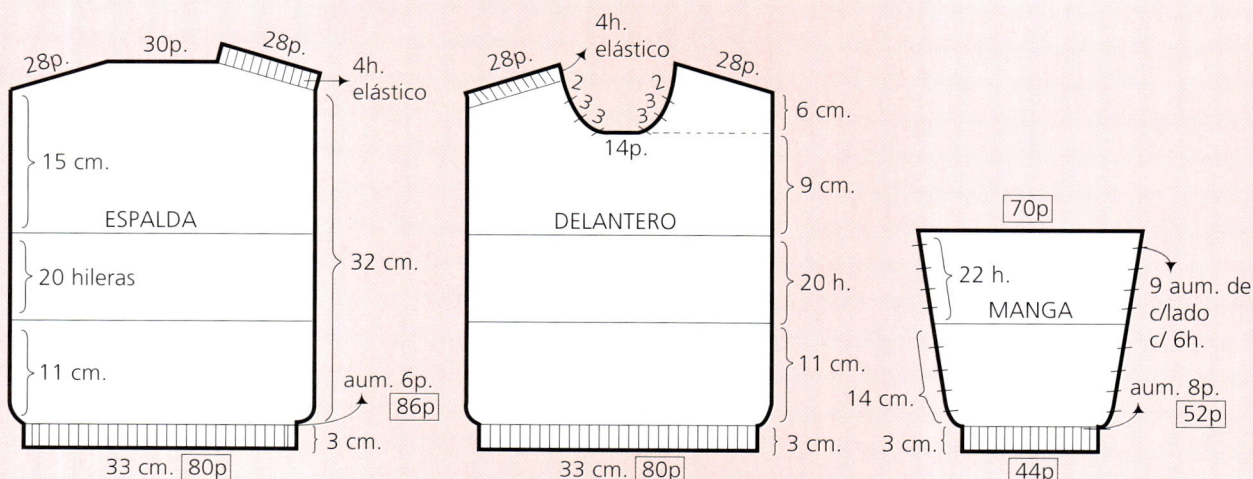

ESPALDA
28p. — 30p. — 28p.
4h. elástico
15 cm.
20 hileras
11 cm.
32 cm.
aum. 6p. 86p
3 cm.
33 cm. 80p

DELANTERO
28p. — 4h. elástico — 28p.
2 3 3   2 3 3
6 cm.
14p.
9 cm.
20 h.
11 cm.
3 cm.
33 cm. 80p

MANGA
70p
22 h.
9 aum. de c/lado c/ 6h.
14 cm.
aum. 8p. 52p
3 cm.
44p

Puntos empleados:
Punto elástico 1 y 1: 1p.d., 1p.r., repetir todas las hileras.
Punto trenza: 1h) 6p.d.
2h) y todas las hileras pares: 6p.r.
3h) sacar 2p.d. en ag. aux. hacia adelante del tejido, tejer 2p.d. y los 2p. de la ag. aux., al derecho, 2p.d.
5h) 6p.d.
7h) tejer 2p.d., sacar 2p.d. en ag. aux. hacia atrás del tejido, tejer 2p.d. y los 2p. de la ag. aux. al derecho.
Repetir desde la primera hilera.
Punto falso elástico: * tejer 1p.d., subir la lana, pasar 1p.r. sin tejer, bajar la lana *, repetir de *a* todas las hileras del derecho y del revés.
Muestra: 8cm = 20p. en p. trenza con ag. N°4.
Espalda: Poner 76p. en las ag. N°3 1/2 y tejer 3cm en p. elástico 1 y 1.
Cambiar a las ag. N°4, aumentando 6p. en una hilera, quedan 82p., que se distribuyen de la siguiente manera: 2p.r., *6p. trenza,

CON TRENZAS
TALLE: 2 años.
MATERIALES: Fibra acrílica semigorda tejida en una hebra, 110gr. en color blanco. Agujas N°3 1/2 y N°4. 6 botones.

FÁCIL

3p.r.*, repetir toda la hilera de * a * y terminar con 2p.r. Del revés, tejer todos los p. al revés.
Al tener 18cm. de altura desde el elástico, comenzar las sisas tejiendo de cada lado 2p. juntos revés a 10p. del borde, en todas las hileras del derecho 6 veces. Continuar recto y al tener 15cm. de altura de sisas, cerrar de cada lado 21p. para los hombros. Por último, cerrar los 28p. centrales.
Delantera derecha: Poner 49p. en las ag. N°3 1/2 y tejer 3cm. en p. elástico, pero haciendo al empezar el orillo de 3p., como se indica en páginas finales.
Cambiar a las ag. N°4, continuar con los 11p.

de la vista (3p. orillo y 8p. elástico) y el resto alternando 3p.r. y 6p. trenza, terminar con 2p.r.
Al tener 18cm. desde el elástico, hacer para la sisa, las disminuciones como en la espalda.
A los 9cm. de altura de sisa, comenzar el escote dejando en suspenso los 11p. de la vista y cerrando luego: 3 veces 3p. y 2p.
Completar 15cm. de altura de sisa y cerrar los 21p. de hombro.
Hacer la otra delantera igual pero invertida.
Mangas: Poner 44p. en las ag. N°3 1/2 y tejer 3cm. en p. elástico 1 y 1.
Cambiar a las ag. N°4, aumentando 13p. y alternando 3p.r. y 6p. trenza.
Hacer de cada lado 1 aumento cada 6 hileras, 7 veces (quedan 71p.).
Completar 18cm. desde el puño y tejer en todas las hileras del derecho 2p. juntos en el borde, 6 veces. Cerrar los 59p. flojos.
Cuello y armado: Coser los hombros y los costados del cuerpo hasta las sisas.
Levantar 79p. alrededor del escote con ag. N°3 1/2 y tejer 6h. en p. elástico, haciendo el orillo de 3p. en ambos extremos.
Terminar con 2h. de p. falso elástico y cerrar en forma tubular (ver páginas finales).
Cerrar las mangas a lo largo y pegarlas haciendo coincidir el centro con la costura de los hombros y las disminuciones con las del cuerpo. En la delantera derecha, abrir 6 ojales como se indica en páginas finales. Pegar los botones.

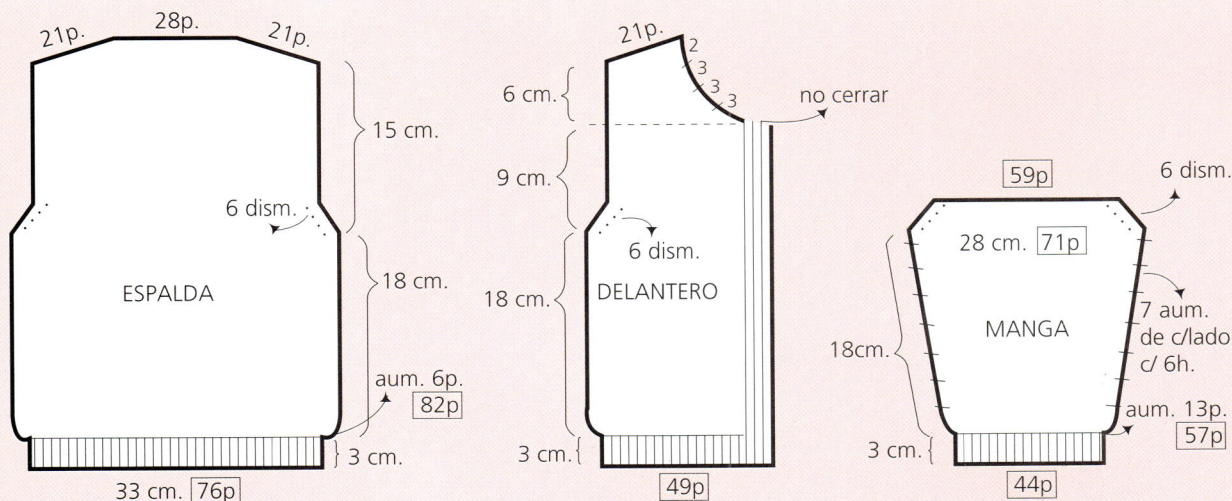

Diagrama ESPALDA: 21p. · 28p. · 21p. · 15 cm. · 6 dism. · 18 cm. · aum. 6p. 82p · 3 cm. · 33 cm. 76p

Diagrama DELANTERO: 21p. · 2 · 3 · 3 · 3 · 6 cm. · no cerrar · 9 cm. · 6 dism. · 18 cm. · 3 cm. · 49p

Diagrama MANGA: 59p · 6 dism. · 28 cm. 71p · 7 aum. de c/lado c/ 6h. · 18cm. · aum. 13p. 57p · 3 cm. · 44p

CARDIGAN MULTICOLOR

FÁCIL

TALLE: 2 años.
MATERIALES: Lana merino semigorda tejida en 1 hebra, 50gr. en amarillo, 50gr. en azul, 70gr. en verde y 50gr. en colorado. Agujas N°4 y N°4 $^1/_2$. 4 botones azules.

Puntos empleados:
Punto elástico 1y1: 1p.d., 1p.r., repetir todas las hileras.
Punto jersey: 1 hilera derecho y 1 hilera revés.
Muestra: 9cm. = 17p. en p. jersey con ag. N°4 $^1/_2$.
Espalda: En las ag. N°4, poner 62p. en amarillo y tejer 4cm. en p. elástico 1y1. Cambiar a las ag. N°4 $^1/_2$ y tejer en p. jersey con colorado durante 14cm. Continuar tejiendo en p. jersey pero con azul y al tener 16cm, cerrar de cada lado 21p. para los hombros. Por último, cerrar los 20p. centrales para el escote.
Delantera derecha: Poner 29p. con amarillo en las ag. N°4 y tejer 4cm. en p. elástico 1y1. Cambiar a las ag. N°4 $^1/_2$y tejer con colorado, 14cm. en p. jersey. Pasar al color azul, tejer 1cm .y comenzar el escote tejiendo 2p. juntos en el borde, 2 veces en todas las hileras del derecho y 6 veces cada 4h. (hilera del derecho por medio) Completar 16cm. de azul y cerrar los 21p. del hombro. Hacer la otra delantera igual pero invertida.
Mangas: Poner 32p. con amarillo en las ag. N°4 y tejer 4cm. en p. elástico 1y1. Cambiar a p. jersey con ag. N°4 $^1/_2$, aumentando en la primera hilera 8p., quedan 40p. Tejer con verde, haciendo de cada lado 1 aumento, cada 4 hileras 6 veces, quedan 52p. Completar 20cm. de altura desde el puño y cerrar todos los puntos bien flojos.
Armado y terminación: Coser los hombros y los costados del cuerpo, dejando de cada lado una abertura de 15cm. para las sisas. Con agujas N°4 y color amarillo, levantar 101p. a lo largo de una delantera y escote de la espalda, tejer 7h. en p. elástico 1y1 y cerrar los puntos como se presentan.

A lo largo de la otra delantera, levantar 82p. y tejer de la misma manera.
En la delantera izquierda, abrir 4 ojales (ver páginas finales).
Pegar los botones. Cerrar las mangas a lo largo y pegarlas haciendo coincidir el centro de las mismas con las costuras de los hombros.

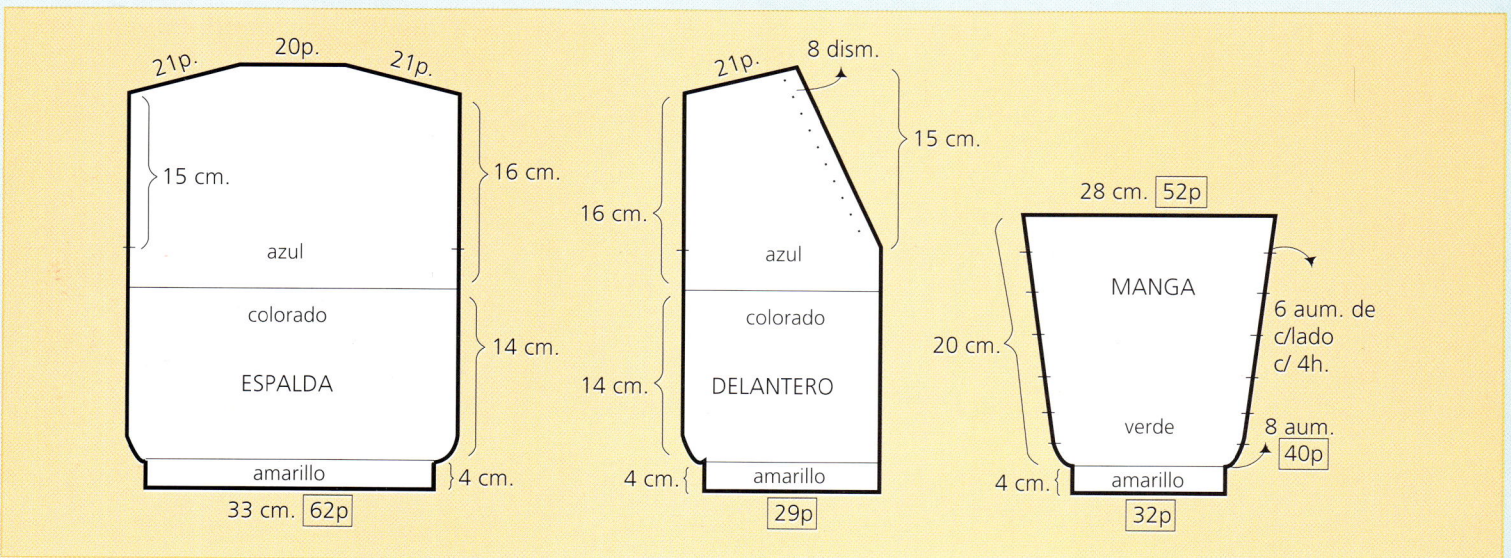

ESPALDA
21p. — 20p. — 21p.
15 cm. | 16 cm.
azul
colorado
14 cm.
amarillo | 4 cm.
33 cm. | 62p

DELANTERO
21p. — 8 dism.
15 cm.
16 cm.
azul
colorado
14 cm.
amarillo | 4 cm.
29p

MANGA
28 cm. | 52p
MANGA
6 aum. de c/lado c/ 4h.
20 cm.
verde
8 aum. | 40p
amarillo | 4 cm.
32p

GORRO

Materiales: Lana merino semigorda tejida en 1 hebra, 80gr. en color colorado. Agujas N°4.

Ejecución:

Poner 89p. en las ag. N°4 y tejer en p. elástico 1y1, comenzando con 1p.r.

Al tener 18 cm. de altura, comenzar las disminuciones en todas las hileras del derecho de la siguiente manera:

1h) 1p.r., 1p.d., 1p.r., *1 disminución doble (ver páginas finales), 1p.r., 1p.d., 1p.r., 1p.d., 1p.r.*, repetir de *a* 10 veces y terminar con 1 disminución doble, 1p.r., 1p.d., y 1p.r.; quedan 67p.

2h) tejer como se presentan los puntos.

3h) 1p.r., 1p.d., *3p. juntos revés, 1p.d., 1p.r., 1p.d.*, repetir de *a* 10 veces y terminar con 3p. juntos revés, 1p.d., y 1p.r.,; quedan 45p.

4h) tejer como se presentan los puntos.

5h) 1p.r., *1 disminución doble, 1p.r.*, repetir de *a* 11 veces, quedan 23p.

6h) tejer 2p. juntos revés toda la hilera, quedan 12p.

Cortar la lana, dejando una hebra larga como para coser y pasar por dentro de los 12p. frunciéndolos.

Armado: Coser el gorro teniendo en cuenta que el borde va doblado hacia arriba.

EL CLÁSICO TAPADITO

NO TAN FÁCIL

TALLE: 2 años.
MATERIALES: Lana merino sedificada semigorda, tejida en 1 hebra, 550gr. en color colorado. Agujas N°4. 13 botones dorados.

Puntos empleados:

Punto elástico 1y1: 1p.d., 1p.r., repetir todas las hileras.

Muestra: 10cm. = 25p. en p. elástico 1y1 con ag. N°4.

Espalda: Poner 107p. en las ag. N°4 y tejer en p. elástico 1y1, comenzando con 1p.r. de borde.

Disminuir 1p. de cada lado, dejando 1p.r. de borde, 6 veces cada 10 hileras, quedan 95p.

Al tener 35 cm. de altura, comenzar las sisas tejiendo al empezar y terminar todas las hileras del derecho, 2p.juntos revés a 2p. del borde, 6 veces, quedan 83p.

Completar 16cm. de altura de sisas y cerrar los 27p. de cada hombro.

Por último, cerrar los 29p. del cuello.

Delantera derecha: Poner 70p. en las ag. N°4 y tejer en p. elástico, comenzando con el orillo de 3p. (ver páginas finales).

Disminuir del lado opuesto al orillo 1p., dejando 1p. de borde, cada 10h., 6 veces, quedan 64p.

Al tener 35cm. de altura , hacer al final de las hileras del derecho las 6 disminuciones como en la espalda.

Continuar recto y a los 10cm. de altura de sisa, cerrar para el escote: 24p., 3p., 2p. y 2p. Completar 16cm. y cerrar los 27p. del hombro.

Hacer la otra delantera igual pero invertida.

Mangas: Poner 51p. en ag. N°4 y tejer en p. elástico 1y1, aumentando de cada lado 1p.. cada 4 hileras 11 veces, quedan 73p.

Al tener 20cm. de altura, hacer las 6 disminuciones igual que en el cuerpo y cerrar los puntos como se presentan y bien flojos.

Cuello: Poner 133p. en las ag. N°4 y tejer en p. elástico 1y1, comenzando con 1p.d. de borde.

En la segunda hilera (del derecho del tejido), tejer 16p. elástico, 3p. (pinza del derecho), 95p. elástico, 3p. (pinza del derecho) y 16p. elástico.

La pinza del derecho, se hace de la siguiente manera sobre 3p.: tomar 2p. como para tejer juntos al derecho y pasarlos a la aguja derecha sin tejer, tejer 1p.d. y montar sobre éste los 2p. pasados sin tejer.

En la tercera hilera (del revés del tejido), tejer 15p. elástico, 3p. (pinza del revés), 93p. elástico, 3p. (pinza del revés) y 15p. elástico.

Para hacer la pinza del revés sobre 3p.: sacar 1p.r. en ag. aux. hacia adelante del tejido, tomar los 2p.r. siguientes como para tejer juntos al revés y pasarlos sin tejer a la aguja derecha, colocar en la ag. izquierda el punto de la ag. aux. y luego los otros 2p. sin tejer, tejer los 3p. juntos al revés.

Seguir de esta manera haciendo las pinzas del derecho y del revés hasta que no queden más puntos de elástico al comienzo y al final.

Cerrar los puntos como se presentan.
Tapitas: Poner 43p. en las ag. N°4 y tejer la primera hilera en p. elástico comenzando con 1p.d. de borde.
Luego seguir como en el cuello, comenzando con 10p. elástico, la pinza del derecho, 17p. elástico, la pinza del derecho y 10p. elástico.
Al tener sólo 5p., cortar la hebra y pasar por dentro de los puntos.
Trabas de mangas y martingala:
Para las trabas, poner 7p. y tejer 15cm. en p. elástico.
Luego, en todas las hileras del derecho y del revés, tejer 2p. juntos al comenzar y terminar para formar la punta. Hacer 2 iguales.
Para la martingala, poner 1p. y aumentar en todas las hileras del derecho y del revés, 1p. de cada lado, dejando 1p. de borde hasta tener 9p. Tejer 14cm. recto y disminuir en todas las hileras 1p. de cada lado hasta tener nuevamente 1p.
Armado: Coser los hombros y los costados del cuerpo hasta las sisas.
Cerrar las mangas y pegarlas haciendo coincidir el centro de las mismas con las costuras de los hombros y las disminuciones con las del cuerpo.
Hacer alrededor del escote una hilera de medio punto al crochet para sostener.
Coser el cuello dejando en ambos extremos 16p. libres.
En el extremo superior de la delantera derecha, bordar un ojalillo. Coser las trabas de las mangas, la martingala y las tapitas.

En la delantera derecha, abrir 3 pares de ojales con 17p. de separación entre ellos, el primero a 26cm. del borde inferior y los otros cada 8cm. Pegar los botones.

BUFANDA
Ejecución: Poner 33p. en las ag. N°5 y tejer en p. elástico 1y1 haciendo al comenzar y terminar el orillo de 2p.d. (ver páginas finales).
Al tener 95cm. de largo, cerrar todos los puntos como se presentan.
Terminación: Cortar para los flecos hebras de 25cm. de largo.
Colocar los flecos con la ayuda de una aguja de crochet (ver dibujo), usando 3 hebras para cada fleco. En cada extremo lleva 8 flecos.

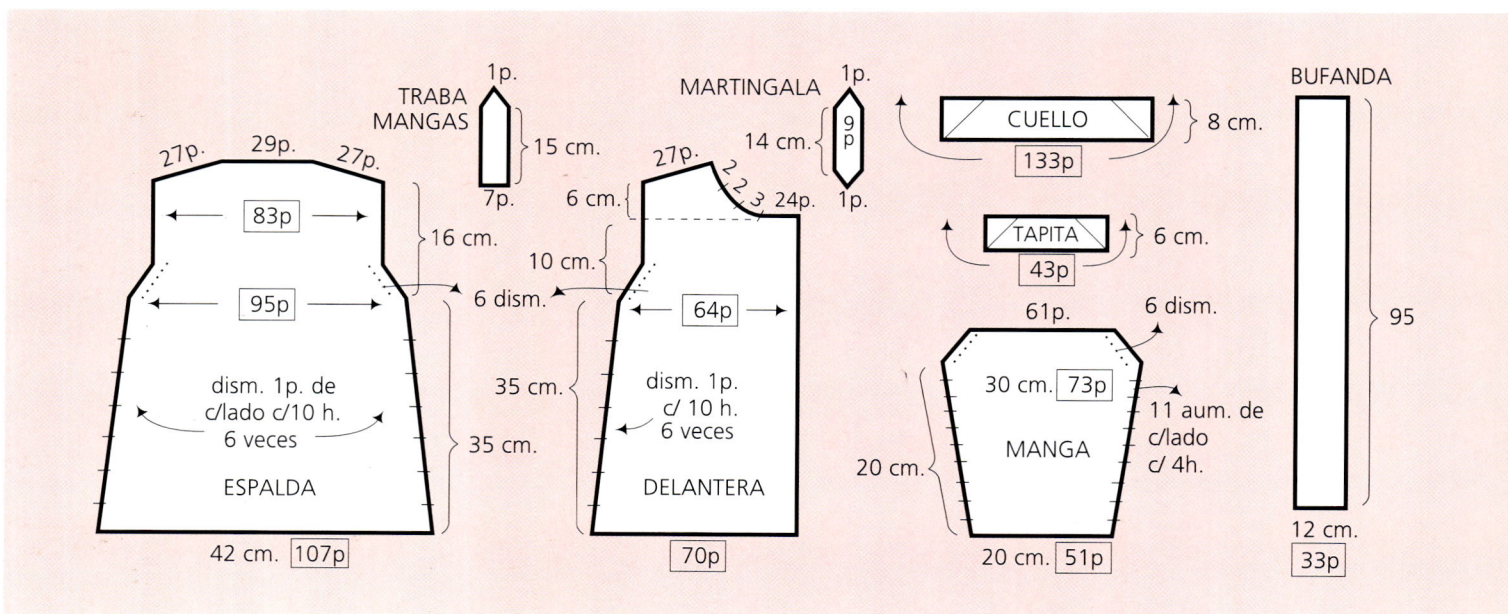

PULÓVER CON CORAZONES

TALLE: 2 años.
MATERIALES: Fibra acrílica tejida en 1 hebra, 130gr. en color verde y 40gr. en rosa. Agujas N°3 y N°3 1/2. 2 botones.

Puntos empleados:
Punto elástico 1y1: 1p.d., 1p.r., repetir todas las hileras.
Punto jersey: 1 hilera derecho, 1 hilera revés.
Punto ochos: sobre 4p.
1h) 4p.d.
2h) 4p.r.
3h) sacar 2p.d. en ag. aux. hacia adelante del tejido, tejer 2p.d. y los 2p. de la ag. aux., al derecho.
4h) 4p.r.
Repetir siempre estas 4 hileras.
Punto falso elástico: *tejer 1p.d., subir la hebra, pasar 1p.r. sin tejer, bajar la hebra*, repetir de * a * en todas las hileras del derecho y del revés.
Muestra: 10cm. = 26p. en p. jersey con ag. N°3 1/2.

Espalda: Poner 80p. con rosa en las ag. N°3 y tejer 3cm. en p. elástico 1y1, haciendo la primera hilera en rosa y el resto en verde.
Cambiar a las ag. N°3 1/2, aumentando 7p. en una hilera y distribuyendo los puntos como sigue: 2p.r., 4p. ocho, 2p.r., 71p.d., 2p.r., 4p. ocho y 2p.r.
Del revés, se tejen todos los puntos al revés.
Al tener 17cm. de altura desde el elástico, comenzar las sisas tejiendo en todas las hileras del derecho, al empezar y terminar, 2p. juntos revés a 7p. del borde, 6 veces.
Seguir recto y a los 8cm de altura de sisas, cerrar los 3p. centrales para la abertura de la espalda.
Tejer las dos partes por separado hasta tener 15cm., cerrar para los hombros 22p. y para el escote, 14p.
Delantera: Se hace igual que la espalda hasta tener 9cm. de altura de sisa y comenzar el escote.
Para esto, cerrar en el centro 13p. y luego de cada lado: 3p., 3p., 2p. y 1p.
Completar 15cm. y cerrar los 22p. de cada hombro.
Mangas: En las ag. N°3, poner 43p. con rosa y tejer 3cm. en p. jersey, haciendo la primera hilera con rosa y el resto con verde.
Cambiar a las ag. N°3 1/2, aumentando 10p. en una hilera, quedan 53p.

Tejer en p. jersey, haciendo de cada lado 1 aumento, dejando 1p. de borde, 9 veces cada 6 hileras, quedan 71p.
Completar 20cm. de altura desde el puño, comenzar las disminuciones, haciendo en todas las hileras del derecho, 2p. juntos revés a 1p. del borde, 6 veces, quedan 59p.
Cerrar los puntos sin ajustar.
Armado y terminación: En la 9ª hilera, comenzar a bordar los corazones con rosa (ver páginas finales), haciendo 4 en esa línea con 13p. de separación entre sí.
La segunda línea de 3 corazones se borda a 15 hileras de distancia de la anterior, intercalándolos. Coser los hombros y los costados del cuerpo hasta las sisas. Con agujas N°3, levantar alrededor del escote 81p. con color verde, tejer 5h. en p. elástico 1y1, luego con rosa 2h. en p. falso elástico y cerrar en forma tubular (ver páginas finales).
En cada uno de los bordes de la abertura de la espalda, levantar 28p. con verde y ag. N°3, tejer 5h. en p. elástico 1y1 y cerrar los puntos como se presentan.
En uno de los bordes, abrir 2 ojales (ver páginas finales). Pegar los botones.
Cerrar las mangas a lo largo y pegarlas haciendo coincidir el centro de las mismas con las costuras de los hombros y las disminuciones con las del cuerpo.

	x	x		x	x	
x	x	x	x	x	x	x
	x	x	x	x	x	
		x	x	x		
			x			

x = rosa.
fondo verde.

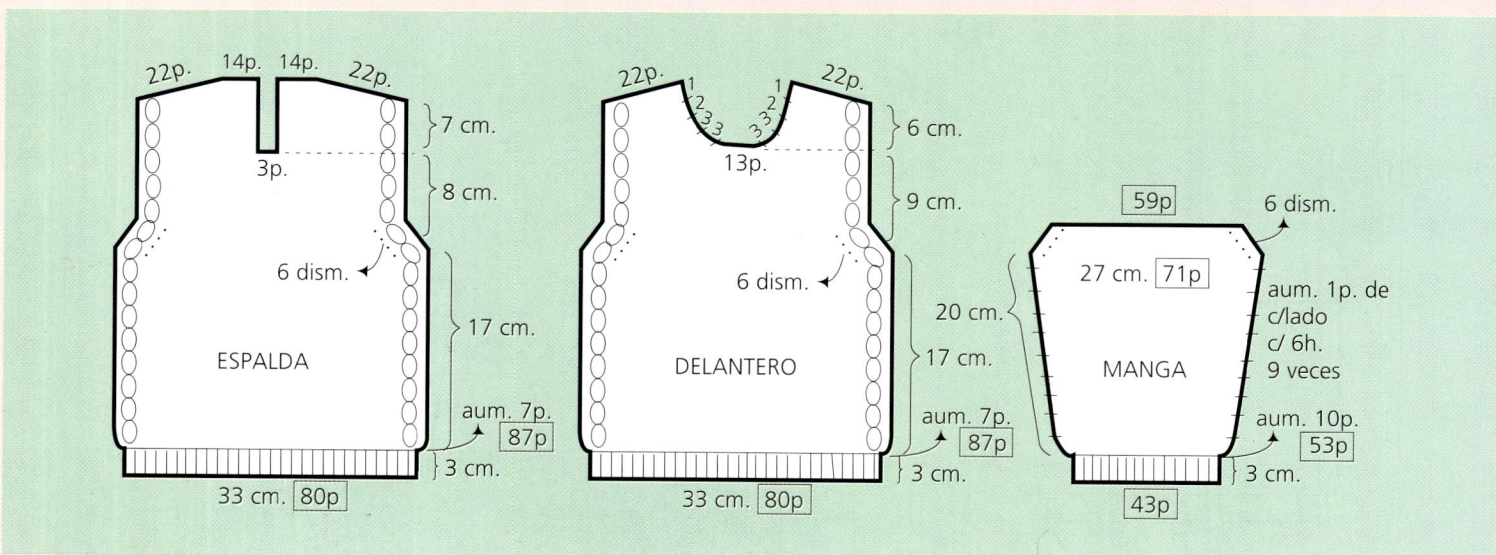

ESPALDA
22p. 14p. 14p. 22p.
3p.
7 cm.
8 cm.
6 dism.
17 cm.
aum. 7p. 87p.
3 cm.
33 cm. 80p.

DELANTERO
22p. 1 1 22p.
2 2
3 3 3 3
13p.
6 cm.
9 cm.
6 dism.
17 cm.
aum. 7p. 87p.
3 cm.
33 cm. 80p.

MANGA
59p. 6 dism.
27 cm. 71p.
aum. 1p. de c/lado c/ 6h. 9 veces
20 cm.
17 cm.
aum. 10p. 53p.
3 cm.
43p.

Puntos empleados:
Punto elástico 1y1: 1p.d., 1p.r., repetir todas las hileras.
Punto jersey: 1 hilera derecho y 1 hilera revés.
Muestra: 10cm. = 21p. en p. jersey con ag. N°4.
Espalda: En las ag. N°3 1/2, poner 60p. con amarillo y tejer 3,5cm en p. elástico con blanco. Cambiar a las ag. N°4, aumentando 6p. en una hilera revés con blanco del revés del tejido, quedan 66p.
A continuación, tejer 10h. en azulino, 2h. en

SE ASOMA
EL CONEJO

NO TAN FÁCIL

TALLE: 2 años.
MATERIALES: Lana merino sedificada semigorda tejida en 1 hebra, 110gr. en color azulino, 40gr. en blanco y 40gr. en amarillo. Agujas N°3 1/2 y N°4. 3 botones

Para el escote, dejar en suspenso los 6p. centrales y cerrar luego de cada lado: 3p., 3p. y 2p. Completar los 15cm. de altura de sisas, haciendo en el hombro derecho, las últimas 4h. en p. elástico 1y1. Cerrar como corresponde los 18p. de cada hombro.
Mangas: Poner 38p. con amarillo en la ag. N°3 1/2 y tejer 3,5cm. en p. elástico con blanco. Cambiar a las ag. N°4, aumentando 4p. en una hilera revés con blanco del lado revés, quedan 42p. Tejer en p. jersey rayado como en el cuerpo y terminar con azulino, aumentar de cada lado 1p., dejando 1p .de borde, 7 veces cada 6h., quedan 56p. Al tener 22cm. de altura desde el puño, cerrar todos los puntos bien flojos.
Cuello y armado: Coser un hombro y los costados del cuerpo hasta las sisas. Con ag. N°3 1/2 y color blanco, levantar 68p. alrededor del escote delantero y trasero, incluyendo los bordes de elástico. Tejer 5 h. en p. elástico 1y1 y cerrar los puntos con amarillo, como se presentan. Coser las mangas a lo largo, dejando al final una abertura de 2cm y pegarlas haciendo coincidir el centro de las mismas con las

costuras de los hombros. La abertura de 2cm. se une a los puntos cerrados en las sisas, formando ángulos rectos. En el hombro de la delantera, abrir 3 ojales (ver páginas finales) y peger los botones. Bordar el conejo siguiendo el diagrama. Hacer el pompón como se indica en página 98.

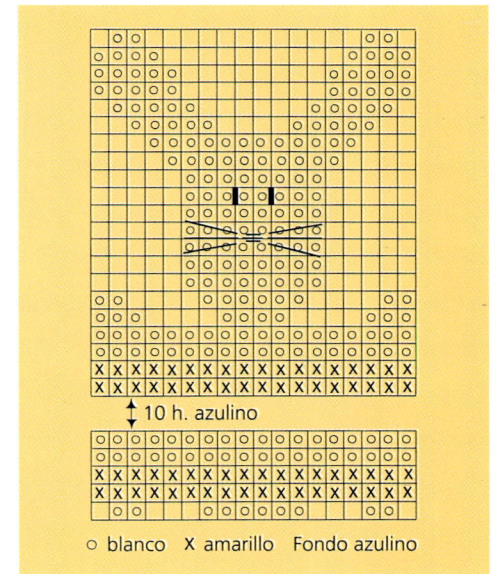

↑ 10 h. azulino

○ blanco   X amarillo   Fondo azulino

amarillo y 2h. en blanco. Repetir esto 2 veces más y seguir en azulino.
Al tener 17 cm. de altura desde el elástico, cerrar para las sisas 4p. de cada lado y continuar recto durante 15cm más. Cerrar para el hombro derecho 18p., dejar en suspenso los 22p. centrales para el escote y continuar con 4h. de p. elástico sobre el hombro izquierdo.
Delantera : Se hace igual que la espalda hasta tener 10cm. de altura de sisas.

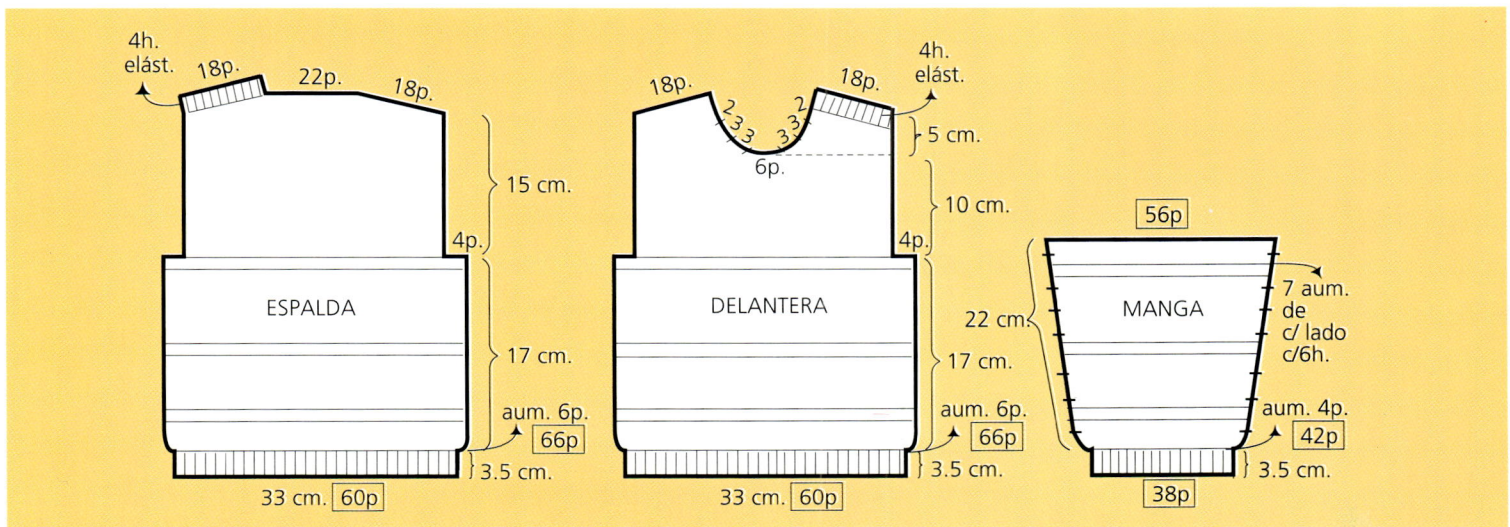

ESPALDA

4h. elást.   18p.   22p.   18p.
15 cm.
4p.
17 cm.
aum. 6p. 66p
3.5 cm.
33 cm. 60p

DELANTERA

18p.   2 3 3   3 3 2   18p.
6p.
4p.
5 cm.
10 cm.
22 cm
17 cm.
aum. 6p. 66p
3.5 cm.
33 cm. 60p

4h. elást.

MANGA

56p
7 aum. de c/ lado c/6h.
22 cm
aum. 4p. 42p
3.5 cm.
38p

A PRUEBA DE TRAVESURAS

NO TAN FÁCIL

TALLE: 2 años.
MATERIALES: Lana shetland fina tejida en 2 hebras, 130gr. en color azul, 30gr. en colorado y un poco de azulino, blanco y amarillo para bordar.
Agujas N°3 1/2 y N°4. 3 botones.

Puntos empleados:

Punto elástico 1y1: 1p.d., 1p.r., repetir todas las hileras.

Punto jersey: 1 hilera derecho y 1 hilera revés.

Muestra: 10cm. = 20p. en p. jersey con ag. N°4.

Espalda: Poner 66p. en las ag. N°3 1/2 con azul y tejer 3cm. en p. elástico 1y1.

Cambiar a las ag. N°4 y tejer en p. jersey de la siguiente manera: 2h. azul, 4h. colorado, 2h. azul, 4h. colorado y continuar en azul.

Al tener 17cm. de altura desde el elástico, comenzar las sisas.

Para ello, en todas las hileras del derecho al empezar y terminar, tejer 2p. juntos revés dejando 2p.d. de borde, 4 veces. Completar 15cm. de altura de sisas, cerrar los 17p. del hombro izquierdo, los 24p. del escote y continuar sobre los 17p.

del hombro derecho, haciendo 4h. en p. elástico 1y1 con colorado. Cerrar los puntos como se presentan.

Delantera: Se hace igual que la espalda, pero al tener 9cm. de altura de sisas, comenzar el escote cerrando los 10p. centrales.

Continuar cerrando luego de cada lado: 3p., 2p. y 1p.

Completar los 15cm. de altura de sisas, pero haciendo en el hombro del lado izquierdo, las 4 últimas hileras en p. elástico 1y1 con colorado. Cerrar los puntos de cada hombro como se presentan.

Mangas: En las ag. N°3 1/2 , poner 36p. con azul y tejer 3cm. en p. elástico 1y1.

Cambiar a p. jersey y ag. N°4, aumentando 4p. en una hilera, quedan 40p.

Tejer una manga en azul y la otra con las 2 rayas coloradas como en el cuerpo.

Aumentar de cada lado 1p., cada 6 hileras, 7 veces; quedan 54p. Al tener 21cm. de altura desde el puño, hacer de cada lado las 4 disminuciones como en el cuerpo.

Cuello y armado: En la delantera bordar el barco siguiendo el diagrama, apoyado en la raya colorada y en la manga rayada, bordar el ancla.

Coser un hombro y levantar alrededor del escote 73p. incluyendo los bordes de elástico, con azul y ag. N°3 1/2. Tejer 6h. en p. elástico 1y1 y cerrar los puntos como se presentan. Coser los costados del cuerpo y las mangas a lo largo. Pegar las mangas haciendo coincidir el centro de las mismas con las costuras de los hombros, superponiendo los bordes colorados. La manga con las rayas, va del lado opuesto al hombro colorado. En el hombro delantero, abrir 3 ojales (ver páginas finales). Pegar los botones.

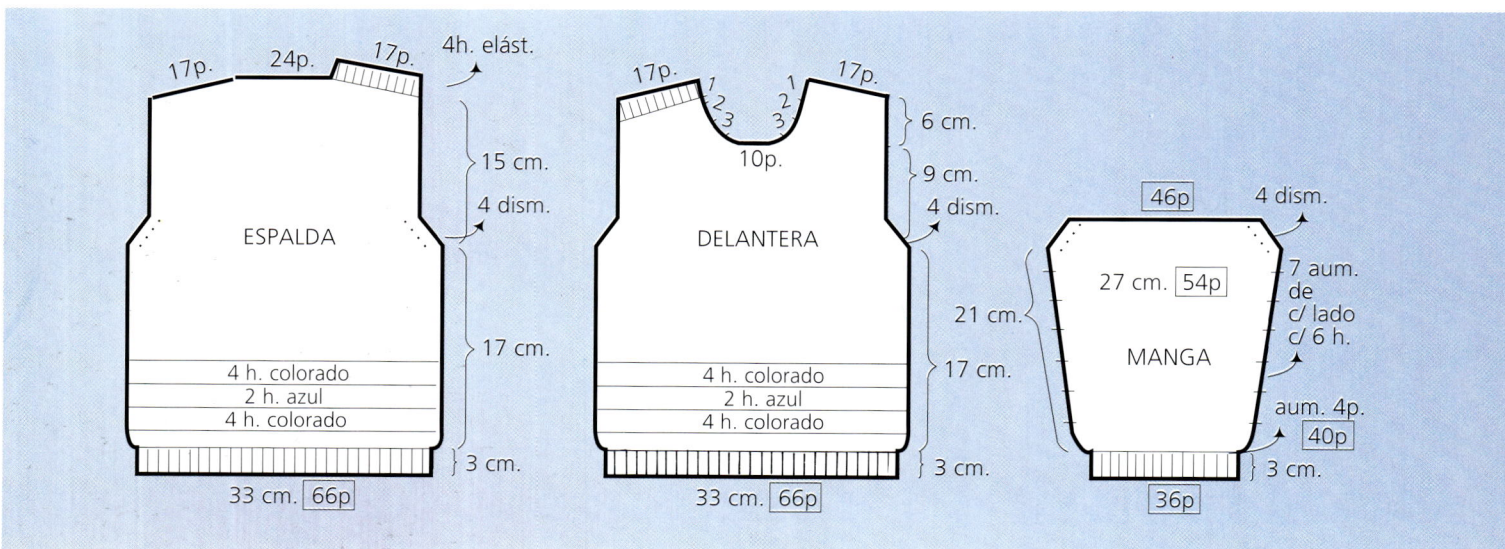

| X | = azulino | o | = amarillo | • | = colorado | △ | = blanco |

x =azulino.
cuerda amarilla.

EL ENCANTO DEL ROSA

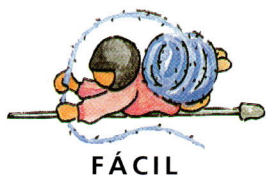

TALLE: 2 años.
MATERIALES: Fibra acrílica semigorda tejida en 1 hebra, 140gr. en color rosa. Agujas N°3 y N°4. 5 botones.

Puntos empleados:

Punto elástico 1y1: 1p.d., 1p.r., repetir todas las hileras.

Punto fantasía: 1h) * tejer 1p.d., subir la hebra entre este punto y el siguiente, tejer 2p.d. y montar sobre éstos la hebra levantada *, repetir toda la hilera de * a * y terminar con 1p.d.
2h) tejer todos los puntos al revés.
Repetir siempre estas 2 hileras.

Muestra: 10cm. = 25p. en p. fantasía con ag. N°4.

Espalda: Poner 68p. en las ag. N°3 y tejer 3cm. en p. elástico.
Cambiar a las ag. N°4, aumentando en una hilera 8p., quedan 76p.
Tejer en p. fantasía hasta tener 17cm. de altura desde el elástico y cerrar de cada lado 6p. para las sisas.
Al tener 14cm. de altura de sisas, cerrar para los hombros 19p. de cada lado y para el escote los 26p. centrales.

Delantera derecha: Poner 45p. en las ag. N°3 y tejer 3cm. en p. elástico, haciendo al comenzar el orillo de 3p.d. (ver páginas finales).
Pasar a las ag. N°4 y distribuir el tejido de la siguiente manera: 3p.d. orillo, 5p. elástico 1y1 (vista) y 37p. fantasía.
Al tener 17cm. desde el elástico, cerrar los 6p. de la sisa y comenzar a disminuir para el escote, tejiendo 2p. juntos revés a 7p. del borde, en todas las hileras del derecho, 3 veces y luego 9 veces cada 4 hileras (hilera del derecho por medio).
Completar los 14cm. de altura de sisa, cerrar los 19p. del hombro y continuar sobre los 8p. de la vista durante 6cm.
Hacer la otra delantera igual pero invertida.

Mangas: Poner 42p. en las ag. N°3 y tejer 3cm. en p. elástico 1y1.
Cambiar a las ag. N°4, aumentando 12p. en una hilera, quedan 54p.
Tejer en p. fantasía, haciendo de cada lado 1 aumento, cada 6 hileras, 8 veces, quedan 70p. Completar 20cm. de largo desde el elástico y cerrar todos los puntos de una sola vez y bien flojos.

Armado: Coser los hombros y los costados del cuerpo hasta las sisas.
Cerrar las mangas a lo largo dejando al final una abertura de 3cm. y pegarlas haciendo coincidir el centro de las mismas con las costuras de los hombros y la abertura de 3cm. con los puntos cerrados en las sisas formando ángulo recto.
Unir entre sí las vistas delanteras y pegarlas al escote de la espalda dándole una pequeña bajada. En la delantera derecha abrir 5 ojales (ver páginas finales) y pegar los botones.

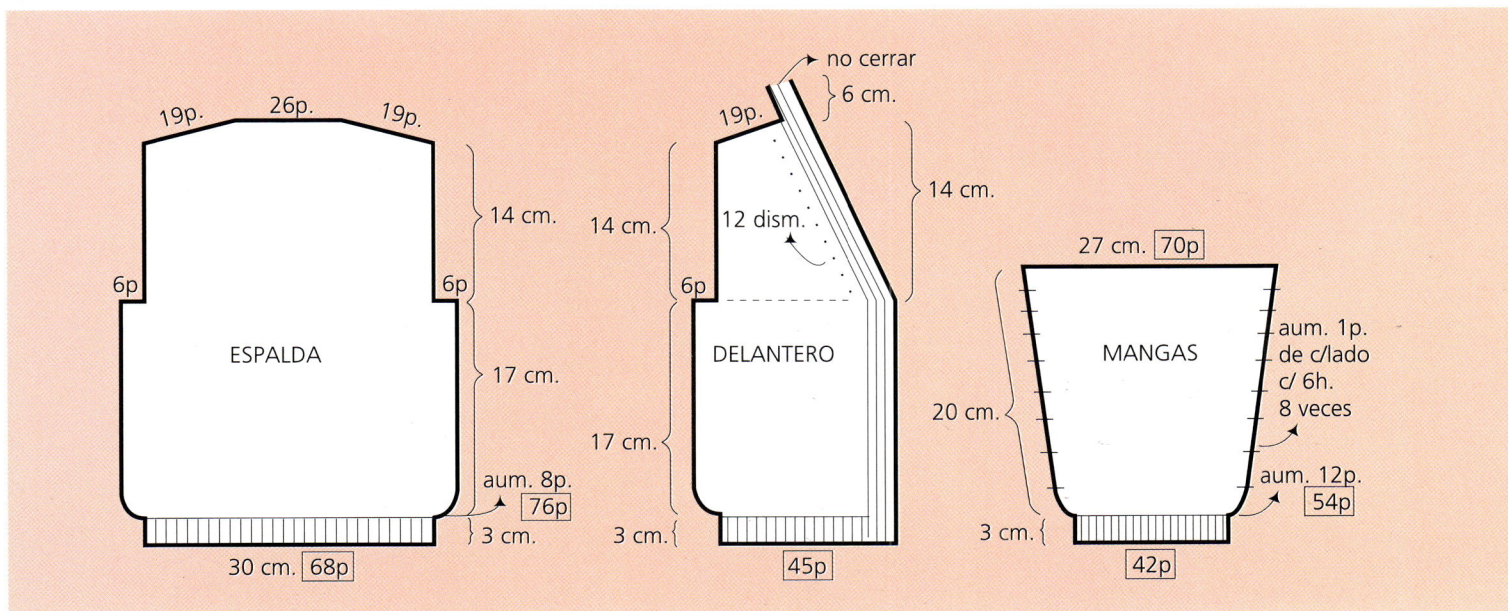

ESPALDA
19p.   26p.   19p.
14 cm.
6p.   6p.
17 cm.
aum. 8p. 76p.
3 cm.
30 cm. 68p.

DELANTERO
no cerrar
6 cm.
19p.
14 cm.
12 dism.
14 cm.
6p.
17 cm.
3 cm.
45p.

MANGAS
27 cm. 70p.
aum. 1p. de c/lado c/ 6h. 8 veces
20 cm.
aum. 12p. 54p.
3 cm.
42p.

Puntos empleados:

Punto elástico 1y1: 1p.d., 1p.r., repetir todas las hileras.

Punto fantasía: 1h) (del revés del tejido) al revés.

2h, 4h y 6h) *2p.d., 5p. arroz *, repetir toda la hilera de * a * y terminar con 2p.d.

3h y 5h) *2p.r., 5p. arroz *, repetir toda la hilera de * a * y terminar con 2p.r.

7h) *2p.r., 12p.d. *, repetir toda la hilera de * a * y terminar con 2p.r.

8h) tejer como se presentan los puntos.

9h) al revés.

10h, 12h y 14h) * 2p.d., 5p. arroz *, repetir toda la hilera de * a * y terminar con 2p.d.

11h y 13h) * 2p.r., 5p. arroz *, repetir toda la hilera de * a * y terminar con 2p.r.

15h) 7p.d., * 2p.r., 12p.d. *, repetir toda la hilera de * a * y terminar con 7p.d.

16h) tejer como se presentan los puntos.
Repetir desde la 1ª hilera.

Muestra: 10cm. = 25p. en p. fantasía y ag. N°4.

Espalda: En las ag. N°3 $^1/2$, poner 79p. y tejer 4cm. en p. elástico 1y1.

Cambiar a las ag. N°4 y p. fantasía, aumentando en la primera hilera 7p., quedan 86p. Al tener 19cm. de altura desde el elástico, comenzar las sisas, tejiendo en todas las hileras del derecho al empezar y terminar, 2p. juntos revés dejando 2p.d. de borde, 7 veces.

Completar 15cm. de altura de sisas, cerrar para los hombros 21p. de cada lado y por último para el escote, los 30p. centrales.

Delantera derecha: Poner 53p. en las ag. N°3 $^1/2$ y tejer 4cm. en p. elástico, haciendo al comenzar el orillo de 3p.d. (ver páginas finales).

Pasar a las ag. N°4 y punto fantasía,

CON LA CALIDEZ DE LA ANGORA

NO TAN FÁCIL

TALLE: 2 años.
MATERIALES: Lana angora manual, tejida en 1 hebra, 120gr. en color crudo. Agujas N°3 $^1/2$ y N°4. 5 botones.

manteniendo para la vista los 3p. de orillo y los 8p. elástico 1y1. Del lado derecho, después de la vista, comenzar con 5p. arroz en lugar de 2p.d.

A los 19cm. desde el elástico, hacer las 7 disminuciones de la sisa como en la espalda y simultáneamente comenzar el escote.

Para esto, tejer 2p. juntos revés después de los 11p. de vista, en todas las hileras del derecho, 5 veces y luego cada 4 hileras (hilera del derecho por medio), 9 veces.

Completar 15cm. de altura de sisa, cerrar los 21p. del hombro y continuar durante 7cm. sobre los 11p. de la vista.

Hacer la otra delantera igual pero invertida.

Mangas: En las ag. N°3 $^1/2$, poner 40p. y tejer 4cm. en p. elástico 1y1. Cambiar a las ag. N°4 y punto fantasía, aumentando en la primera hilera 11p., quedan 51p.

Hacer de cada lado 1 aumento, cada 6 hileras, 8 veces, quedan 67p.

Al tener 18cm. de altura desde el puño, hacer en todas las hileras del derecho al empezar y terminar, 2p. juntos revés a 1p. del borde, 7 veces, quedan 53p.

Cerrar sin ajustar.

Armado: Coser los hombros y los costados del cuerpo hasta las sisas.

Cerrar las mangas a lo largo y pegarlas haciendo coincidir el centro de las mismas con las costuras de los hombros y las disminuciones con las del cuerpo.

Unir entre sí las vistas delanteras y fijarlas al escote de la espalda, dándole una pequeña bajada.

En la delantera derecha, abrir 5 ojales (ver páginas finales) y pegar los botones.

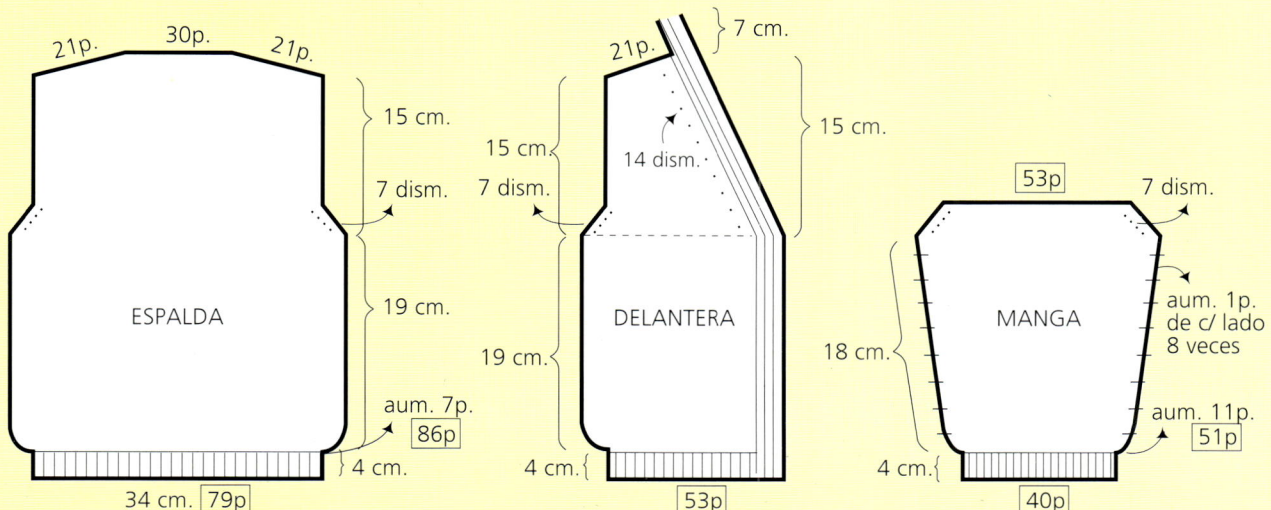

ESPALDA
21p. 30p. 21p.
15 cm.
7 dism.
19 cm.
aum. 7p. 86p
4 cm.
34 cm. 79p

DELANTERA
21p. 7 cm.
15 cm.
14 dism.
15 cm.
7 dism.
19 cm.
4 cm.
53p

MANGA
53p
7 dism.
aum. 1p. de c/ lado 8 veces
18 cm.
aum. 11p. 51p
4 cm.
40p

FANTASÍA EN VERDE

NO TAN FÁCIL

TALLE: 2 años.
MATERIALES: Fibra acrílica simil angora tejida en 1 hebra, 170gr. en color verde agua. Agujas N°4 y N°4 ¹/2. 6 botones.

Puntos empleados:
Punto elástico 1y1: 1p.d., 1p.r., repetir todas las hileras.
Punto fantasía: 1h) 1p.r., *4p.d., 4p.r.*, repetir toda la hilera de * a *.
2h y todas las pares, como se presentan los puntos.
3h) 1p.r., * sacar 2p. en ag. aux. hacia adelante del tejido, tejer 2p.d. y los 2p. de la ag. aux., al derecho, 4p.r.*, repetir de * a * toda la hilera.
5h) 1p.r., *4p.r., 4p.d.*, repetir de * a * toda la hilera.
7h) 1p.r., *4p.r., sacar 2p.d. en ag. aux. hacia adelante del tejido, tejer 2p.d. y los 2p. de la ag. aux., al derecho*, repetir de * a * toda la hilera.

Repetir desde la 1ª hilera.

Punto falso elástico: *tejer 1p.d., subir la hebra, pasar 1p.r. sin tejer, bajar la hebra *, repetir de * a * todas las hileras del derecho y del revés.

Muestra: 10cm. = 23p. en p. fantasía con ag. N°4 1/2.

Espalda: En las ag. N°4, poner 70p. y tejer 4cm en p. elástico 1y1.
Cambiar a las ag. N°4 1/2, aumentando 8p. en una hilera revés del lado revés del tejido, quedan 78p. Tejer en p. fantasía y al tener 16cm. de altura desde el elástico, cerrar de cada lado 4p. para las sisas.
Completar 15cm. de altura de sisas y hacer los hombros cerrando de cada lado 21p.
Por último, cerrar para el escote los 28p. centrales.

Delantera derecha: Poner 43p. en las ag. N°4 y tejer 4cm en p. elástico 1y1, haciendo al comenzar el orillo de 3p.d. (ver páginas finales). Cambiar a las ag. N°4 1/2 y tejer en p. fantasía, manteniendo los 10p. de la vista (3p.d. de orillo y 7p. elástico 1y1) al empezar. Al tener 16cm. de altura desde el elástico,

cerrar 4p. para las sisas y continuar recto durante 9cm.
Para el escote, dejar en suspenso los 10p. de la vista y cerrar luego: 3p., 3p. y 2p. Completar 15cm. de altura de sisa, cerrar los 21p. del hombro. Hacer la otra delantera igual pero invertida.

Mangas: Poner 44p. en las ag. N°4 y tejer 4cm. en p. elástico 1y1.
Cambiar a las ag. N°4 1/2, aumentando 10p. en una hilera revés del lado revés del tejido, quedan 54p.
Tejer en p. fantasía y aumentar de cada lado

1p., cada 6 hileras, 6 veces, quedan 66p.
Al tener 21cm. de altura desde el puño, cerrar todos los puntos de una vez y bien flojos.

Cuello y armado: Coser los hombros y los costados del cuerpo hasta las sisas. Con ag. N°4, levantar alrededor del escote 85p., tejer 4h. en p. elástico 1y1, haciendo el orillo de 3p.d. en ambas orillas, 2h. en p. falso elástico y cerrar los puntos en forma tubular (ver páginas finales).
Cerrar las mangas a lo largo, dejando al final una abertura de 2cm. Pegarlas haciendo coincidir el centro de las mismas con las costuras de los hombros y la abertura de 2cm. con los puntos cerrados en las sisas, formando ángulo recto.
En la delantera derecha abrir 6 ojales (ver páginas finales) y pegar los botones.

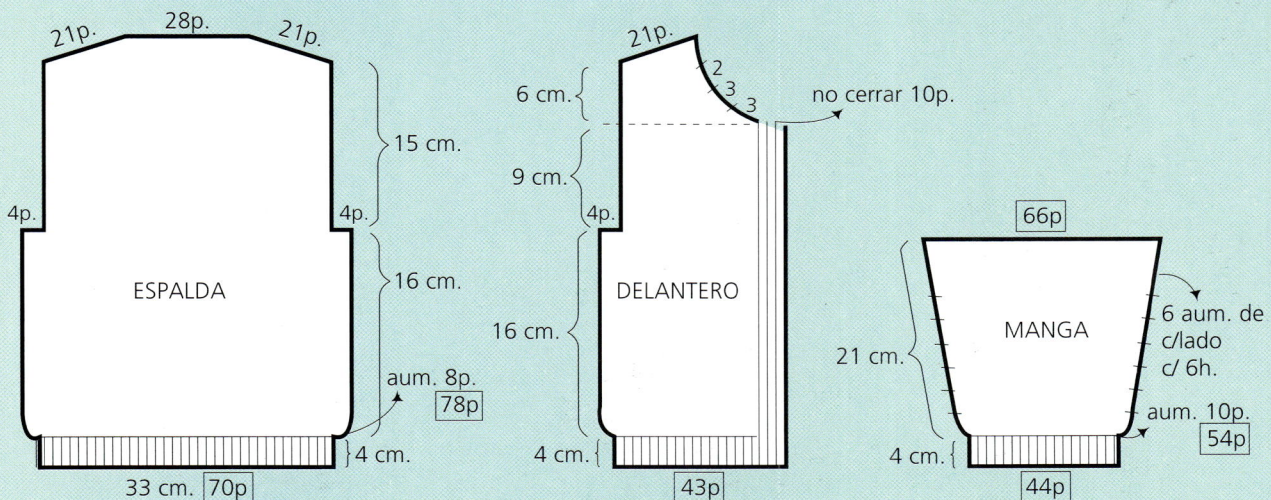

EL
ABECÉ DEL
TEJIDO

EL ABECÉ DEL TEJIDO

1. La muestra, indefectiblemente, hay que hacerla con las agujas y el punto indicados en cada modelo (no menos de 7cm de alto).
Si la muestra no coincide con la del libro, debe variar las agujas por otras de mayor o menor grosor hasta lograrlo.
Todas las personas tensan la lana de distinta manera. Si no se toma este pequeño trabajo, no obtendrá buenos resultados.

2. A continuación aclaramos las abreviaturas utilizadas en las explicaciones:

p.: punto	aum.: aumento
d. o der.: derecho	aux.: auxiliar
r.: revés	fant.: fantasía
ag.: agujas	retorc. o ret.: retorcido
h.: hilera;	cm.: centímetros
dism.: disminución	gr.:gramos

3. No se quede con la imagen del tamaño de la prenda por cómo le queda a la modelo en la fotografía. Siempre mire los centímetros en los esquemas para asegurarse de que se asemeja a su talle.

4. Cuando lea la explicación de un punto fantasía, a veces le parecerá complicadísimo. No es tan así: con agujas y lana en mano, vaya haciendo lentamente lo que lee. Se sorprenderá. No hay que tenerle miedo, hay que practicarlo.

5. Y por último, los materiales. Es imprescindible tejer cada prenda con el material requerido en la explicación (hay un margen de diferencia en grosor y calidad que depende de las distintas fábricas). Por lo tanto, cuando vaya a comprar, exija el tipo y calidad indicados.

VOCABULARIO PARA OTROS PAÍSES

Ocho: torzada o trenza.
Hilera: carrera o vuelta.
Punto elástico: resorte.
Hebra: hilo (lana o algodón), estambre o hilado.
Agujas: palillos.

Poner: montar, urdir o enmallar.
Punto revés: punto ensortijado o jersey revés.
Punto derecho: punto tejido.
Aguja de crochet: gancho de crochet o ganchillo.

DISMINUCIÓN SIMPLE

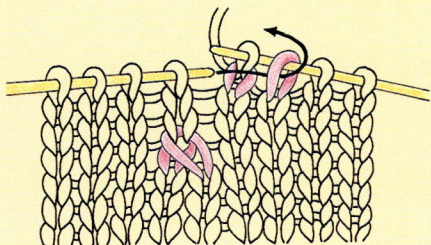

Cuando la disminución es simple hay que pasar un punto sin tejer, tejer el punto siguiente al derecho y luego montar sobre éste el punto pasado sin tejer.

Otra manera de realizarla es tomando dos puntos juntos por atrás y tejerlos al derecho.

Cuando las disminuciones se hacen en la manga ranglan, de un lado se indican disminuciones simples, y del otro se tejen dos puntos juntos. Esto se hace para que los bordes queden con la misma inclinación, pero el efecto de ambos es el mismo.

MUESTRAS. CÓMO MEDIRLAS

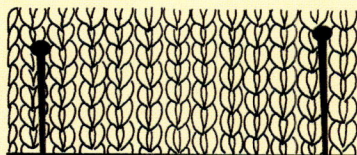

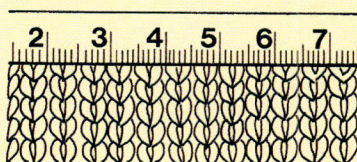

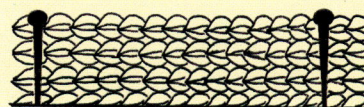

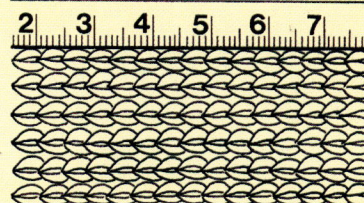

Para medir:

Puntos: apoyar sobre una superficie plana la muestra tejida en el punto que corresponde. Colocar encima el centímetro y marcar con alfileres 10cm. y utilizarlos de guía para hacer los cálculos.

Hileras: se usa la misma técnica anterior, pero contando las hileras: espiga más espiga. Esto se usa para el cálculo de las disminuciones en las mangas ranglan.

DISMINUCIÓN DOBLE

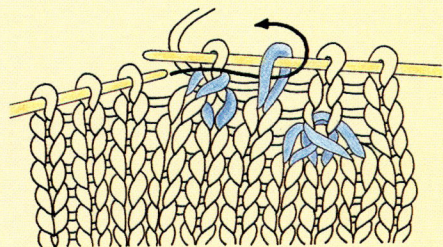

Para realizar esta disminución hay que pasar un punto sin tejer, tejer dos puntos juntos al derecho y luego montar sobre éstos el punto pasado sin tejer. Estas disminuciones generalmente se usan en las sisas cuando se necesita disminuir muchos puntos y no alcanza la cantidad de hileras para hacerlo en forma simple

ORILLO DE 2 PUNTOS

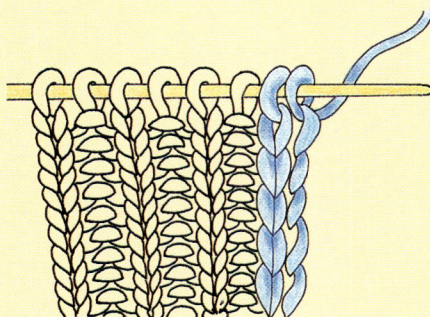

Este orillo es ideal para las prendas de bebés y chicos o cuando se necesita una buena terminación pero que no tire tanto como el orillo de 3p.

Se hace de la siguiente manera: del lado derecho del tejido: se pasan los 2p. derechos sin tejer (ya sea que estén al comienzo o al final de la hilera) del lado revés del tejido: se tejen los 2p. al revés.

ORILLO DE 3 PUNTOS

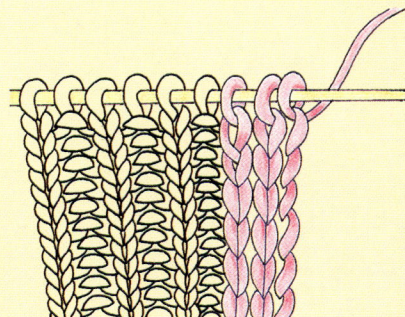

Para que las vistas queden bien terminadas hay que hacerles un orillo. ¿Cómo se hace? Sobre el derecho del tejido: 1 punto derecho sin tejer, 1 punto derecho tejido, 1 punto derecho sin tejer. Sobre el revés del tejido: 1p. revés tejido tomado de atrás, 1p. revés sin tejer, 1p. revés tejido tomado de atrás. Este orillo es especial para cardigans y chalecos. Al principio quedará muy tirante pero se puede estirar con la plancha.

AGREGAR PUNTOS

Cuando es necesario agregar 2 o más puntos en los bordes del tejido de una sola vez, se hace de la siguiente manera, siempre al comenzar:

1. Tejer un punto derecho.

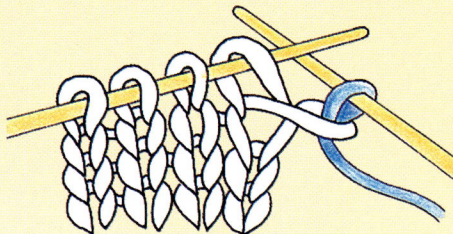

2. No sacar el punto de la ag. izq., bajando la ag. derecha.

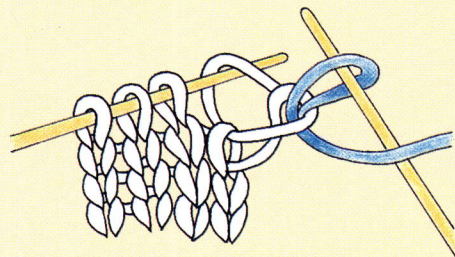

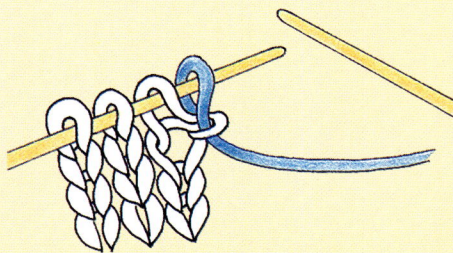

3 y 4. Pasar el punto de la ag. der. a la izq. tomándolo de adelante hacia atrás (queda libre la ag. der.). Los puntos agregados van quedando todos sobre la ag. izq. Esto se hace indistintamente, ya sea del derecho o del revés del tejido o en cualquier punto que se esté realizando la prenda.

AUMENTOS

Hay diferentes maneras de aumentar un punto:

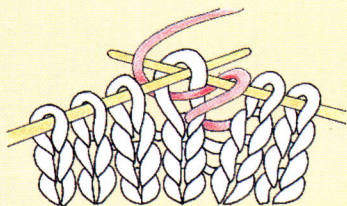

En una vuelta al derecho.

En una vuelta al revés.

LEVANTAR UN PUNTO

Es quizá la forma más disimulada de aumentar un punto. Al llegar al lugar del aumento, levantar el p. situado inmediatamente debajo del que se debería tejer a continuación, tejer ese p. al derecho o al revés, según corresponda, y luego tejer el punto propiamente dicho.

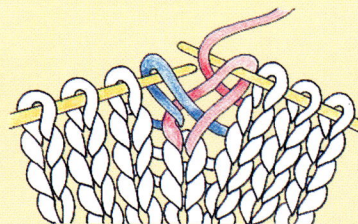

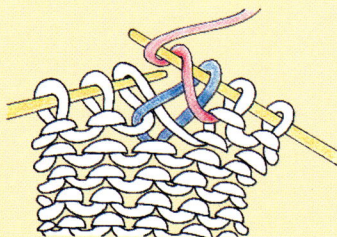

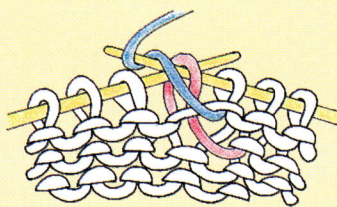

CÓMO LEVANTAR LOS PUNTOS EN LOS BORDES VERTICALES O CURVOS

Siempre es posible levantar los puntos al final o al comienzo de una hilera. Trabando del derecho, con el hilo suelto del lado del revés, introducir la aguja con cuidado entre las dos lazadas formadas por los puntos cerrados (ver dibujo). Pasar una lazada de abajo hacia arriba. Es importante controlar el número de hileras, ya que éste debe coincidir exactamente con el número de puntos levantados para que no queden agujeros.

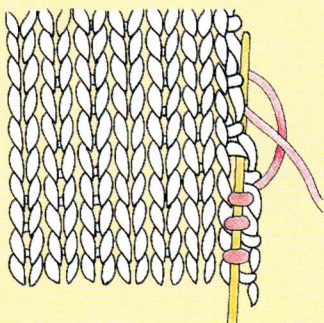

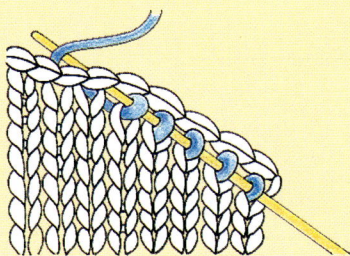

CREAR UN PUNTO

Para hacer este tipo de aumento, se toma la hebra que separa dos puntos y se la teje retorcida, ya sea del derecho o del revés, según corresponda.

En la vuelta del derecho.

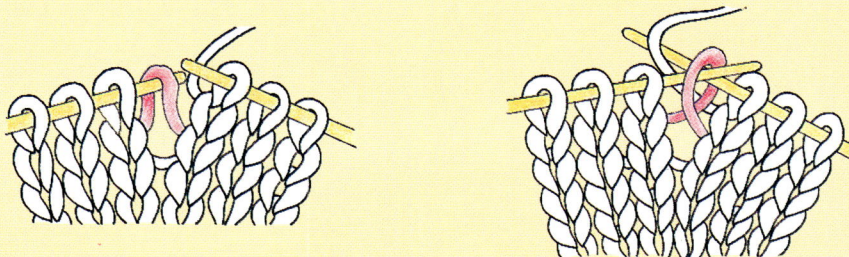

En la vuelta del revés.

EL LAVADO

Para lavar a mano se debe usar agua fría y algún jabón especial para prendas finas. Para el caso de una prenda de dos o más colores, es ideal el jabón neutro que evita que destiña.
En ningún caso se deben dejar las prendas en remojo más de unos pocos minutos y menos aún refregarlas, sino que se deben lavar presionándolas contra el fondo del recipiente de lavado. Tampoco deben levantarse con toda el agua. Luego de enjuagarlas, se presiona sobre ellas para quitarles parte del agua, se centrifugan y se colocan a secar extendidas a la sombra, jamás colgadas.

OJALES

Se pueden hacer distintos tipos de ojales, según la necesidad.

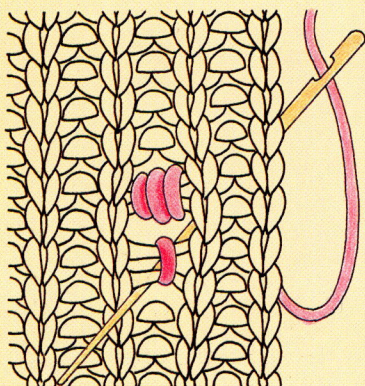

Ojal abierto
En el lugar correspondiente al ojal que queremos abrir, se separa el tejido entre dos puntos sin cortar la hebra. Luego introducimos el dedo del derecho hacia el revés, con hilo al tono y sujetamos arriba y abajo para que no se cierre.

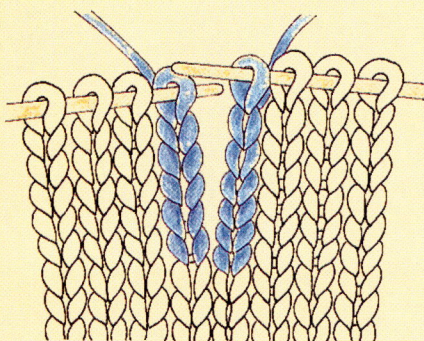

Ojal vertical
Se separa el tejido en dos partes y se tejen por separado la cantidad de hileras necesarias. Luego se unen hasta el próximo ojal.

Ojal horizontal
En la hilera se cierran los puntos necesarios, y en la siguiente hilera del revés, se pone nuevamente la cantidad de puntos cerrados.

Ojal de bebé
En una hilera del derecho, se tejen 2p. juntos y una lazada y en la hilera siguiente, del revés, se teje la lazada normalmente sin retorcer.

PARA QUE NO SE DESBOQUE

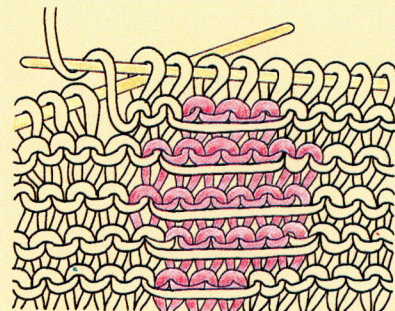

Para evitar que el cuello se desboque una vez armada la prenda, se puede coser una cinta de algodón en la base del cuello de la espalda.

JACQUARD PASADO POR ATRÁS

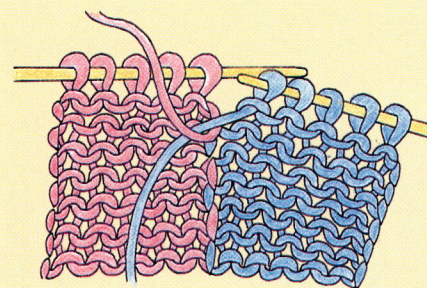

Cuando en una prenda se presenta una guarda de jacquard con varios colores y motivos pequeños, es necesario usar un solo ovillo por cada color, y sin tejer se van pasando los hilos para atrás sin ajustar, como muestra el dibujo.

PARA TEJER CON DOS O MÁS COLORES

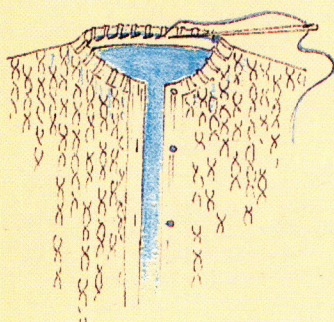

Para trabajar con dos o más hilos de colores a la vez, se debe hacer un ovillo de cada color. Pasar la hebra del hilo que se está tejiendo en la mano izquierda y tomar por abajo la del color siguiente. Los hilos deben cruzarse en todas las hileras del derecho y del revés del tejido para que no se formen agujeros

HILERAS ACORTADAS

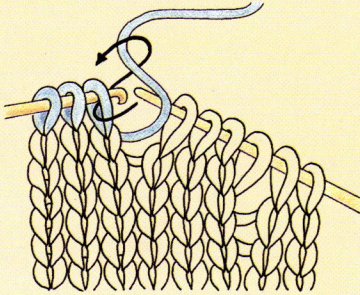

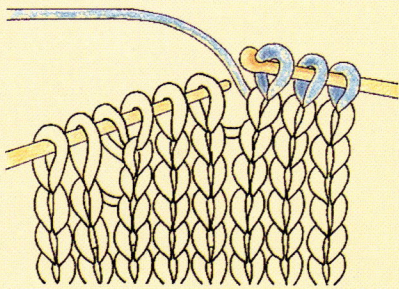

A veces hay que acortar hileras, ya sea para formar un cuello esmoquin, la cintura de una pollera, una bombachita de bebé o pinzas en el busto, etc. Se debe tejer de manera tal que el tejido "crezca" del lado que se necesita y que del otro lado se mantenga la misma cantidad de hileras.

¿Cómo se hace?

Se comienza a tejer la hilera dejando, por ejemplo, los tres últimos puntos sin tejer, se gira el tejido, se hace una lazada sobre la aguja derecha (para evitar que se forme un agujerito), se pasa el primer punto sin tejer y se teje la hilera hasta el final. Al retomar la totalidad de los puntos, se teje la lazada junto con el punto siguiente. Repetir las veces que sea necesario.

MONTAJE DE PUNTOS TUBULAR

Poner la mitad de los puntos deseados en lana de color contrastante, en lo posible sin pelo.

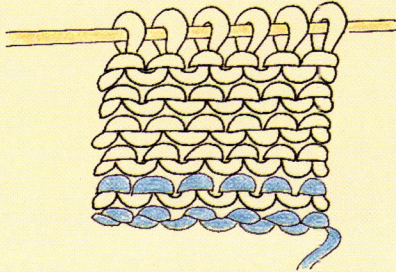

1. Tejer 5 hileras en jersey comenzando con una hilera derecha y dar vuelta el tejido.

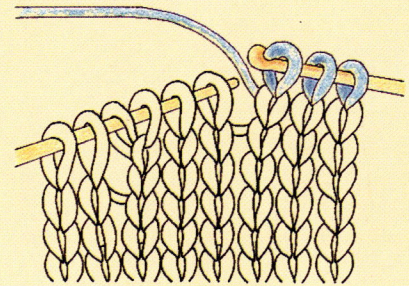

2. Tejer luego 1p.r. de los que están en la aguja y levantar el punto de color de la prenda que se ha quedado abajo sobre la lana contrastante.

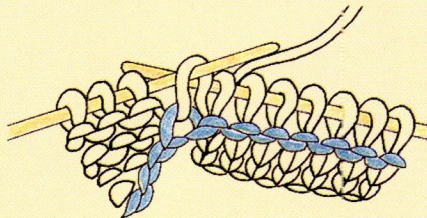

3. Tejer al derecho y seguir así hasta terminar los puntos.

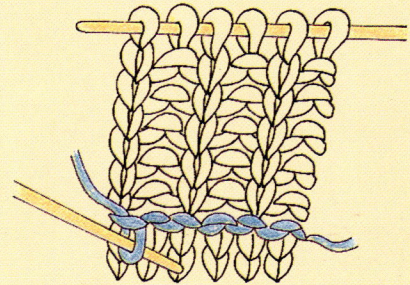

4. Luego sacar la lana contrastante. Con esto se logra un tipo de montaje con elástico más resistente y mejor terminación.

MEDIO PUNTO

Insertar la aguja dentro de un punto cadena de base. Enlazar la hebra y sacarla hacia adelante. Quedan 2p. en la aguja. Nuevamente enlazar la hebra y pasar por dentro de los 2p. Repetir desde el comienzo.

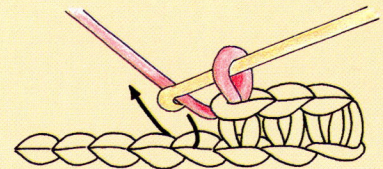

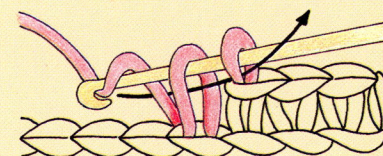

CERRADO DE PUNTOS TUBULAR

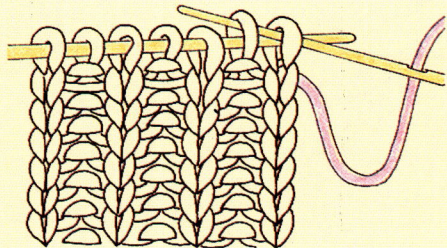

1. Cuando se desea cerrar un cuello tubular, se deben tejer las hileras necesarias en elástico 1y1, pero las dos últimas hileras se hacen en falso elástico (tejer el punto derecho, subir la lana, pasar el punto revés sin tejer, bajar la lana, tejer el punto derecho. Repetir esto en las dos hileras). Se continúa de la siguiente manera.

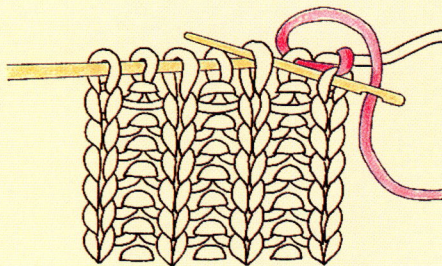

2. Luego, proceder de derecha a izquierda de esta forma: recoger de dos en dos con la aguja de bordar los puntos del derecho de la parte de adelante.

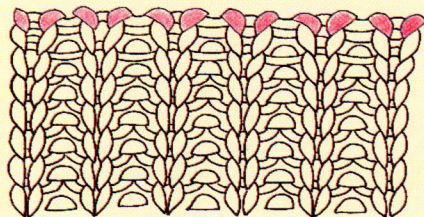

3. Recoger de dos en dos con una aguja los puntos del revés de la parte de atrás.

4. Pasar la hebra a través de ellos. Haciendo esto se introduce la aguja dos veces en cada punto. Es importante que las puntadas se hagan flojas y de manera uniforme. El borde queda acabado y rematado.

EL PLANCHADO

La prenda se debe colocar del revés sobre la mesa de planchar y se sujeta con alfileres para que no se deforme. Se coloca encima un lienzo húmedo y se le dan pequeños toques con la plancha, sin deslizarla sobre la prenda. Los elásticos no deben plancharse porque pierden elasticidad y los puntos en relieve, tampoco.

PUNTO VARETA

Hacer 5 cadenas para comenzar, luego hacer una lazada sobre la aguja y pincharla en el 5ºp. cadena desde la aguja. Enlazar la hebra y sacarla hacia adelante, quedan 3p. en la aguja. Volver a enlazar la hebra y sacar 2p. de la aguja y, por último, hacer lo mismo con los 2p. restantes.

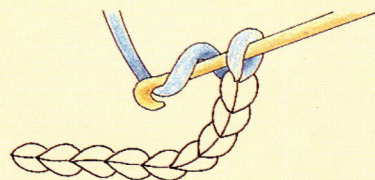

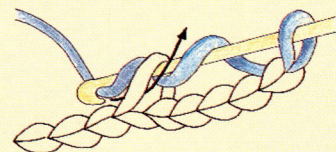

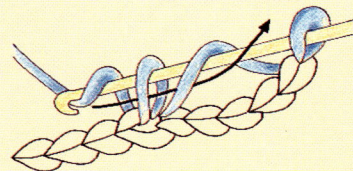

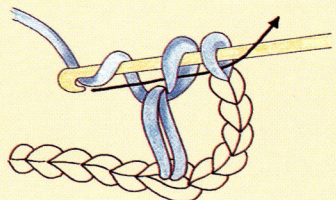

PUNTO CADENA

Para comenzar, hacer un lazo alrededor de la aguja, sin ajustar. Tomar con la aguja una hebra y pasarla a través del lazo del comienzo formando un punto. Repetir esto hasta tener la cantidad deseada de puntos.

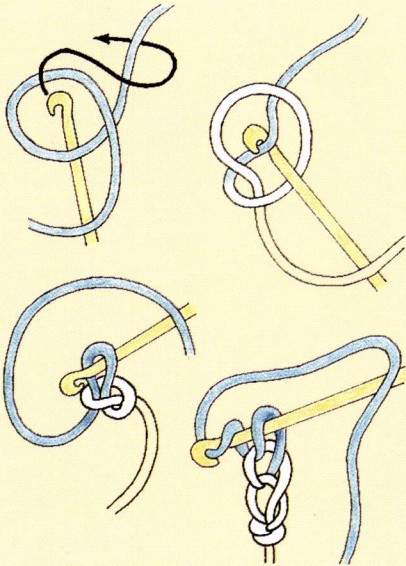

REFORZAR ELASTICOS

En algunas prendas de angora, hilo o fibra, los elásticos se estiran con el uso. Esto puede solucionarse pasando un hilo elástico por el lado del revés como indica el dibujo.

COSTURA INVISIBLE

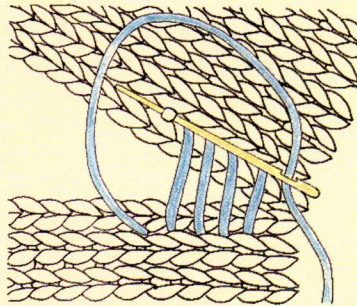

1. Este tipo de costura es muy prolijo porque no se ve. Se hace del lado derecho del tejido, enfrentando ambas partes. Con una aguja enhebrada con la misma lana tomar los hilos horizontales entre el primero y segundo punto, hilera por hilera, sin saltear ninguna, ajustando en cada pasada y número al final.

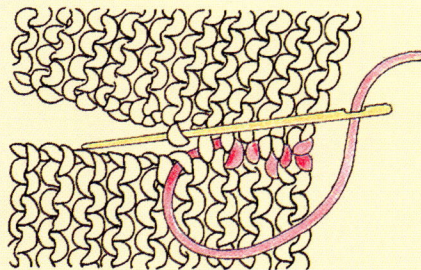

2. Para unir elásticos se enciman y se pasa una bastilla dentro del punto derecho del borde.

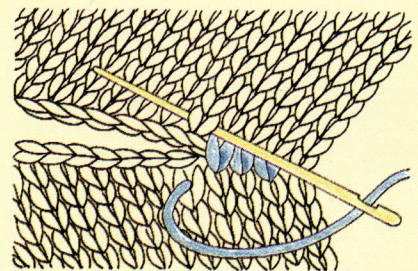

3. Para unir dos piezas tejidas en p. Sta. Clara, hay que tomar los nuditos del borde de uno y del otro lado, uno por uno sin saltear ninguno.

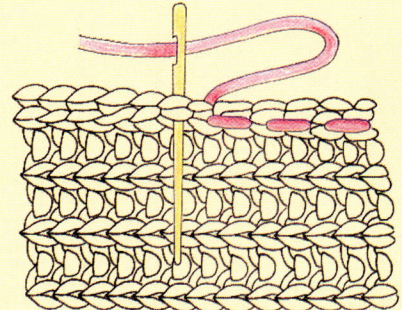

4. Para unir los hombros de una prenda común, o los costados de una prenda tejida atravesada, hay que tomar punto por punto de uno y de otro lado, dejando hacia adentro la cadeneta del cercado.

PUNTO CANGREJO

Este punto se hace de izquierda a derecha, dejando siempre el gancho de la aguja de crochet hacia abajo. Insertar la aguja en el último punto de la h. anterior, tomar la lana y sacarla hacia adelante, quedan 2p. en la aguja. Volver a enlazar la lana y tomar los 2p. juntos. Volver al comienzo. Este punto se usa como terminación de tejido.

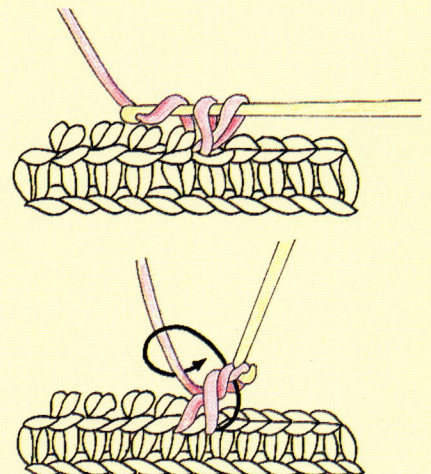

BORDAR TEJIDO

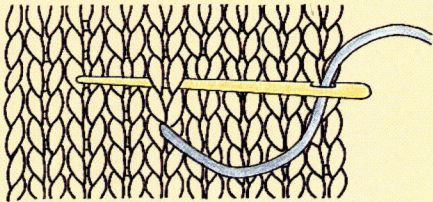

1. Para bordar se enhebra una aguja sin punta, sin hacerle nudo se introduce de revés y se saca por el derecho en la base del punto.

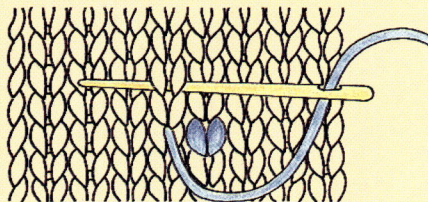

2. Luego, hacer una puntada tomando la base del punto superior y volver a introducirla en el mismo lugar donde se inició el trabajo.

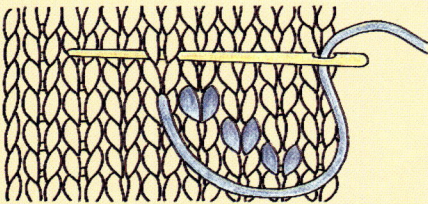

3. Si el motivo es horizontal, la aguja debe aparecer en la base del punto de al lado.

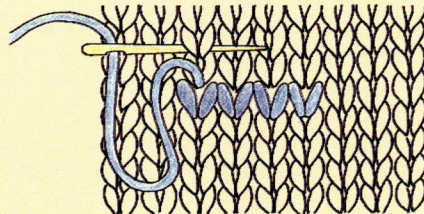

4. Si el motivo es vertical, aparecerá en la base del punto superior, en medio del recién bordado.

REUTILIZAR LANAS

Cuando alguna prenda se pasa de moda es posible destejerla y aprovechar la lana, siempre que ésta no tenga demasiado pelo o contenga acrílico. A medida que se desteje, se hacen madejas, envolviendo la lana alrededor de un bandeja, que no debe ser demasiado gruesa. Una vez terminado el trabajo, se atan con un trozo de lana los dos extremos de la madeja para que no se desarme. Luego se retira de la tabla, se lava, siempre con los extremos atados y se la deja secar a la sombra, colgada para que la lana se estire. Para terminar el estirado, la madeja se plancha como los tejidos.

TODAS LAS FORMAS DE MANGAS Y CÓMO PEGARLAS

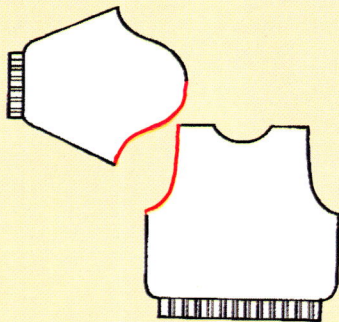

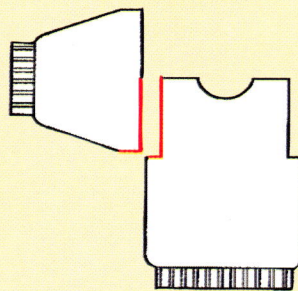

Manga cuadrada

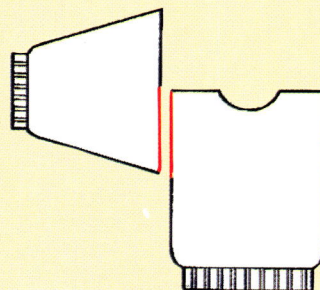

Manga pegada

Manga recta

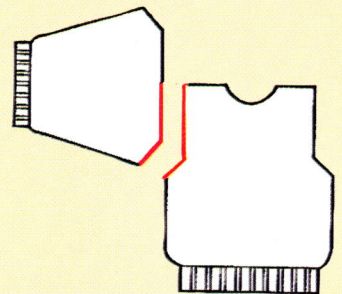

Manga italiana

Continuación de página 9.

ESCARPINES BOTITAS

Materiales: Hilo macramé tejido en 1 hebra, 30gr. en color blanco.
Agujas N° 3. Cinta bebé de raso 1m.

Puntos empleados:

Punto elástico 1y1: 1p.d., 1p.r., repetir todas las hileras.

Punto rollito: 1 h) al revés
2h) al derecho.
3h) al revés.
Repetir siempre estas 3 hileras.

Punto ojalillo: *2p. juntos y 1 lazada*, repetir toda la hilera.

Punto ochito calado: 1h) 1p.d., 1 lazada, 1p.d.
2h) 3 p. revés.
3h) pasar 1p. derecho sin tejer, tejer 2p.d. y montar sobre éstos el punto sin tejer.
4h) 2p.r.
Repetir siempre estas 4 hileras.

Ejecución: Poner 28p. en aguja N°3 y tejer 8 hileras en punto jersey de la siguiente manera:

1h) 1p.d., 1 aumento, 12p.d., 1 aumento, 2p.d., 1 aumento, 12p.d., 1 aumento y 1 p.d. (32p.).
2h) y todas las pares al revés.
3h) 2p.d., 1 aumento, 12p.d., 1 aumento, 4 p.d., 1 aumento, 12p.d., 1 aumento y 2p.d. (36p.).
5h) 3p.d., 1 aumento, 12p.d., 1 aumento, 6p.d., 1 aumento, 12p.d., 1 aumento y 3p.d. (40p.).
7h) 4p.d., 1 aumento, 12p.d., 1 aumento, 8p.d., 1 aumento, 12 p.d., 1 aumento y 4p.d. (44p.).

Seguir con 9 hileras en punto rollito y a continuación comenzar el empeine sobre los 10p. centrales dejando en suspenso 17p. de cada lado. Para erl empeine tejer 2p.r., 2p. ochito calado, 2p.r., 2p. ochito calado y 2p.r., haciendo 2p. juntos al final de cada hilera (1p. del empeine y 1p. de los que estaban en suspenso), 6 veces de cada lado.

Retomar los 11p. en suspenso de un lado, los 10p. del empeine y los 11p. del otro lado; quedan 32p.

Hacer una hilera de p. ojalillo y terminar con 6 cm. de punto elástico 1y1. Cerrar los puntos como se presentan.

Armado: coser la planta del pie y la pierna, teniendo en cuenta que el borde va doblado hacia afuera. Pasar la cinta por los ojalillos.

Agradecemos a:

LIBRERÍA ATLÁNTIDA, Galerías Pacífico, Florida y Av. Córdoba.
A.S. : Montevideo 1208.
BABY SHOP: Juncal 1852.
BOTTONIFICIO: Echeverría 2499.
CASA VOSS: Alto Palermo Shopping.
CHEEKY CHILD: Álvarez Thomas 1436 y Alto Palermo Shopping,
CO-CO: Galería Promenade Alvear, Av Alvear 1891.
CONIGLIO: Paseo Alcorta y Alto Palermo Shopping.
COTILLÓN PAZ: Lavalle 2271.
GIMO´S: Paseo Alcorta.
EL SHANT: Talcahuano y Arenales.
ENVALAR: Larrea 365.
JUGUETERÍA COLÓN: Santa Fe esq. Talcahuano.
DECORANDO: Azcuénaga 431.
LE PETIT: Arenales 1457.
MARGEN: Cerviño 3550.
MULTIART: Lavalle 2578.
LA BOLSA LOCA: Corrientes 4674.
SANTERÍA VELOSO: Marcelo T. de Alvear 1611.